斯维导图
注册会计师考试辅导用书·税法

斯尔教育 组编

电子工业出版社
Publishing House of Electronics Industry
北京·BEIJING

未经许可，不得以任何方式复制或抄袭本书之部分或全部内容。
版权所有，侵权必究。

图书在版编目（CIP）数据

税法 / 斯尔教育组编. -- 北京 : 电子工业出版社,
2025. 2. -- （注册会计师考试辅导用书）. -- ISBN 978-
7-121-49623-3
　　Ⅰ. D922.290.4
　　中国国家版本馆CIP数据核字第2025CQ8224号

责任编辑：张春雨
印　　刷：天津鸿景印刷有限公司
装　　订：天津鸿景印刷有限公司
出版发行：电子工业出版社
　　　　　北京市海淀区万寿路173信箱　　邮编：100036
开　　本：787×1092　1/16　　印张：8.5　　字数：346千字
版　　次：2025年2月第1版
印　　次：2025年2月第1次印刷
定　　价：50.00元

凡所购买电子工业出版社图书有缺损问题，请向购买书店调换。若书店售缺，请与本社发行部联系，联系及邮购电话：（010）88254888，88258888。

质量投诉请发邮件至zlts@phei.com.cn，盗版侵权举报请发邮件至dbqq@phei.com.cn。

本书咨询联系方式：faq@phei.com.cn。

目录

使用指南 /001

第一章　税法总论 /002

第二章　增值税法 /006

第三章　消费税法 /024

第四章　企业所得税法 /030

第五章　个人所得税法 /046

第六章　城市维护建设税法和烟叶税法 /062

第七章　关税法和船舶吨税法 /064

第八章　资源税法和环境保护税法 /072

第九章　城镇土地使用税法和耕地占用税法 /078

第十章　房产税法、契税法和土地增值税法 /082

第十一章　车辆购置税法、车船税法和印花税法 /092

第十二章　国际税收税务管理实务 /100

第十三章　税收征收管理法 /110

第十四章　税务行政法制 /126

使用指南

新 新增内容

变 变动内容

● 背诵和记忆内容

● 关键词句

提示性、拓展性内容

第一章 税法总论

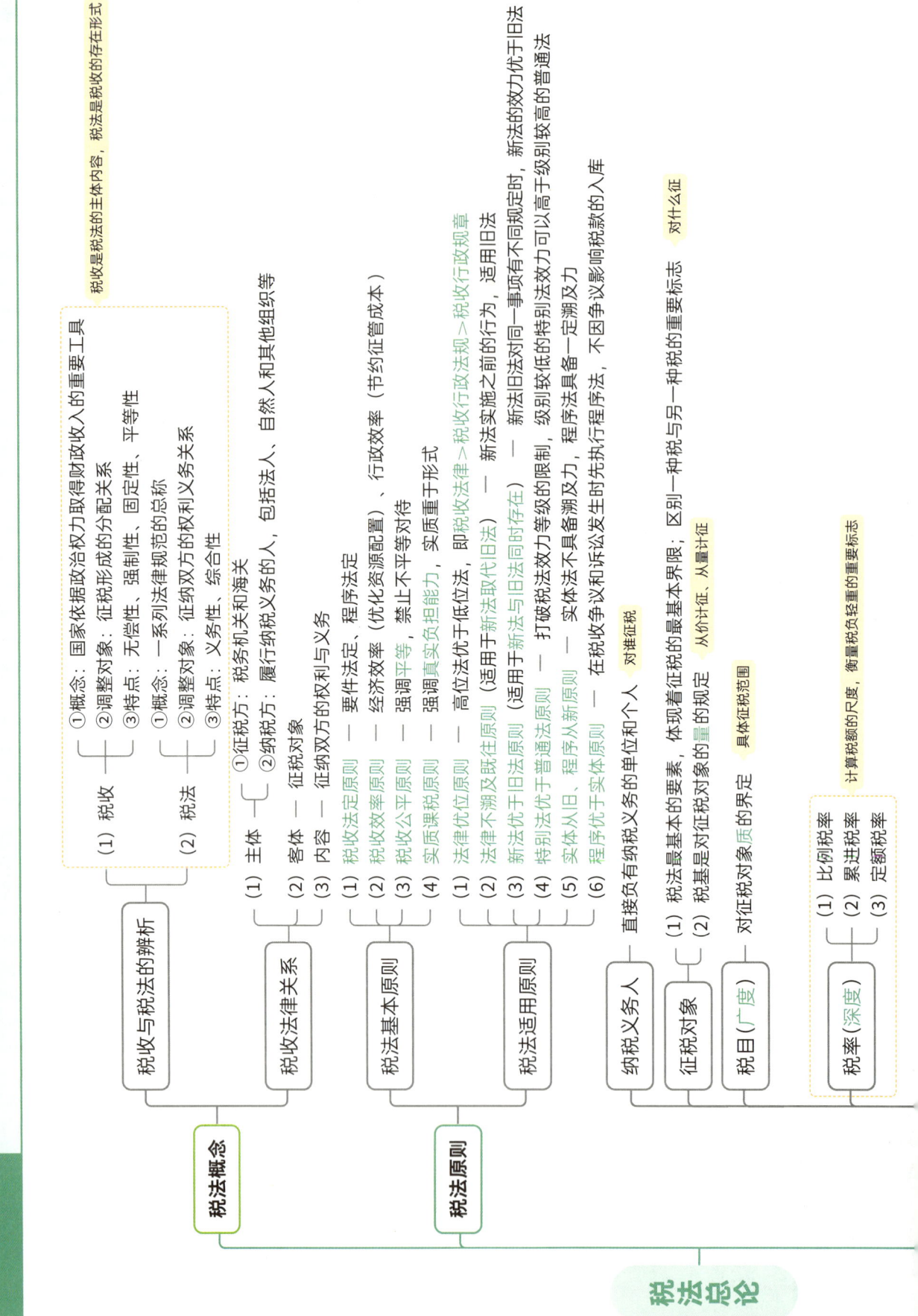

（考1.5~2.5分）

税法总论

税法概念

税收与税法的辨析
- (1) 税收
  - ① 概念：国家依据政治权力取得财政收入的重要工具 —— 税收是税法的主体内容，税法是税收的存在形式
  - ② 调整对象：征税形成的分配关系
  - ③ 特点：无偿性、强制性、固定性、平等性
- (2) 税法
  - ① 概念：一系列法律规范的总称
  - ② 调整对象：征纳双方的权利义务关系
  - ③ 特点：义务性、综合性

税收法律关系
- (1) 主体 —— ① 征税方：税务机关和海关
           ② 纳税方：履行纳税义务的人，包括法人、自然人和其他组织等
- (2) 客体 —— 征税对象
- (3) 内容 —— 征纳双方的权利与义务

税法基本原则
- (1) 税收法定原则 —— 要件法定、程序法定
- (2) 税收效率原则 —— 经济效率（优化资源配置）、行政效率（节约征管成本）
- (3) 税收公平原则 —— 强调平等、禁止不平等对待
- (4) 实质课税原则 —— 强调真实负担能力，实质重于形式

税法适用原则
- (1) 法律优位原则 —— 高位法优于低位法，即税收法律＞税收行政法规＞税收行政规章
- (2) 法律不溯及既往原则 —— 适用于新法实施之前的行为，适用旧法
- (3) 新法优于旧法原则（适用于新法与旧法同时存在）—— 新法实施后，一事项有不同规定时，新法的效力优于旧法
- (4) 特别法优于普通法原则 —— 打破税法效力等级的限制，级别较低的特别法效力可以高于级别较高的普通法
- (5) 实体从旧、程序从新原则 —— 实体法不具备溯及力，程序法具备一定效力
- (6) 程序优于实体原则 —— 在税收争议和诉讼发生时先执行程序法，不因争议影响税款的入库

税法原则

纳税义务人 —— 直接负有纳税义务的单位和个人

征税对象
- (1) 税法最基本的要素，体现着征税的最基本界限；区别一种税与另一种税的重要标志 —— 对什么征
- (2) 税基是对征税对象的量的规定 —— 从价计征、从量计征

税目（广度） —— 对征税对象质的界定 —— 具体征税范围

税率（深度） —— 计算税额的尺度，衡量税负轻重的重要标志
- (1) 比例税率
- (2) 累进税率
- (3) 定额税率

002

税法要素

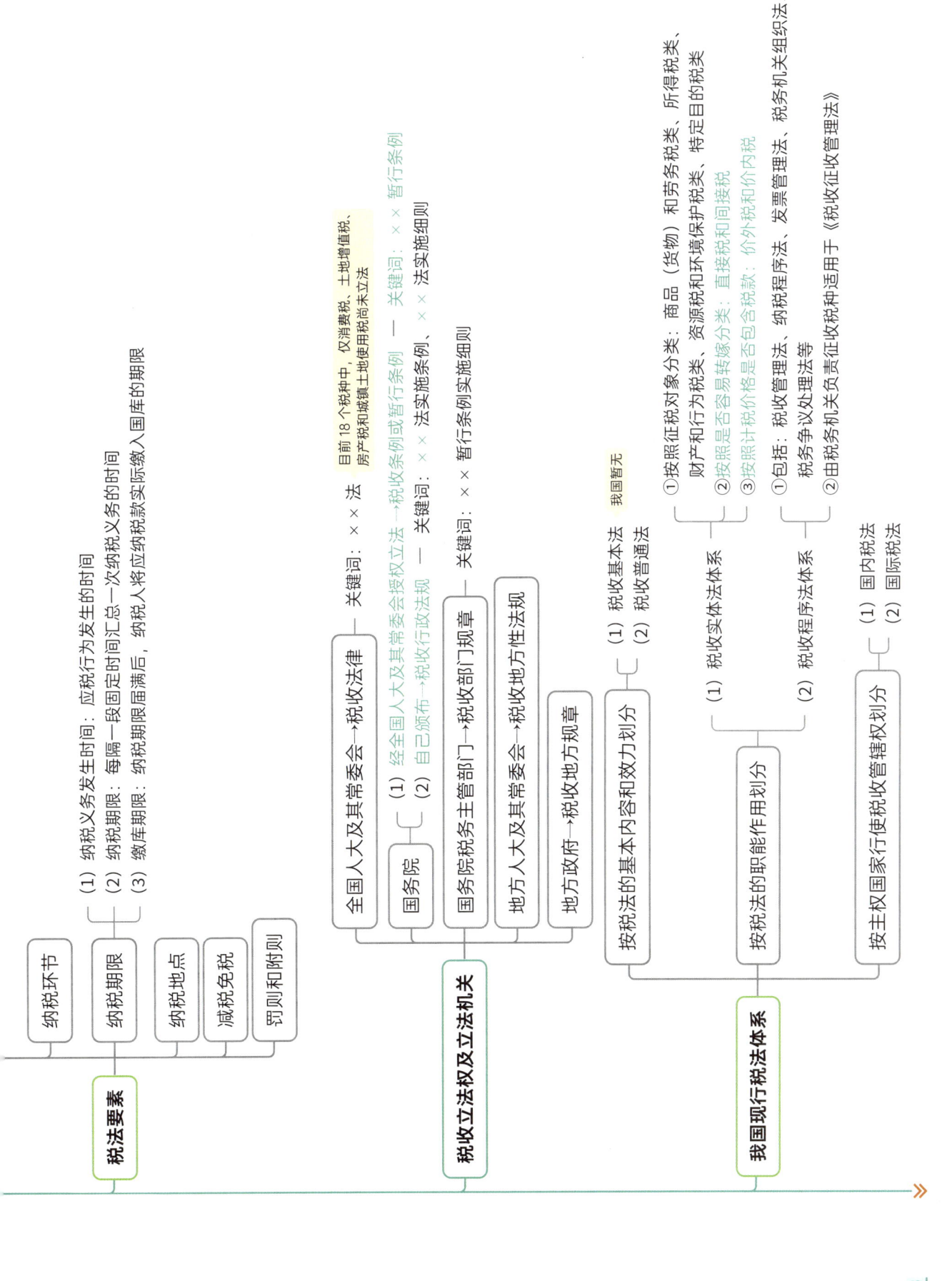

- 纳税环节
- 纳税期限
  - (1) 纳税义务发生时间：应税行为发生的时间
  - (2) 纳税期限：每隔一段固定时间汇总一次纳税义务的时间
  - (3) 缴库期限：纳税期限届满后，纳税人将应纳税款实际缴入国库的期限
- 纳税地点
- 减税免税
- 罚则和附则

税收立法权及立法机关

- 全国人大及其常委会 → 税收法律
  - (1) 经全国人大及其常委会授权立法 — 关键词：××法
  - (2) 自己颁布 → 税收行政法规 — 关键词：××暂行条例、××暂行条例实施细则

  目前18个税种中，仅消费税、土地增值税、房产税和城镇土地使用税尚未立法

- 国务院
  - 国务院税务主管部门 → 税收部门规章 — 关键词：××法实施细则、××暂行条例实施细则
  - 地方人大及其常委会 → 税收地方性法规（我国暂无）
  - 地方政府 → 税收地方规章

我国现行税法体系

- 按税法的基本内容和效力划分
  - (1) 税收基本法（我国暂无）
  - (2) 税收普通法
- 按税法的职能作用划分
  - (1) 税收实体法体系
    - ①按照征税对象分类：商品（货物）和劳务税类、所得税类、财产和行为税类、资源税和环境保护税类、特定目的税类
    - ②按照是否容易转嫁分类：直接税和间接税
    - ③按照计税价格是否包含税款：价外税和价内税
  - (2) 税收程序法体系
    - ①包括：税收征管法、纳税申报法、发票管理法、税务机关组织法、税收争议处理法等
    - ②由税务机关负责征收税种适用于《税收征管法》
- 按主权国家行使税收管辖权划分
  - (1) 国内税法
  - (2) 国际税法

第一章 税法总论

003

税法总论

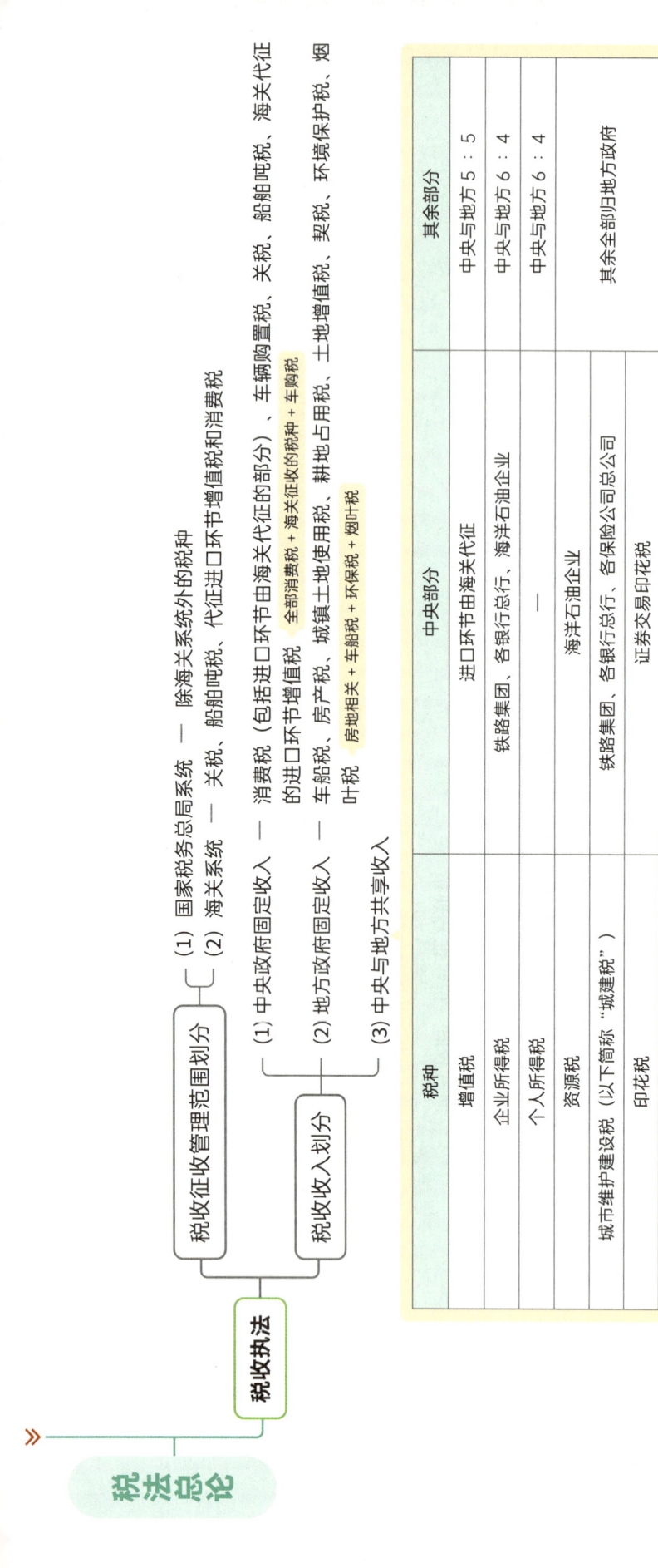

税收执法

税收征收管理范围划分

(1) 国家税务总局系统 —— 除海关系统外的税种

(2) 海关系统 —— 关税、船舶吨税、代征进口环节增值税和消费税

税收收入划分

(1) 中央政府固定收入 —— 关税、消费税（包括进口环节由海关代征的部分）、车辆购置税 【全部消费税＋海关代征的税种＝车购税】

(2) 地方政府固定收入 —— 车船税、房产税、城镇土地使用税、耕地占用税、土地增值税、契税、环境保护税、烟叶税 【房地相关＋车船税＋环保税＋烟叶税】

(3) 中央与地方共享收入

税种	中央部分	其余部分
增值税	进口环节由海关代征	中央与地方 5：5
企业所得税	铁路集团、各银行总行、海洋石油企业	中央与地方 6：4
个人所得税	—	中央与地方 6：4
资源税	海洋石油企业	其余全部归地方政府
城市维护建设税（以下简称"城建税"）	铁路集团、各银行总行、各保险公司总公司	
印花税	证券交易印花税	

第二章 增值税法（考18~21分）

增值税法

纳税义务人

纳税义务人
- (1) 一般规定：销售货物、劳务、服务、无形资产和不动产以及进口货物的单位和个人
  - 个人，指个体工商户和其他个人；其他个人，指自然人
- (2) 以承包、承租、挂靠方式经营的
  - ① 以发包人名义对外经营 + 发包人承担法律责任 → 发包人为纳税人
  - ② 不同时满足上述两个条件 → 承包人为纳税人
- (3) 资管产品运营 — 资管产品管理人为纳税人

扣缴义务人
境外单位或者个人在境内发生应税行为，在境内未设有经营机构的
- ① 销售应税劳务 → 代理人为扣缴义务人，无代理人的，以购买方为扣缴义务人
- ② 发生应税行为（销售服务、无形资产或不动产）→ 购买方为扣缴义务人

纳税人分类
- (1) 一般纳税人
  - ① 应登记：年应税销售额 > 500万元
  - ② 可登记：年应税销售额 ≤ 500万元 + 会计核算健全
    - a. 选择按照小规模纳税人纳税的单位和个体工商户
    - b. 其他个人
  - ③ 不得登记
- (2) 小规模纳税人

应税销售额判断标准：差额不扣，偶发不计

征税范围

一般规定
- (1) 销售或进口货物（一般13%）— 有形动产，包括电力、热力和气体在内
- (2) 销售劳务（13%）— 加工、修理修配劳务
- (3) 销售服务
  - ① 交通运输服务（9%）
    - a. 陆路运输服务
    - b. 水路运输服务
    - c. 航空运输服务
    - d. 管道运输服务

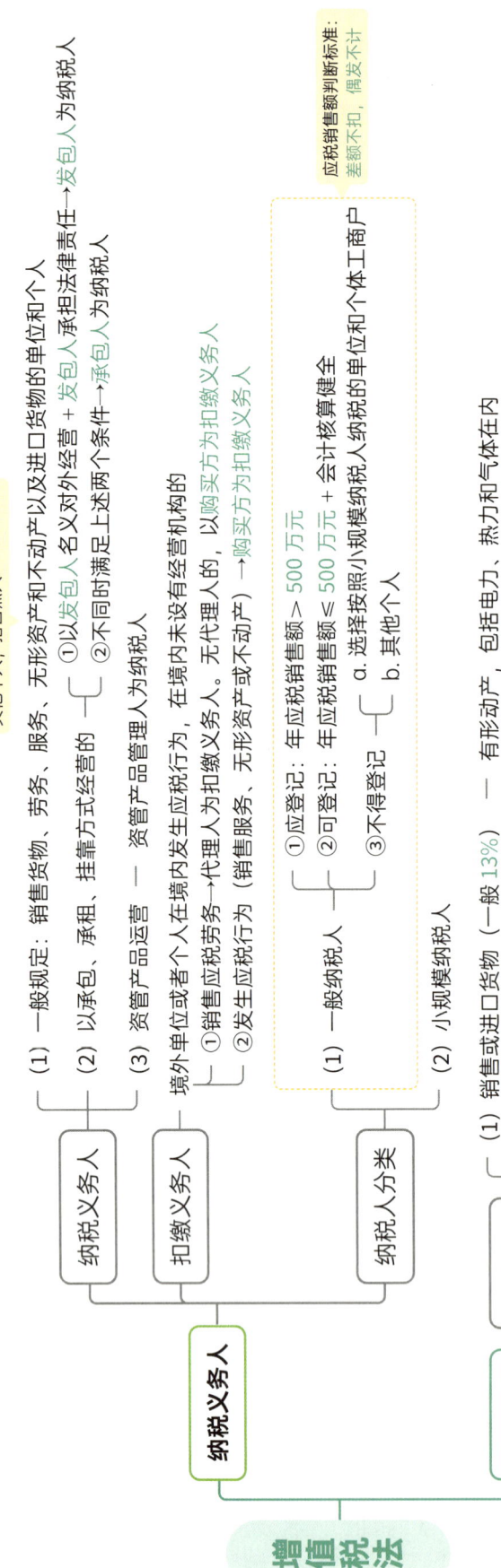

易错易混点辨析：出租车公司向使用本公司自有出租车的出租车司机收取的管理费用

项目	说明	适用税目
船舶出租	程租、期租	交通运输服务
	光租	租赁服务
飞机出租	湿租	交通运输服务
	干租	租赁服务
票证相关	逾期票证收入	交通运输服务
	退票费和手续费收入	现代服务——其他现代服务

006

e. 其他
　　Ⅰ. 运输工具舱位承包业务：发包方、承包方均按全额确认销售额
　　Ⅱ. 运输工具舱位互换业务：双方均以各自换出的舱位全额确认销售额
　　Ⅲ. 无运输工具承运业务：经营者、实际承运人全额确认销售额

② 邮政服务（9%）——邮政普遍服务、邮政特殊服务、其他邮政服务

③ 电信服务
　　a. 基础电信服务（9%）
　　b. 增值电信服务（6%）

④ 建筑服务（9%）
　　a. 工程服务
　　b. 安装服务——安装费、初装费、开户费、扩容费等
　　c. 修缮服务
　　d. 装饰服务——物业服务企业为业主提供的装修服务
　　e. 其他建筑服务

⑤ 金融服务（6%）
　　a. 贷款服务
　　　　各种利息性质的收入
　　　　・保本→征收
　　　　・不保本→不征收
　　b. 直接收费金融服务
　　c. 保险服务——人身保险服务、财产保险服务
　　d. 金融商品转让服务
　　　　Ⅰ. 股票和股权
　　　　　　上市公司股票→征收
　　　　　　非上市公司股权→不征收
　　　　Ⅱ. 资管产品持有至到期→不属于金融商品转让
　　　　Ⅲ. 期货
　　　　　　货物期货转让→不属于金融商品转让
　　　　　　非货物期货转让→属于金融商品转让

增值税法 — 征税范围 — 一般规定

(3) 销售服务

⑥现代服务（除租赁服务外，采用 6% 的税率）

- a. 研发和技术服务 —— 研发服务、合同能源管理服务、工程勘察勘探服务、专业技术服务

  工程勘察勘探服务不属于"建筑服务"

- b. 信息技术服务 —— 软件服务、电路设计及测试服务、信息系统服务、信息系统增值服务、业务流程管理服务

- c. 文化创意服务 —— 设计服务、知识产权服务、广告服务、会议展览服务

  广告代理属于文化创意服务，而非经纪代理服务

- d. 物流辅助服务 —— 航空服务、港口码头服务、货运客运场站服务、打捞救助服务、装卸搬运服务、仓储服务、收派服务

- e. 租赁服务
  - Ⅰ. 有形动产租赁服务（13%）
  - Ⅱ. 不动产租赁服务（9%）

  易错易混点辨析：

项目	说明	适用税目
广告位出租	飞机、车辆	有形动产租赁服务
	建筑物、构筑物	不动产租赁服务
建筑施工设备出租	配人员	建筑服务
	不配人员	租赁服务
融资租赁 vs 融资性售后回租	融资租赁	租赁服务
	融资性售后回租	贷款服务

- f. 鉴证咨询服务 —— 认证服务、鉴证服务、咨询服务

- g. 广播影视服务
  - 制作服务
  - 发行服务
  - 播映服务

- h. 商务辅助服务 —— 企业管理服务、经纪代理服务、人力资源服务、安全保护服务

- i. 其他现代服务
  - Ⅰ. 为客户办理退票而向客户收取的退票费、手续费等收入
  - Ⅱ. 对安装运行后的机器设备提供的维护保养服务

⑦生活服务（6%）

- a. 文化体育服务 —— 在游览场所经营索道、摆渡车、电瓶车、游船等取得的收入
- b. 教育医疗服务
- c. 旅游娱乐服务

d. 餐饮住宿服务
  ├─ I. 餐饮服务
  │   ├─ 提供餐饮服务的纳税人销售的外卖食品
  │   └─ 现场制作食品并直接销售给消费者
  └─ II. 住宿服务

e. 居民日常服务

f. 其他生活服务 — 提供植物养护服务

(4) 销售无形资产 — 除转让土地使用权适用9%税率外，其他均适用6%税率

(5) 销售不动产（9%）

判断经济行为是否需要缴纳增值税的条件

(1) 发生在境内
  ├─ ①不动产、自然资源使用权 — 地理位置在境内→境内
  └─ ②其他服务和无形资产
       ├─ a. 境内向境外销售→境内
       └─ b. 境外向境内销售
            ├─ I. 完全或部分在境内→境内
            └─ II. 完全在境外→境外

(2) 属于征税行为

(3) 为他人提供

(4) 有偿提供

特殊销售的征税规定

(1) 罚没物品
  ├─ ①再销售→征收
  └─ ②如数上缴财政→不征收

(2) 自产创新药
  ├─ ①销售自产创新药收入→征收
  └─ ②后续免费使用的相同创新药→不征收

(3) 财政补贴收入
  ├─ ①与销售收入或者数量直接挂钩→征收
  └─ ②其他情形→不征收

(4) 预付卡
  ├─ ①充值或预收资金→不征收，不开增值税专用发票（简称"专票"）
  ├─ ②手续费、结算费→征收，可开专票
  └─ ③消费时→征收，不开票

增值税法

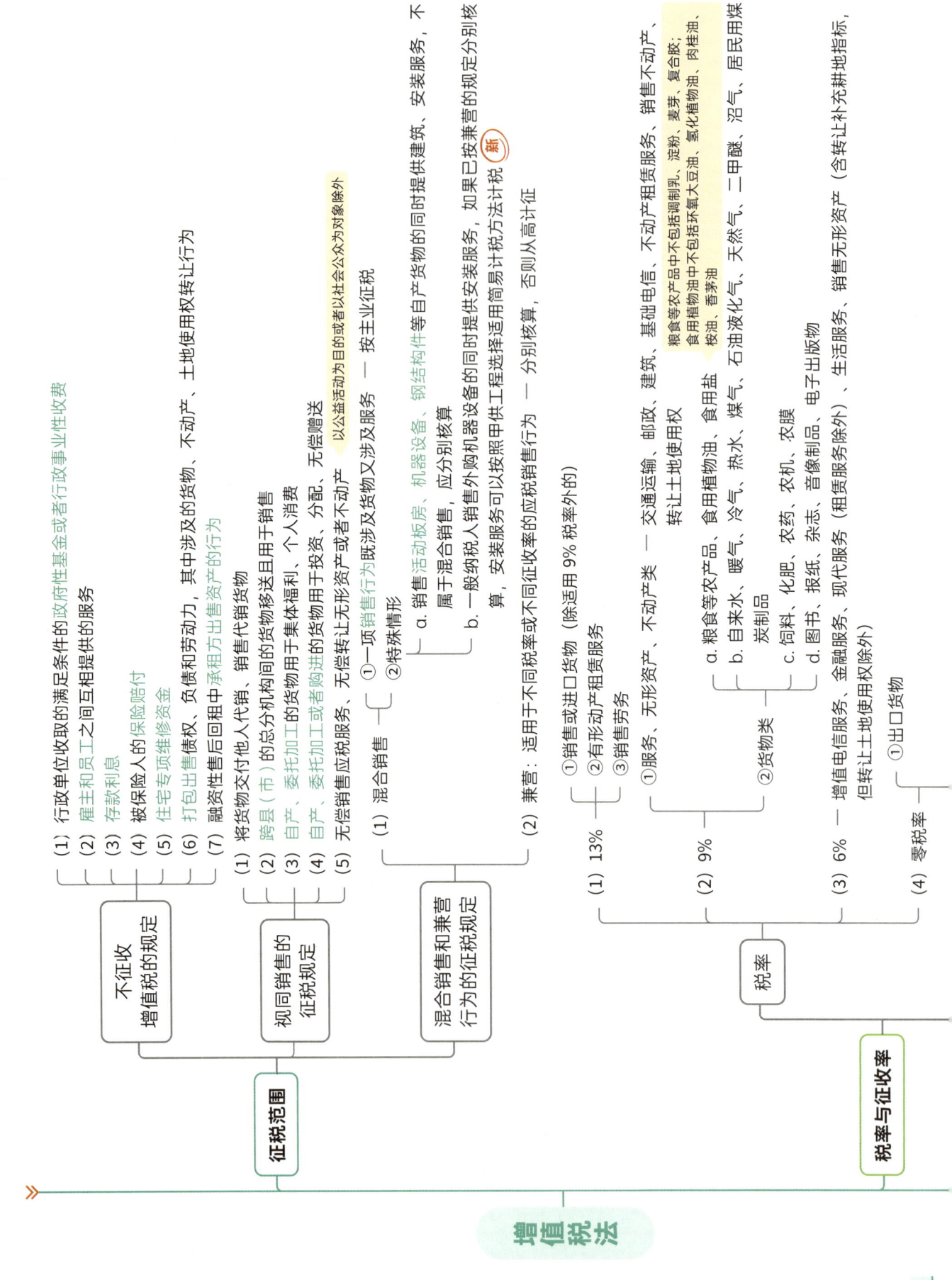

征税范围

不征收增值税的规定
(1) 行政单位收取的满足条件的政府性基金或者行政事业性收费
(2) 雇主和员工之间互相提供的服务
(3) 存款利息
(4) 被保险人的保险赔付
(5) 住宅专项维修资金
(6) 打包出售债权，其中涉及的货物、不动产、土地使用权转让行为
(7) 融资性售后回租中承租方出售资产的行为

视同销售的征税规定
(1) 将货物交付他人代销、销售代销货物
(2) 跨县（市）的总分机构间的货物移送且用于销售
(3) 自产、委托加工的货物用于集体福利、个人消费
(4) 自产、委托加工或者购进的货物用于投资、分配、无偿赠送
(5) 无偿销售应税服务、无偿转让无形资产或者不动产 —— 以公益活动为目的或者以社会公众为对象除外

混合销售和兼营行为的征税规定
(1) 混合销售
  ① 一项销售行为既涉及货物又涉及服务 —— 按主业征税
  ② 特殊情形
    a. 销售活动板房、机器设备、钢结构件等自产货物的同时提供建筑、安装服务，不属于混合销售，应分别核算
    b. 一般纳税人销售外购机器设备的同时提供安装服务，如果已按兼营方法计税核算，安装服务可以按照甲供工程选择适用简易计税方法计税 （新）

(2) 兼营：适用于不同税率的应税销售行为 —— 分别核算，否则从高计征

税率与征收率

税率
(1) 13% —— ① 销售或进口货物（除适用 9% 税率外的）
         ② 有形动产租赁服务
         ③ 销售劳务

(2) 9% —— ① 服务、无形资产、不动产类 —— 交通运输、邮政、建筑、基础电信、不动产租赁服务、销售不动产、转让土地使用权
         ② 货物类
           a. 粮食等农产品、食用植物油、食用盐（粮食等农产品中不包括调制乳；食用植物油中不包括环氧大豆油、氢化植物油、麦芽、淀粉、复合胶、桉油、香茅油）
           b. 自来水、暖气、冷气、热水、煤气、石油液化气、天然气、二甲醚、沼气、居民用煤炭制品
           c. 饲料、化肥、农药、农机、农膜
           d. 图书、报纸、杂志、音像制品、电子出版物

(3) 6% —— 增值电信服务、金融服务、现代服务（租赁服务除外）、生活服务、销售无形资产（含转让补充耕地指标，但转让土地使用权除外）

(4) 零税率 —— ① 出口货物

征收率

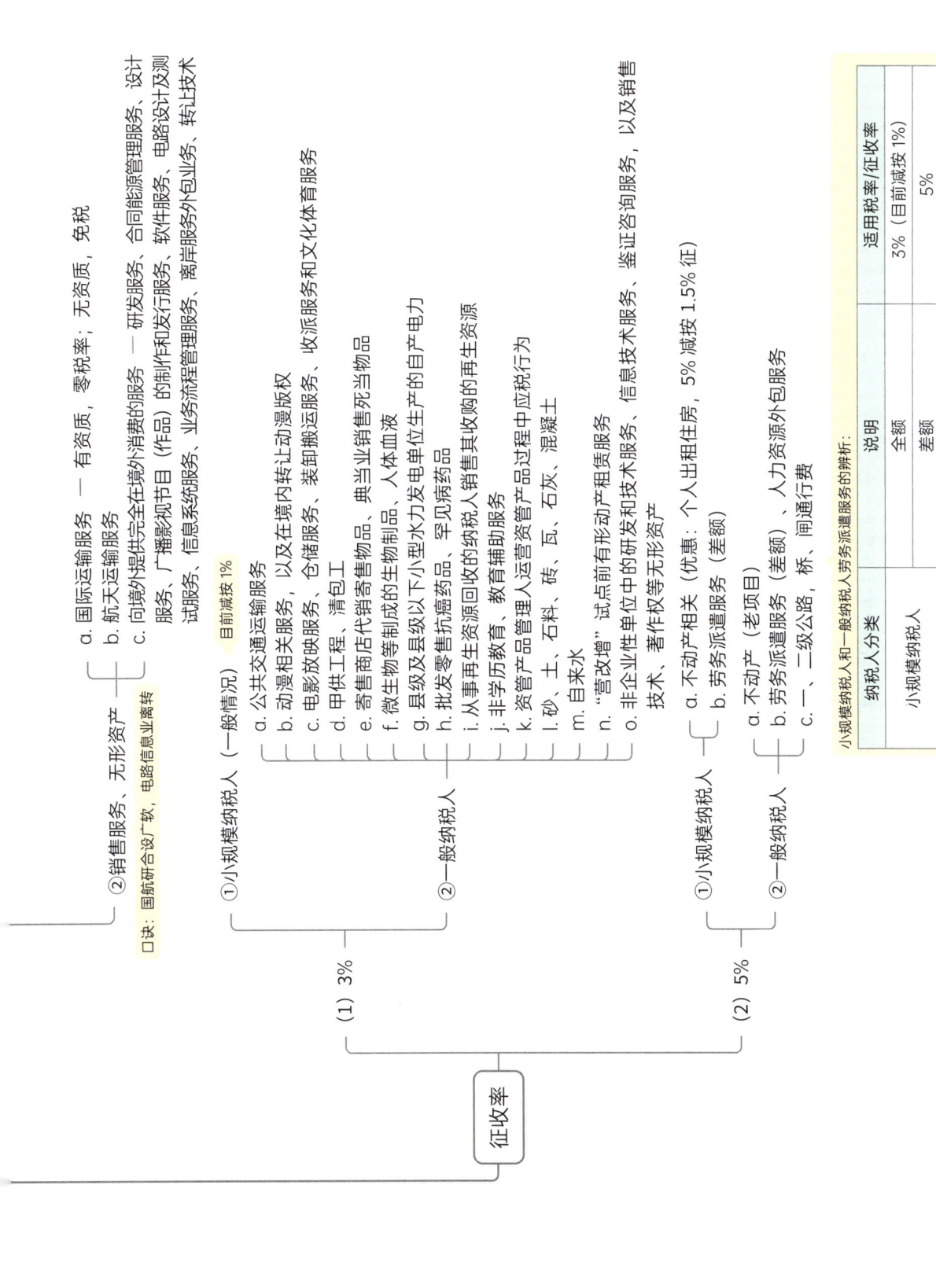

(1) 3%

② 销售服务、无形资产

口诀：国航研合设广软，电路信息业离转

- a. 国际运输服务 — 有资质，零税率；无资质，免税
- b. 航天运输服务
- c. 向境外提供完全在境外消费的服务 — 研发服务、合同能源管理服务、设计服务、广播影视节目（作品）的制作和发行服务、软件服务、电路设计及测试服务、信息系统服务、业务流程管理服务、离岸服务外包业务、转让技术

① 小规模纳税人（一般情况）

目前减按 1%

- a. 公共交通运输服务
- b. 动漫相关服务，以及在境内转让动漫版权
- c. 电影放映服务、仓储服务、装卸搬运服务、收派服务和文化体育服务
- d. 甲供工程、清包工
- e. 寄售商店代销寄售物品、典当业销售死当物品
- f. 微生物等制成的生物制品、人体血液
- g. 县级及县级以下小型水力发电单位生产的自产电力
- h. 批发及零售抗癌药品、罕见病药品
- i. 从事再生资源回收的纳税人销售其收购的再生资源
- j. 非学历教育、教育辅助服务
- k. 资管产品管理人运营资管产品过程中应税行为
- l. 砂、土、石料、砖、瓦、石灰、混凝土
- m. 自来水
- n. "营改增"试点前有形动产租赁服务
- o. 非企业性单位中的研发和技术服务、信息技术服务、鉴证咨询服务，以及销售技术、著作权等无形资产

② 一般纳税人

(2) 5%

① 小规模纳税人

- a. 不动产相关（优惠：个人出租住房，5% 减按 1.5% 征）
- b. 劳务派遣服务（差额）

② 一般纳税人

- a. 不动产（老项目）
- b. 劳务派遣服务（差额）、人力资源外包服务
- c. 一、二级公路、桥、闸通行费

小规模纳税人和一般纳税人劳务派遣服务的辨析：

纳税人分类		说明	适用税率/征收率
小规模纳税人		全额	3%（目前减按 1%）
		差额	5%
一般纳税人		差额	5%
		全额	6%

增值税法

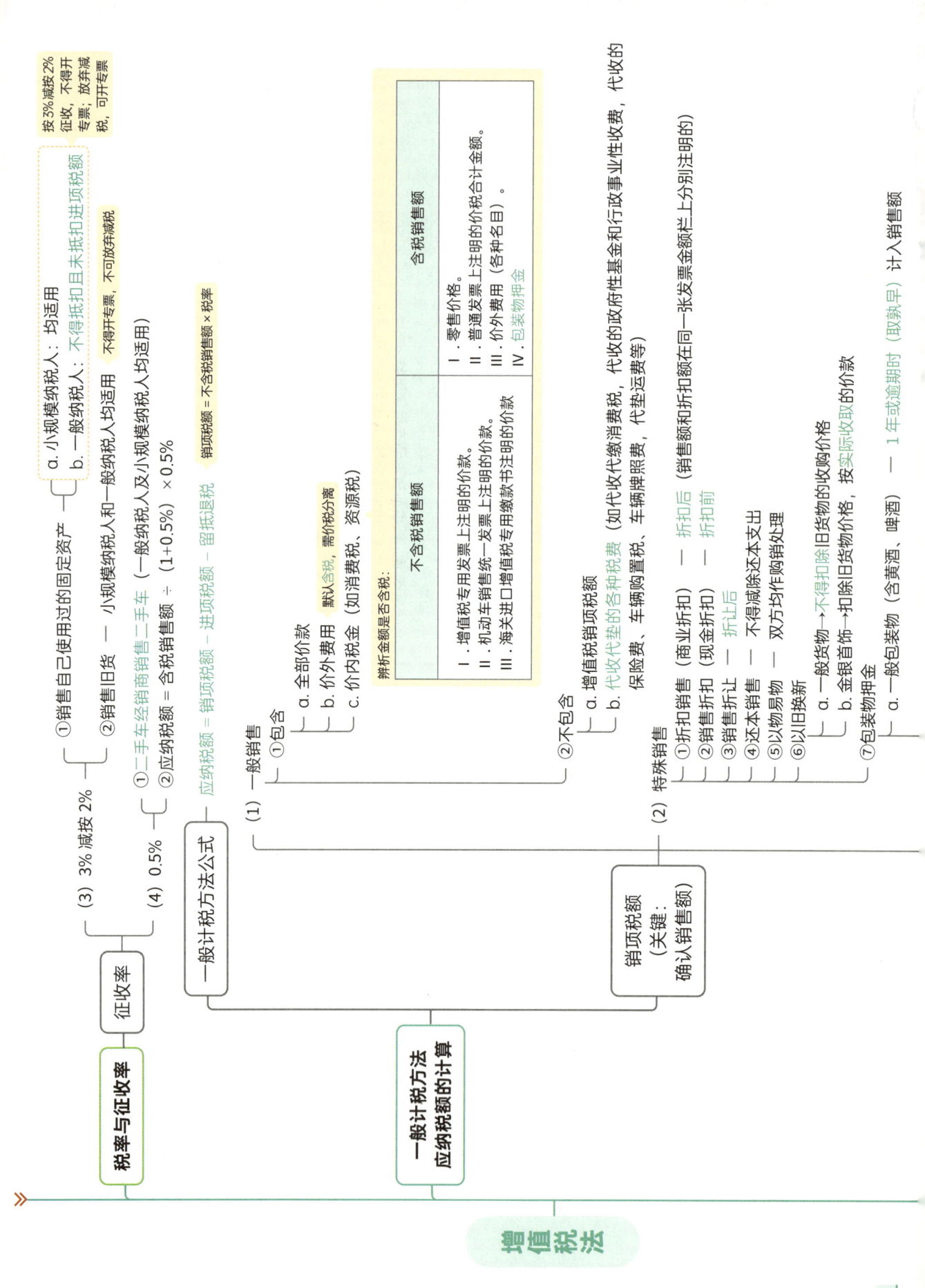

税率与征收率

征收率

(3) 3%减按2%
- ① 销售自己使用过的固定资产
  - a. 小规模纳税人：均适用
  - b. 一般纳税人：不得抵扣且未抵扣进项税额
- ② 销售货物
  - 按3%减按2%征收，不得开专票，可开普票
  - 不得开专票，不可放弃减税
  - 不得开专票，不得放弃减税

(4) 0.5%
- ① 二手车经销商销售二手车（一般纳税人及小规模纳税人均适用）
- ② 应纳税额 = 含税销售额 ÷ (1+0.5%) × 0.5%

一般计税方法应纳税额的计算

一般计税方法公式
应纳税额 = 销项税额 - 进项税额 - 留抵退税

销项税额 = 不含税销售额 × 税率

销项税额（关键：确认销售额）

(1) 一般销售
- ① 包含
  - a. 全部价款
  - b. 价外费用 — 默认含税，需价税分离
  - c. 价内税金（如消费税、资源税）

  辨析金额是否含税：
  - 不含税销售额
    - Ⅰ. 增值税专用发票上注明的款
    - Ⅱ. 机动车销售统一发票上注明的款
    - Ⅲ. 海关进口增值税专用缴款书注明的价款
  - 含税销售额
    - Ⅰ. 零售价格
    - Ⅱ. 普通发票上注明的价税合计金额
    - Ⅲ. 价外费用（各种名目）
    - Ⅳ. 包装物押金

- ② 不包含
  - a. 增值税销项税额
  - b. 代收代垫的各种税费（如代收代缴消费税，代收的政府性基金和行政事业性收费，代收的保险费、车辆购置税、车辆牌照费，代垫运费等）

(2) 特殊销售
- ① 折扣销售（商业折扣） — 折扣后（销售额和折扣额在同一张发票金额栏上分别注明的）
- ② 销售折扣（现金折扣） — 折扣前
- ③ 销售折让 — 折让后
- ④ 还本销售 — 不得减除还本支出
- ⑤ 以物易物 — 双方均作销售处理
- ⑥ 以旧换新
  - a. 一般货物→不得扣除旧货物的收购价格
  - b. 金银首饰→扣除旧货物价格，按实际收取的价款
- ⑦ 包装物押金
  - a. 一般包装物（含黄酒、啤酒）— 1年或逾期时（取孰早）计入销售额

- b. 酒类包装物（不含黄酒、啤酒）—— 收到时计入销售额

(3) 视同销售（按顺序）
  - ①纳税人最近同期同类平均价格
  - ②其他纳税人最近同期同类平均价格
  - ③组成计税价格：成本 ×（1+成本利润率）+ 消费税（仅应税消费品涉及）

(4) 差额方式
  - ①金融商品转让
    - a. 卖出价 - 买入价 【盈亏可相抵，跨期不跨年】
    - b. 买入价的特殊规定

情形	对"买入价"的规定
上市公司实施股权分置改革时，原非流通股股份，以及孳生的送、转股	复牌首日的开盘价
首次公开发行股票并上市（IPO）形成的限售股，以及孳生的送、转股	该上市公司股票IPO的发行价
实施重大资产重组形成的限售股，以及孳生的送、转股	停牌前一交易日的收盘价
解禁流通的限售股对外转让时，按上述规定确定的"买入价"低于取得时的实际成本价	实际成本价

  - ②经纪代理服务 —— 扣除政府性基金/行政事业性收费
  - ③旅游服务 —— 扣除住宿费、餐饮费、交通费、签证费、门票费和其他接团旅游企业的旅游费用
  - ④融资相关
    - a. 融资租赁 —— 扣除借款利息 + 发行债券利息 + 车辆购置税
    - b. 融资性售后回租 —— 扣除本金 + 借款利息 + 发行债券利息
  - ⑤交通相关
    - a. 航空运输企业 —— 扣除机场建设费和代收机票价款
    - b. 航空运输销售代理企业 —— 扣除境内或境外的机票结算款和相关费用
    - c. 客运场站服务 —— 扣除支付给承运方的运费
  - ⑥房地产开发企业（简称"房企"）—— 扣除土地价款（含征地和拆迁补偿费用 + 土地前期开发费用 + 土地出让收益），按销售比例匹配
  - ⑦金融机构处置抵债的不动产 —— 扣除取得抵债不动产时的作价

增值税法

一般计税方法 应纳税额的计算

进项税额

(1) 准予抵扣

① 凭票抵扣
- a. 增值税专用发票
- b. 机动车销售统一发票
- c. 海关进口增值税专用缴款书 —— 如果缴款书上既有代理进口单位名称，又有委托进口单位名称，则只允许从其中取得原件的一个单位抵扣税款
- d. 代扣代缴解缴税款的完税凭证
- e. 收费公路通行费增值税电子普通发票
- f. 国内旅客运输服务增值税电子普通发票

② 农产品
- a. 一般农产品
  - Ⅰ. 购入当期
    - 一般纳税人开具的专票或海关进口增值税专用缴款书：注明的增值税税额
    - 农产品销售发票、农产品收购发票，从小规模纳税人取得征收率 3% 的增值税专用发票：进项税额 = 买价 × 基本扣除率 9%
  - Ⅱ. 领用当期 —— 生产或委托加工 13% 税率货物的，加计扣除 1%
- b. 液体乳及乳制品、酒及酒精、植物油 —— 核定抵扣：投入产出法、成本法、参照法

③ 收费公路通行服务
- a. 增值税电子普通发票：注明的增值税税额
- b. 桥、闸通行费发票：发票上注明金额 ÷ (1+5%) × 5%

④ 国内旅客运输服务 —— 注明旅客身份信息 + 本单位员工（含劳务派遣）+ 国内

项目	取得的抵扣凭证	可抵扣进项税额
航空运输服务	增值税专用发票、航空运输电子客票行程单	注明的增值税税额 (票价 + 燃油附加费) ÷ (1+9%) × 9%
铁路运输服务	纸质行程单 铁路电子客票	注明的增值税税额 票面金额 ÷ (1+9%) × 9%
公路、水路运输服务	纸质客票 增值税电子普通发票 其他客票	注明的增值税税额 票面金额 ÷ (1+3%) × 3%

(2) 不得抵扣

① 特定用途（简易计税方法项目、免税项目、集体福利、个人消费）
- a. 其他权益性无形资产 → 用于任何项目均全额抵
- b. 固定资产、不动产、无形资产（除 a）→ 专用，不可抵；兼用，全额抵

"简、免、集、个"

c. 货物、服务、劳务→专用；不可抵、兼用，按销售额比例抵

不得抵扣的进项税额＝当期无法划分的全部进项税额×(当期简易计税方法计税项目销售额＋免征增值税项目销售额)÷当期全部销售额

对销售额的界定："不含税"（管理不善，违法违规造成） — 非正常损失的货物，不动产以及其所对应的劳务、交通运输服务、设计服务、建筑服务等均不可抵扣

②非正常损失

③特定服务（贷款服务、餐饮服务、居民日常服务）"贷、餐、民、娱"

④核算不健全或票不合规

(3) 进项税额转出

①货物、劳务、服务 — 不得抵扣的进项税额＝实际成本×适用税率

②已抵扣进项税额的固定资产，不动产，无形资产 — 不得抵扣的进项税金÷(1+所购货物适用税率)×所购货物适用税率 = 已经抵扣的进项税额×净值率

③平销返利 — 当期应冲减进项税额＝当期取得的返还资金÷(1+所购货物适用税率)×所购货物适用税率

加计抵减

(1) 比例 — 先进制造业→5%

(2) 计算

① 公式：

a. 本期计提加计抵减额＝本期可抵扣进项税额×5%

b. 本期可抵扣的加计抵减额＝上期结转的加计抵减额余额＋本期计提加计抵减额－本期调减加计抵减额

② 最多将应纳税额抵减至零，抵减不完的结转下期

③ 出口货物劳务、发生跨境应税行为不适用加计抵减政策，其对应的进项税额不得计提加计抵减额

④ 政策执行到期后，不再计提加计抵减额，结余的加计抵减额停止抵减

增值税法

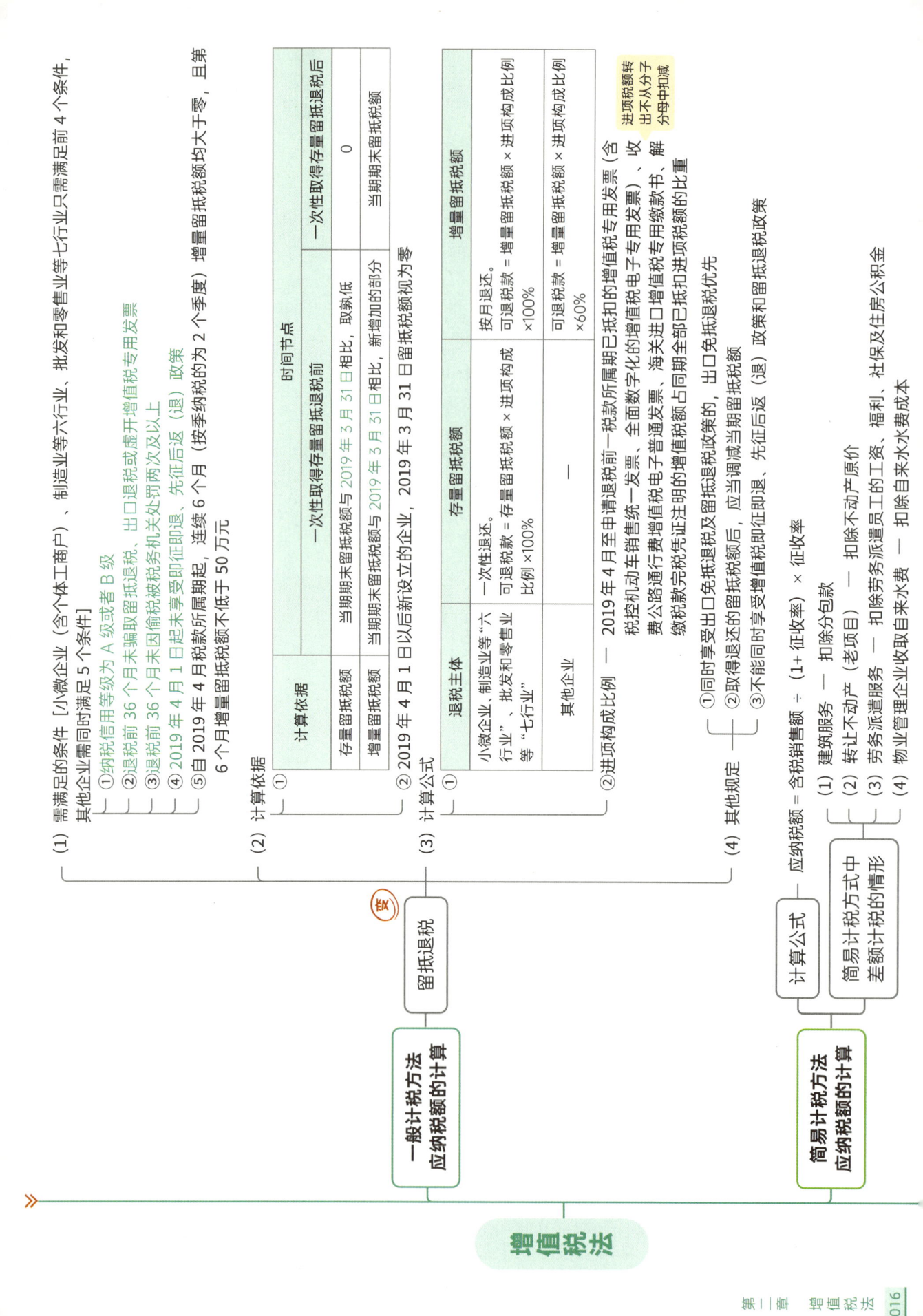

一般计税方法应纳税额的计算

留抵退税

(1) 需满足的条件 [小微企业（含个体工商户），制造业等六行业，批发和零售业等七行业只需满足前4个条件，其他企业需同时满足5个条件]
- ①纳税信用等级为A级或者B级
- ②退税前36个月未骗取留抵退税、出口退税或虚开增值税专用发票
- ③退税前36个月未因偷税被税务机关处罚两次以上
- ④2019年4月1日起未享受即征即退、先征后返（退）政策
- ⑤自2019年4月税款所属期起，连续6个月（按季纳税的为2个季度）增量留抵税额均大于零，且第6个月增量留抵税额不低于50万元

(2) 计算依据

①	时间节点	
	一次性取得存量留抵退税前	一次性取得存量留抵退税后
存量留抵税额	当期期末留抵税额与2019年3月31日相比，取孰低	0
增量留抵税额	当期期末留抵税额与2019年3月31日相比，新增加的部分	当期期末留抵税额

② 2019年4月1日以后新设立的企业，2019年3月31日留抵税额视为零

(3) 计算公式

①	退税主体	存量留抵税额	增量留抵税额
	小微企业、制造业等"六行业"、批发和零售业等"七行业"	一次性退还。可退税款 = 存量留抵税额 × 进项构成比例 × 100%	按月退还。可退税款 = 增量留抵税额 × 进项构成比例 × 100%
	其他企业	—	可退税款 = 增量留抵税额 × 进项构成比例 × 60%

② 进项构成比例 — 2019年4月至申请退税前一税款所属期已抵扣的增值税专用发票（含税控机动车销售统一发票、全面数字化的增值税电子专用发票）、收费公路通行费增值税电子普通发票、海关进口增值税专用缴款书，解缴税款完税凭证注明的增值税额占同期全部已抵扣进项税额的比重

进项税额转出不从分子分母中扣减

(4) 其他规定
- ①同时享受出口免抵退税及留抵退税政策的，出口免抵退税优先
- ②取得退还的留抵税额后，应当调减当期留抵税额
- ③不能同时享受增值税即征即退、先征后返（退）政策和留抵退税政策

简易计税方法应纳税额的计算

计算公式 — 应纳税额 = 含税销售额 ÷ (1+征收率) × 征收率

简易计税方式中差额计税的情形
- (1) 建筑服务 — 扣除分包款
- (2) 转让不动产（老项目）— 扣除不动产原价
- (3) 劳务派遣服务 — 扣除劳务派遣员工的工资、福利，社保及住房公积金
- (4) 物业管理企业收取自来水费 — 扣除自来水水费成本

特定应税行为的增值税计征方法

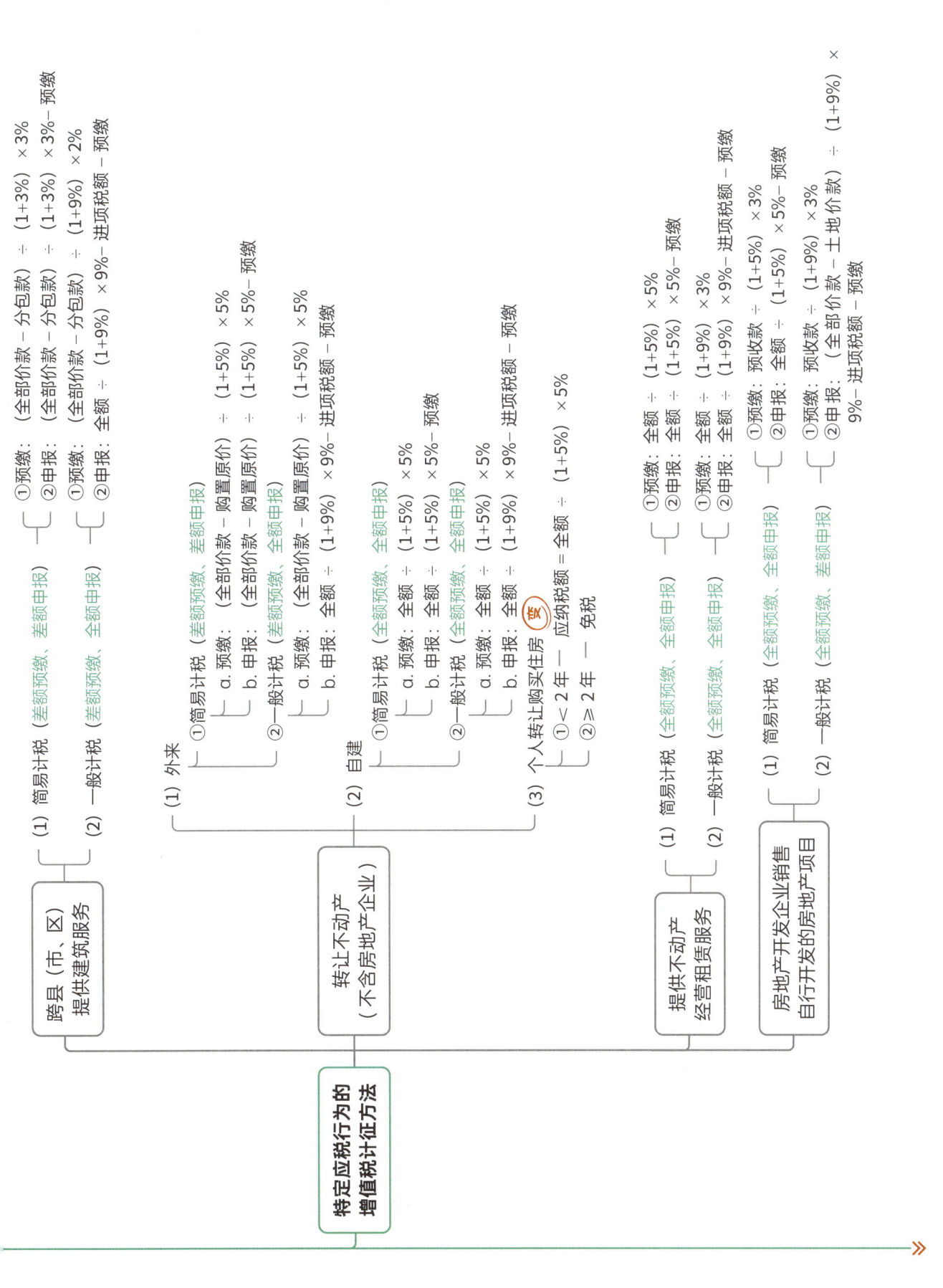

跨县（市、区）提供建筑服务

(1) 简易计税（差额预缴、差额申报）
- ① 预缴：(全部价款 − 分包款) ÷ (1+3%) × 3%
- ② 申报：(全部价款 − 分包款) ÷ (1+3%) × 3%−预缴

(2) 一般计税（差额预缴、全额申报）
- ① 预缴：(全部价款 − 分包款) ÷ (1+9%) × 2%
- ② 申报：全额 ÷ (1+9%) × 9%−进项税额−预缴

转让不动产（不含房地产企业）

(1) 外来
- ① 简易计税（差额预缴、差额申报）
  - a. 预缴：(全部价款 − 购置原价) ÷ (1+5%) × 5%
  - b. 申报：(全部价款 − 购置原价) ÷ (1+5%) × 5%−预缴
- ② 一般计税（差额预缴、全额申报）
  - a. 预缴：(全部价款 − 购置原价) ÷ (1+5%) × 5%
  - b. 申报：全额 ÷ (1+9%) × 9%−进项税额−预缴

(2) 自建
- ① 简易计税（全额预缴、全额申报）
  - a. 预缴：全额 ÷ (1+5%) × 5%
  - b. 申报：全额 ÷ (1+5%) × 5%−预缴
- ② 一般计税（全额预缴、全额申报）
  - a. 预缴：全额 ÷ (1+5%) × 5%
  - b. 申报：全额 ÷ (1+9%) × 9%−进项税额−预缴

(3) 个人转让购买住房 【变】
- ① < 2 年 — 应纳税额 = 全额 ÷ (1+5%) × 5%
- ② ≥ 2 年 — 免税

提供不动产经营租赁服务

(1) 简易计税（全额预缴、全额申报）
- ① 预缴：全额 ÷ (1+5%) × 5%
- ② 申报：全额 ÷ (1+5%) × 5%

(2) 一般计税（全额预缴、全额申报）
- ① 预缴：全额 ÷ (1+5%) × 3%
- ② 申报：全额 ÷ (1+9%) × 9%

房地产开发企业销售自行开发的房地产项目

(1) 简易计税（全额预缴、全额申报）
- ① 预缴：预收款 ÷ (1+5%) × 3%
- ② 申报：全额 ÷ (1+5%) × 5%−预缴

(2) 一般计税（全额预缴、差额申报）
- ① 预缴：预收款 ÷ (1+9%) × 3%
- ② 申报：(全部价款 − 土地价款) ÷ (1+9%) × 9%−进项税额−预缴

进口环节增值税的征收

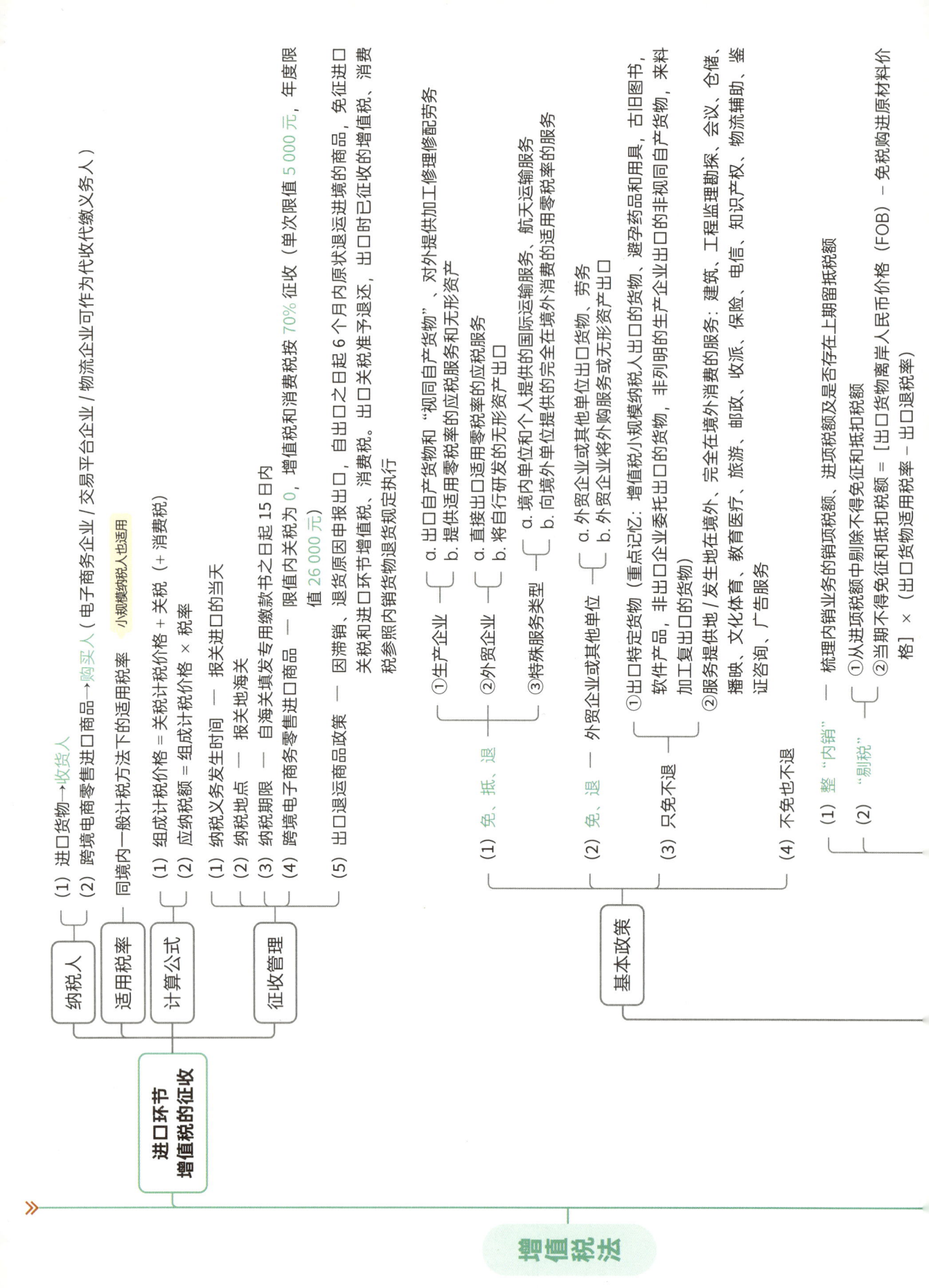

纳税人
- (1) 进口货物 → 收货人
- (2) 跨境电商零售进口商品 → 购买人（电子商务企业/交易平台企业/物流企业可作为代收代缴义务人）

适用税率 — 同境内一般计税方法下的适用税率（小规模纳税人也适用）

计算公式
- (1) 组成计税价格 = 关税计税价格 + 关税 (+ 消费税)
- (2) 应纳税额 = 组成计税价格 × 税率

征收管理
- (1) 纳税义务发生时间 — 报关进口的当天
- (2) 纳税地点 — 报关地海关
- (3) 纳税期限 — 自海关填发专用缴款书之日起 15 日内
- (4) 跨境电商零售进口商品 — 限值内关税为 0，增值税和消费税按 70% 征收（单次限值 5 000 元，年度限值 26 000 元）
- (5) 出口退运商品政策 — 因滞销、退货原因申报出口，自出口之日起 6 个月内原状退运进境的商品，免征进口关税和消费税。出口环节增值税、消费税已退税，出口关税准予退还，出口时已征收的增值税、消费税参照出口货物退货规定执行

基本政策

(1) 免、抵、退
- ① 生产企业
  - a. 出口自产货物和"视同自产货物"，对外提供加工修理修配劳务
  - b. 提供适用零税率的应税服务和无形资产
- ② 外贸企业
  - a. 直接出口适用零税率的应税服务
  - b. 将自行研发的无形资产出口
- ③ 特殊服务类型
  - a. 境内单位和个人提供的国际运输服务、航天运输服务
  - b. 向境外单位提供的完全在境外消费的适用零税率的服务

(2) 免、退 — 外贸企业或其他单位
  - a. 外贸企业或其他单位出口货物、劳务
  - b. 外贸企业将外购服务或无形资产出口

(3) 只免不退 — 出口特定货物（重点记忆：增值税小规模纳税人出口的货物，非列明的生产企业出口的非视同自产货物，避孕药品和用具、古旧图书，软件产品，非出口企业委托出口的货物，来料加工复出口的货物）
  - ② 服务提供地/发生地在境外、完全在境外消费的服务：建筑、工程监理勘探、会议、仓储、播映、文化体育、教育医疗、旅游、邮政、保险、电信、知识产权、物流辅助、鉴证咨询、广告服务

(4) 不免也不退
- (1) 整"内销" — 梳理内销业务的销项税额、进项税额及是否存在上期留抵税额
- (2) "剔税" — ① 从当期进项税额中剔除不得免征和抵扣税额
  - ② 当期不得免征和抵扣税额 = [出口货物离岸人民币价格 (FOB) − 免税购进原材料价格] × (出口货物适用税率 − 出口退税率)

增值税法

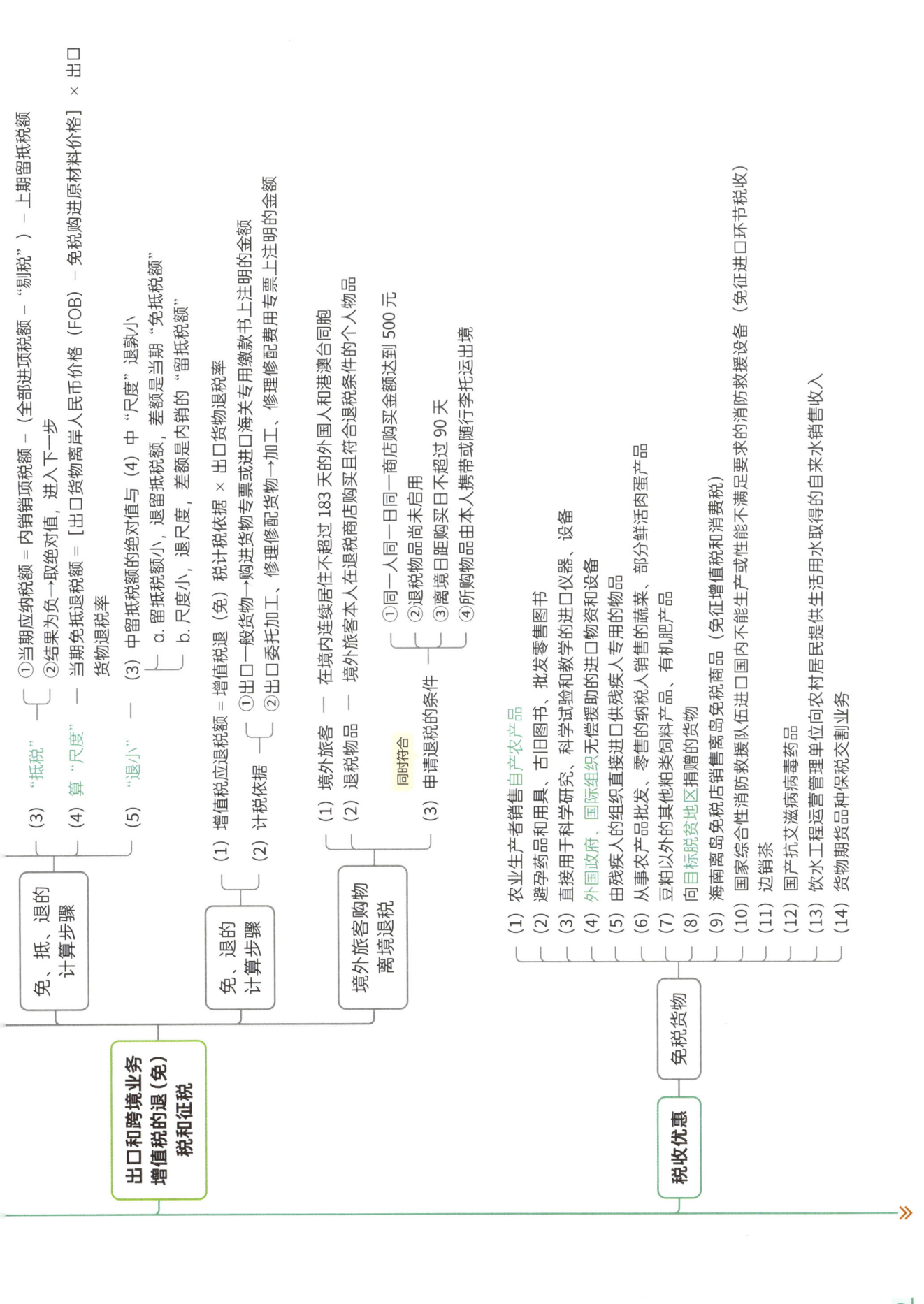

出口和跨境业务增值税的退（免）税和征税

免、抵、退的计算步骤

(3) "抵税"
- ①当期应纳税额＝内销项税额－（全部进项税额－"剔税"）－上期留抵税额
- ②结果为负→取绝对值，进入下一步

(4) "算'尺度'"
- 当期免抵退税额＝[出口货物离岸人民币价格（FOB）－免税购进原材料价格]×出口货物退税率

(5) "退小"——中留抵税额的绝对值与(4)中"尺度"退孰小
- a. 留抵税额小，退留抵税额，差额当期"免抵税额"
- b. 尺度小，退尺度，差额是内销的"留抵税额"

免、抵、退的计算步骤

(1) 增值税应退税额＝增值税
(2) 计税依据
- ①出口一般货物→购进货物增值税专用缴款书上注明的金额或海关进口增值税专用缴款书上注明的金额
- ②出口委托加工、修理修配货物→加工、修理修配费用专用发票上注明的金额

税计税依据×出口货物退税率

境外旅客购物离境退税

(1) 境外旅客——在境内连续居住不超过183天的外国人和港澳台同胞
(2) 退税物品——境外旅客本人在退税商店购买且符合退税条件的个人物品
(3) 申请退税的条件（同时符合）
- ①同一人同一日同一商店购买金额达到500元
- ②退税物品尚未启用
- ③离境日距购买日不超过90天
- ④所购物品由本人携带或随行李运出境

税收优惠

免税货物

(1) 农业生产者销售自产农产品
(2) 避孕药品和用具、古旧图书，批发零售图书
(3) 直接用于科学研究、科学试验和教学的进口仪器、设备
(4) 外国政府、国际组织无偿援助的进口物资和设备
(5) 由残疾人的组织直接进口供残疾人专用的物品
(6) 从事农产品批发、零售的纳税人销售的蔬菜、部分鲜活肉蛋产品
(7) 豆粕以外的其他粕类饲料产品、有机肥产品
(8) 向目标脱贫地区捐赠的货物
(9) 海南离岛免税店销售离岛免税商品（免征值税和消费税）
(10) 国家综合性消防救援队伍进口国内不能生产或性能不满足要求的消防救援设备（免征进口环节税收）
(11) 边销茶
(12) 国产抗艾滋病病毒药品
(13) 饮水工程运营管理单位向农村居民提供生活用水取得的自来水销售收入
(14) 货物期货品种保税交割业务

增值税法 — 税收优惠

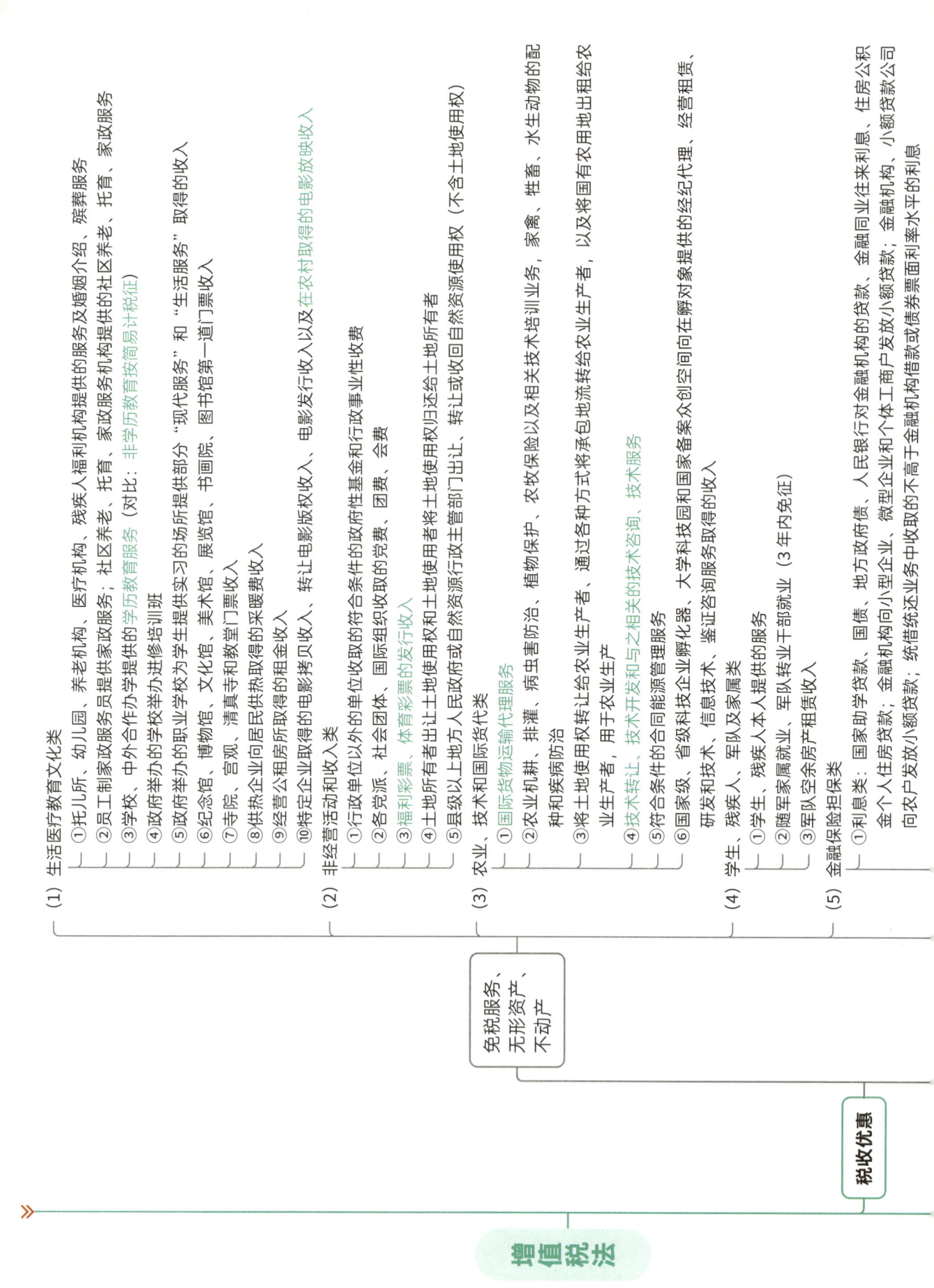

免税服务、无形资产、不动产

(1) 生活医疗教育文化类
① 托儿所、幼儿园、养老机构、医疗机构、残疾人福利机构提供的服务及婚姻介绍、殡葬服务
② 员工制家政服务员提供家政服务；社区养老、托育、家政服务机构提供的社区养老、托育、家政服务
③ 学校、中外合作办学提供的学历教育服务（对比：非学历教育按简易计税）
④ 政府举办的职业学校举办进修培训班
⑤ 政府举办的职业学校为学生提供实习的场所提供部分"现代服务"和"生活服务"取得的收入
⑥ 纪念馆、博物馆、文化馆、美术馆、展览馆、书画院、图书馆第一道门票收入
⑦ 寺院、宫观、清真寺和教堂举办文化宗教活动的门票收入
⑧ 供热企业向居民供热取得的采暖费收入
⑨ 经营公租房所取得的租金收入
⑩ 特定企业取得的电影拷贝收入、转让电影版权收入、电影发行收入以及在农村取得的电影放映收入

(2) 非经营活动和收入类
① 行政单位以外的单位收取的符合条件的政府性基金和行政事业性收费
② 各党派、社会团体、国际组织收取的党费、团费、会费
③ 福利彩票、体育彩票的发行收入
④ 土地所有者出让土地使用权和土地使用权归还给土地所有者
⑤ 县级以上地方人民政府或自然资源主管部门出让、转让或收回自然资源使用权（不含土地使用权）

(3) 农业、技术和国际货代类
① 国际货物运输代理服务
② 农业机耕、排灌、病虫害防治、植物保护、农牧保险以及相关技术培训业务、家禽、牲畜、水生动物的配种和疾病防治
③ 将土地使用权转让给农业生产者、通过各种方式承包地流转给农业生产者，以及将国有农用地出租给农业生产者，用于农业生产
④ 技术转让、技术开发和与之相关的技术咨询、技术服务
⑤ 符合条件的合同能源管理服务
⑥ 国家级、省部级科技企业孵化器、大学科技园和国家备案众创空间向在孵对象提供的经纪代理、经营租赁、研发技术、信息技术、鉴证咨询服务取得的收入

(4) 学生、残疾人、军队及家属类
① 学生、残疾人本人提供的服务
② 随军家属就业、军队转业干部就业（3年内免征）
③ 军队空余房产租赁收入

(5) 金融保险担保类
① 利息类：国家助学贷款、国债、地方政府债、人民银行对金融机构的贷款、金融同业往来利息、住房公积金个人住房贷款；金融机构向小型企业、微型企业和个体工商户发放小额贷款；金融机构、小额贷款公司向农户发放小额贷款；统借统还业务中收取的不高于债券票面利率水平的利息

增值税退税政策
├─ ② 一年期以上人身保险产品保费收入、再保险服务
├─ ③ 金融商品转让收入
│   ├─ a. 合格境外投资者（QFII）委托境内公司在我国从事证券买卖业务
│   ├─ b. 香港市场投资者通过沪港通和深港通买卖上海证券交易所和深圳证券交易所上市 A 股；内地个人投资者通过深港通买卖香港联交所上市股票
│   ├─ c. 香港市场投资者通过基金互认买卖内地基金份额
│   └─ d. 证券投资基金管理人运用基金买卖股票、债券
├─ ④ 创新企业 CDR 相关的政策
│   ├─ a. 单位投资者转让创新企业 CDR 取得的差价收入，按金融商品转让政策规定征免
│   └─ b. 其他投资者转让创新企业 CDR 取得的差价收入，暂免
├─ ⑤ 纳税人为农户、小型企业、微型企业及个体工商户借款、发行债券提供融资担保取得的担保费收入以及为上述融资担保提供再担保取得的再担保收入
├─ ⑥ 企业集团内单位（含企业集团）之间的资金无偿借贷行为
└─ （6）个人和家庭类
    ├─ ① 个人转让著作权
    ├─ ② 个人销售自建自用住房
    ├─ ③ 涉及家庭财产分割的个人无偿转让不动产、土地使用权
    ├─ ④ 个人从事金融商品转让业务
    └─ ⑤ 个人销售自己使用过的物品

(1) 实际税负超过 3% 的部分即征即退
    ├─ ① 销售自行开发生产的软件产品
    └─ ② 提供管道运输服务
(2) 安置残疾人即征即退 — 每月应退增值税额 = 纳税人本月安置残疾人员人数 × 本月最低工资标准的 4 倍
(3) 资源综合利用即征即退 — 按比例退，有 30%、50%、70%、90%、100% 五个档次
(4) 研发机构采购设备增值税政策 — 全额退
(5) 出版物和印刷业务先征后退

2021 年 1 月 1 日至 2027 年 12 月 31 日期间，执行下列增值税先征后退政策：

出版物类别	先征后退政策
中国共产党和各民主党派机关报刊和机关期刊、中小学的学生教科书、专为少年儿童与老年人出版发行的报纸期刊等	出版环节先征后退 100%
其他各类图书、期刊、音像制品、电子出版物	出版环节先征后退 50%
少数民族文字出版物印刷、制作业务	增值税先征后退 100%

税收优惠

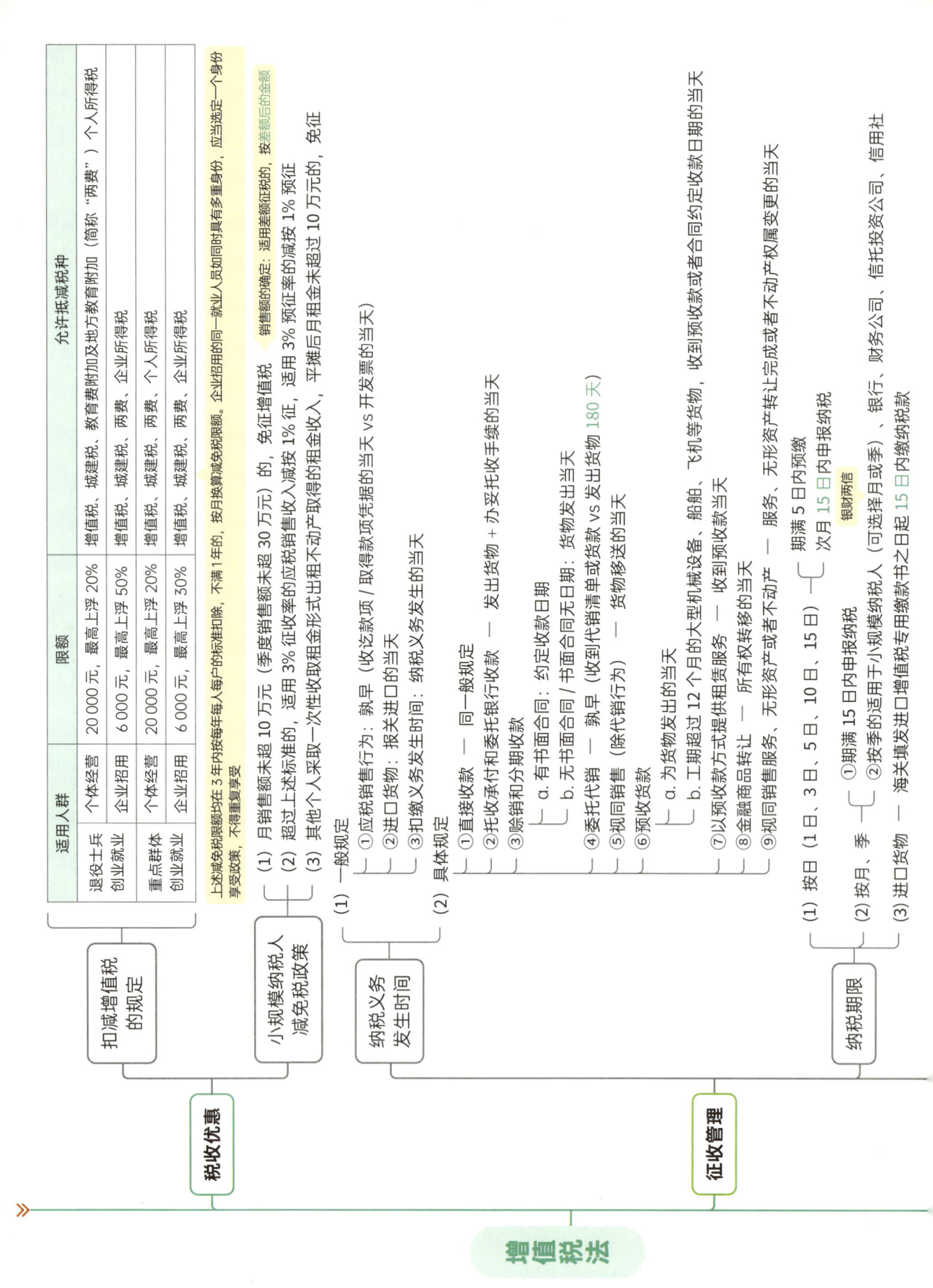

扣减增值税的规定

适用人群		限额	允许抵减税种
退役士兵	个体经营	20 000元，最高上浮20%	增值税、城建税、教育费附加及地方教育附加（简称"两费"）、个人所得税
	企业招用	6 000元，最高上浮50%	增值税、城建税、两费、企业所得税
重点群体	个体经营	20 000元，最高上浮20%	增值税、城建税、两费、个人所得税
	企业招用	6 000元，最高上浮30%	增值税、城建税、两费、企业所得税

上述减免税限额均在3年内按每年每人每户的标准扣减。企业招用同一就业人员如同时具备多重身份，应当选定一个身份享受政策，不得重复享受。

小规模纳税人减免税政策

(1) 月销售额未超10万元（季度销售额未超30万元）的，免征增值税
(2) 超过上述标准的，适用3%征收率的应税销售收入减按1%征，适用3%预征率的减按1%预征
  - 销售额的确定：适用差额征税的，按差额后的金额
(3) 其他个人采取一次性收取租金形式出租不动产取得的租金收入，平摊后月租金未超过10万元的，免征

征收管理

纳税义务发生时间

(1) 一般规定
  ① 应税销售行为 — 同一般规定
  ② 进口货物：报关进口的当天
  ③ 扣缴义务发生时间：纳税义务发生的当天

(2) 具体规定
  ① 直接收款 — 孰早（收讫款项/取得索款凭据的当天）
  ② 托收承付和委托银行收款 — 发出货物+办妥托收手续的当天
  ③ 赊销和分期收款
    a. 有书面合同：约定收款日期
    b. 无书面合同/书面合同无此约定：货物发出当天
  ④ 委托代销 — 孰早（收到代销清单或代销货款 vs 发出货物180天）
  ⑤ 视同销售（除代销行为） — 货物移送的当天
  ⑥ 预收货款
    a. 为货物发出的当天
    b. 工期超过12个月的大型机械设备、船舶、飞机等货物，收到预收款或者合同约定收款日期的当天
  ⑦ 以预收款方式提供租赁服务 — 收到预收款当天
  ⑧ 金融商品转让 — 所有权转移的当天
  ⑨ 视同销售服务、无形资产或者不动产 — 服务、无形资产转让完成或者不动产权属变更的当天

纳税期限

(1) 按日（1日、3日、5日、10日、15日）
  ① 期满5日内预缴
  ② 次月15日内申报纳税
(2) 按月、季
  ① 期满15日内申报纳税
  ② 按季的适用于小规模纳税人（可选择月或季），银行、财务公司、信托投资公司、信用社 — 银财两信
(3) 进口货物 — 海关填发进口增值税专用缴款书之日起15日内缴纳税款

增值税法

增值税发票的使用和管理

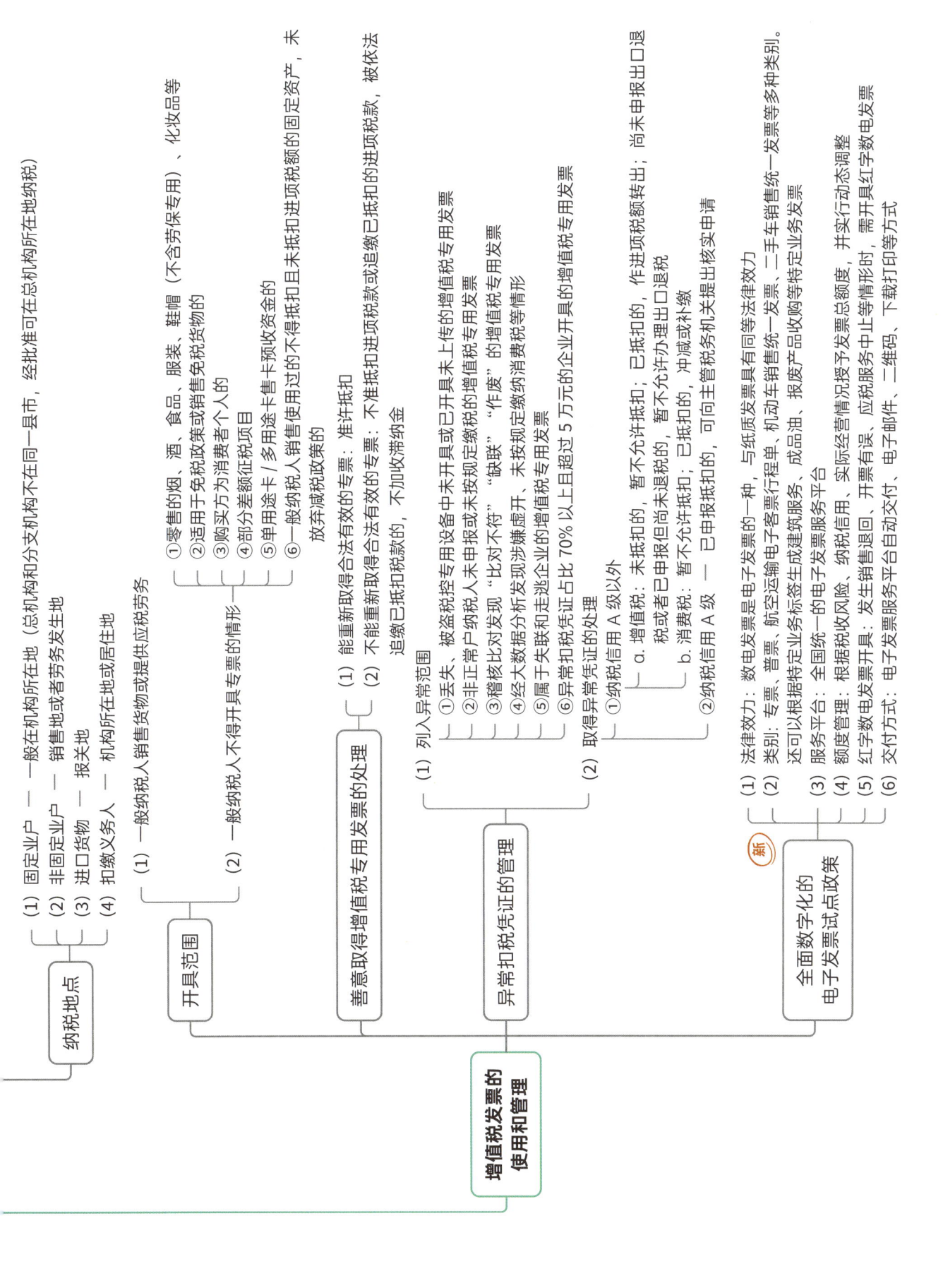

纳税地点

(1) 固定业户 —— 一般在机构所在地（总机构和分支机构不在同一县市，经批准可在总机构所在地纳税）
(2) 非固定业户 —— 销售地或者劳务发生地
(3) 进口货物 —— 报关地
(4) 扣缴义务人 —— 机构所在地或居住地

开具范围

(1) 一般纳税人销售货物或提供应税劳务

(2) 一般纳税人不得开具专票的情形：
① 零售的烟、酒、食品、服装、鞋帽（不含劳保专用）、化妆品等
② 适用于免税政策销售免税货物的
③ 购买方为消费者个人的
④ 部分差额征税项目
⑤ 单用途卡/多用途卡售卡预收资金的
⑥ 一般纳税人销售使用过的不得抵扣且未抵扣进项税额的固定资产，未放弃减税政策的

善意取得增值税专用发票的处理

(1) 能重新取得合法有效发票的：准许抵扣
(2) 不能重新取得合法有效发票的专票：不准抵扣进项税款或追缴已抵扣的进项税款，被依法追缴已抵扣税款的，不加收滞纳金

异常扣税凭证的管理

(1) 列入异常范围
① 丢失、被盗税控专用设备中未开具或已开具未上传的增值税专用发票
② 非正常户纳税人未申报或未按规定缴税的增值税专用发票
③ 稽核比对发现"比对不符""缺联""作废"的增值税专用发票
④ 经大数据分析发现涉嫌虚开、未按规定缴纳消费税等情形
⑤ 属于失联走逃企业的增值税专用发票
⑥ 异常扣税凭证占比70%以上且超过5万元的企业开具的增值税专用发票

(2) 取得异常凭证的处理
① 纳税信用A级以外
　a. 增值税：未抵扣的，暂不允许抵扣；已抵扣的，作进项税额转出；尚未申报出口退税或者已申报但尚未退税的，暂不允许办理出口退税
　b. 消费税：暂不允许抵扣；已抵扣的，冲减或补缴
② 纳税信用A级 —— 已申报抵扣的，可向主管税务机关提出核实申请

新 全面数字化的电子发票试点政策

(1) 法律效力：数电发票是电子发票的一种，与纸质发票具有同等法律效力
(2) 类别：专票、普票、航空运输电子客票行程单、机动车销售统一发票、二手车销售统一发票等多种类别。还可以根据特定业务场景生成建筑服务、成品油、报废产品收购等特定业务发票
(3) 服务平台：全国统一的电子发票服务平台
(4) 额度管理：根据授信情况授予发票总额度，并实行动态调整
(5) 红字数电发票开具：发生销售退回、开票有误、纳税信用风险、实际经营情况授予发票总额度中止等情形时，需开具红字数电发票
(6) 交付方式：电子发票服务平台自动交付，电子邮件、二维码、下载打印等方式

第三章 消费税法

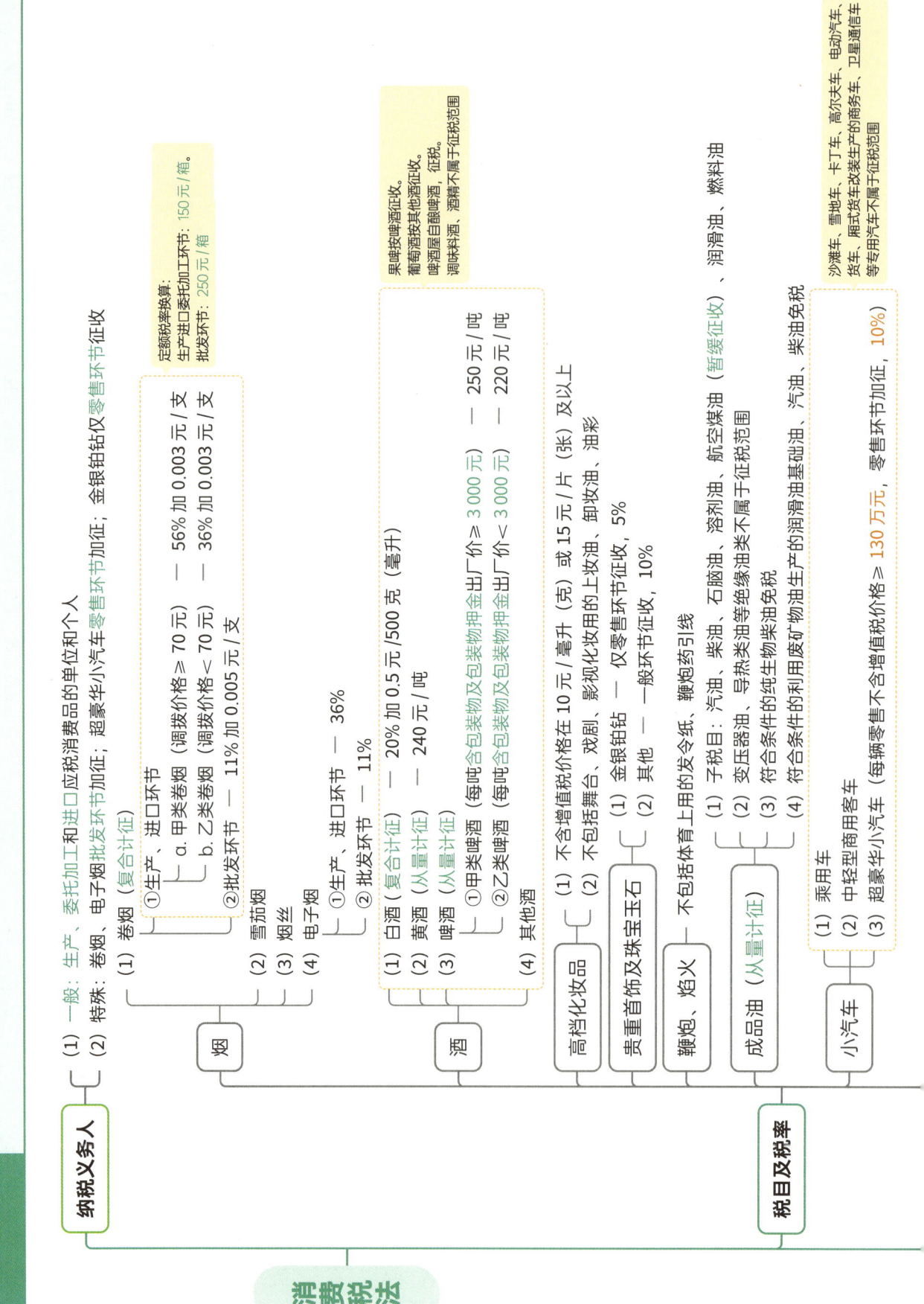

（考3~8分）

消费税法

纳税义务人
- (1) 一般：生产、委托加工和进口应税消费品的单位和个人
- (2) 特殊：卷烟、电子烟批发环节加征；超豪华小汽车零售环节加征；金银铂钻仅零售环节征收

税目及税率

烟
- (1) 卷烟（复合计征）
  - ① 生产、进口环节
    - a. 甲类卷烟（调拨价格≥70元） ── 56%加0.003元/支
    - b. 乙类卷烟（调拨价格<70元） ── 36%加0.003元/支
  - ② 批发环节 ── 11%加0.005元/支
- (2) 雪茄烟
- (3) 烟丝
- (4) 电子烟
  - ① 生产、进口环节 ── 36%
  - ② 批发环节 ── 11%

酒
- (1) 白酒（复合计征） ── 20%加0.5元/500克（毫升）
- (2) 黄酒（从量计征） ── 240元/吨
- (3) 啤酒
  - ① 甲类啤酒（每吨含包装物及包装物押金出厂价≥3 000元） ── 250元/吨
  - ② 乙类啤酒（每吨含包装物及包装物押金出厂价<3 000元） ── 220元/吨
- (4) 其他酒

> 定额税率换算：
> 生产及委托加工环节：150元/箱。
> 批发环节：250元/箱

> 果啤按啤酒征收。
> 葡萄酒按其他酒征收。
> 啤酒屋自酿啤酒，征收。
> 调味料酒、酒精不属于征税范围

高档化妆品
- (1) 不含增值税价格在10元/毫升（克）或15元/片（张）及以上
- (2) 不包括舞台、戏剧、影视化妆用的上妆油、卸妆油、油彩

贵重首饰及珠宝玉石
- (1) 金银铂钻 ── 仅零售环节征收，5%
- (2) 其他 ── 一般环节征收，10%

鞭炮、焰火 ── 不包括体育上用的发令纸、鞭炮药引线

成品油（从量计征）
- (1) 子税目：汽油、柴油、石脑油、溶剂油、航空煤油（暂缓征收）、润滑油、燃料油
- (2) 变压器油、导热类油等绝缘油类不属于征税范围
- (3) 符合条件的纯生物柴油免税
- (4) 符合条件的利用废矿物油生产的润滑油基础油、汽油、柴油免税

小汽车
- (1) 乘用车
- (2) 中轻型商用客车
- (3) 超豪华小汽车（每辆零售不含增值税价格≥130万元，零售环节加征，10%）

> 沙滩车、雪地车、卡丁车、高尔夫车、电动汽车、货车、厢式货车改装生产的商务车、卫星通信车等专用汽车不属于征税范围

024

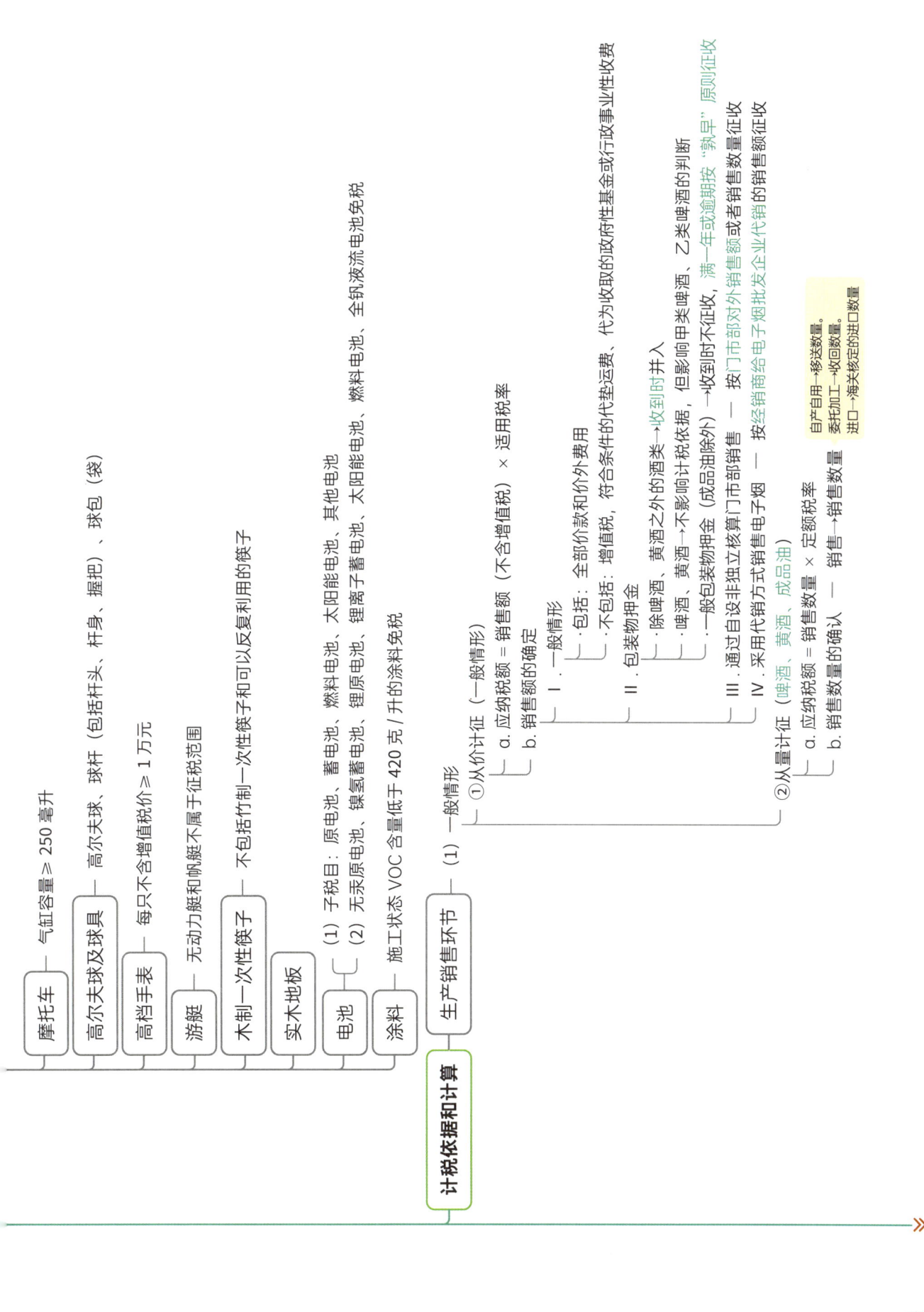

- 摩托车 —— 气缸容量≥250毫升
- 高尔夫球及球具 —— 高尔夫球，球杆（包括杆头、杆身、握把），球包（袋）
- 高档手表 —— 每只不含增值税价≥1万元
- 游艇 —— 无动力游艇和帆艇不属于征税范围
- 木制一次性筷子 —— 不包括竹制一次性筷子和可以反复利用的筷子
- 实木地板
- 电池
  - (1) 子税目：原电池、蓄电池、燃料电池、太阳能电池、其他电池
  - (2) 无汞原电池、镍氢蓄电池、锂离子电池、燃料电池、太阳能电池、全钒液流电池免税
- 涂料 —— 施工状态VOC含量低于420克/升的涂料免税

计税依据和计算
- 生产销售环节
  - (1) 一般情形
    - ① 从价计征（一般情形）
      - a. 应纳税额 = 销售额（不含增值税）× 适用税率
      - b. 销售额的确定
        - Ⅰ. 一般情形
          - 包括：全部价款和价外费用
          - 不包括：增值税，符合条件的代垫运费，代为收取的政府性基金或行政事业性收费
        - Ⅱ. 包装物押金
          - 除啤酒、黄酒之外的酒类 → 收到时并入
          - 啤酒、黄酒 → 不影响计税依据（成品油除外），但影响甲类啤酒、乙类啤酒的判断
          - 一般包装物押金（成品油除外）→ 收到时不征收，满一年或逾期按"孰早"原则征收
        - Ⅲ. 通过自设非独立核算门部对外销售 —— 按门市部对外销售数量或者销售额征收
        - Ⅳ. 采用代销方式销售电子烟 —— 按经销商给电子烟批发企业代销的销售数量征收
    - ② 从量计征（啤酒、黄酒、成品油）
      - a. 应纳税额 = 销售数量 × 定额税率
      - b. 销售数量的确认 —— 销售→销售数量
        - 自产自用 → 移送数量。
        - 委托加工 → 收回数量。
        - 进口 → 海关核定的进口数量。

消费税法

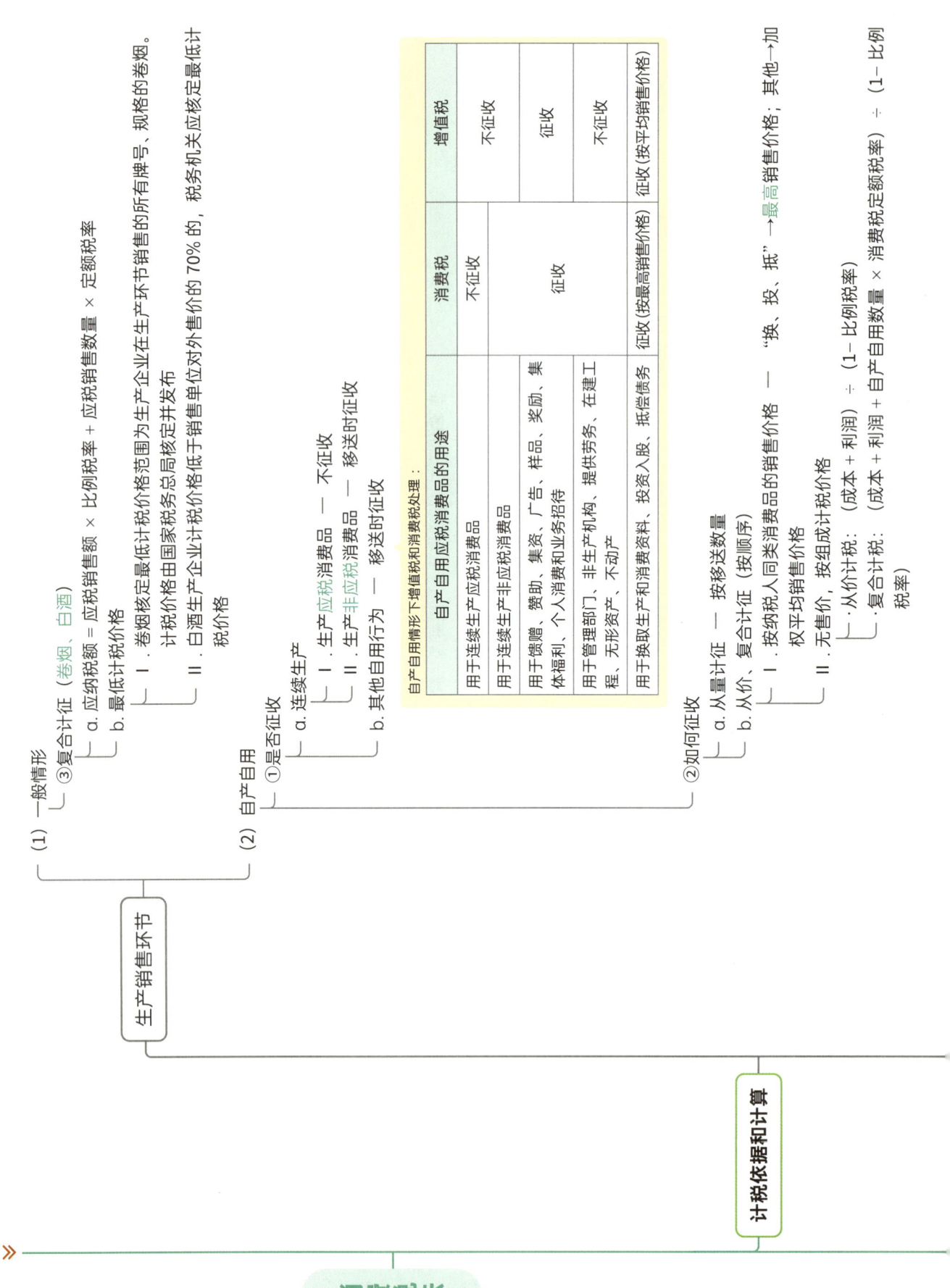

计税依据和计算

生产销售环节

(1) 一般情形
- ③复合计征（卷烟、白酒）
  - a. 应纳税额 = 应税销售额 × 比例税率 + 应税销售数量 × 定额税率
  - b. 最低计税价格
    - Ⅰ. 卷烟核定最低计税价格范围为生产企业在生产环节销售的所有牌号、规格的卷烟。计税价格由国家税务总局核定并发布
    - Ⅱ. 白酒生产企业计税价格低于销售单位对外售价的70%的，税务机关应核定最低计税价格

(2) 自产自用

①是否征收
- a. 连续生产
  - Ⅰ. 生产应税消费品 — 不征收
  - Ⅱ. 生产非应税消费品 — 移送时征收
- b. 其他自用行为 — 移送时征收

自产自用情形下增值税和消费税处理：

自产自用应税消费品的用途	消费税	增值税
用于连续生产应税消费品	不征收	不征收
用于连续生产非应税消费品	征收	征收
用于馈赠、赞助、集资、广告、样品、奖励、集体福利、个人消费和业务招待	征收	不征收
用于管理部门、非生产机构、提供劳务、在建工程、无形资产、不动产	征收（按最高销售价格）	征收（按平均销售价格）
用于换取生产和消费资料、投资入股、抵偿债务	征收（按最高销售价格）	征收（按平均销售价格）

②如何征收
- a. 从量计征 — 按移送数量
- b. 从价、复合计征（按顺序）
  - Ⅰ. 按纳税人同类消费品的销售价格 — "换、投、抵" → 最高销售价格；其他 → 加权平均销售价格
  - Ⅱ. 无售价，按组成计税价格
    - 从价计税：（成本 + 利润）÷ (1 - 比例税率)
    - 复合计税：（成本 + 利润 + 自产自用数量 × 消费税定额税率）÷ (1 - 比例税率)

委托加工环节

(1) 纳税义务人和代收代缴义务人
  - ① 委托方提供原料和主要材料，受托方收取加工费和代垫辅助材料
  - ② 受托方（纳税义务人）— 受托方没有代收代缴，委托方补缴税款
  - ③ 受托方（代收代缴义务人）
    - a. 交货时代收代缴，受托方为个人的（含个体工商户），由委托方收回后缴纳
    - b. 没有履行代收代缴义务，处以应收未收税款 50% 以上 3 倍以下的罚款
    - c. 电子烟的委托加工业务，由持有商标的企业缴纳

(2) 收回时
  - ① 受托方代收代缴（按顺序）
    - a. 受托方同类应税消费品销售价格
    - b. 无售价，按组成计税价格
      - Ⅰ. 从价计税：(材料成本 + 加工费) ÷ (1 − 比例税率)
      - Ⅱ. 复合计税：(材料成本 + 加工费 + 委托加工数量 × 定额税率) ÷ (1 − 比例税率)
      - Ⅲ. 从量计税：无须组价，按收回数量计算
  - ② 受托方未代收代缴（委托方补缴）
    - a. 已经销售→按销售额（或销售量）计税
    - b. 尚未销售或不能直接销售→按组成计税价格计税

(3) 收回后
  - ① 对外出售
    - a. 平价出售 — 不需要缴纳消费税
    - b. 加价出售 — 出售时正常缴纳消费税，按销售比例扣除受托方已代收代缴消费税（无范围限制）
  - ② 用于连续生产应税消费品 — 符合"八大类"扣除范围的按生产领用量扣除已纳消费税；否则，不允许扣除

  > 直接按组成计税价格

进口环节

(1) 从量计征：无须组价，按海关核定的进口数量
(2) 从价计税：(关税计税价格 + 关税) ÷ (1 − 比例税率)
(3) 复合计征：(关税计税价格 + 关税 + 进口数量 × 消费税定额税率) ÷ (1 − 比例税率)

特殊环节

(1) 卷烟（批发环节加征）
  - ① 批发企业销售给零售单位→征收；批发企业之间销售→不征收
  - ② 兼营卷烟批发和零售业务 — 分别核算，未分别核算的，全额征收
(2) 电子烟（批发环节加征）
(3) 超豪华小汽车（零售环节加征）— 汽车生产企业直接零售：应纳税额 = 不含增值税零售销售额 ×（生产环节税率 + 零售环节税率 10%）

消费税法

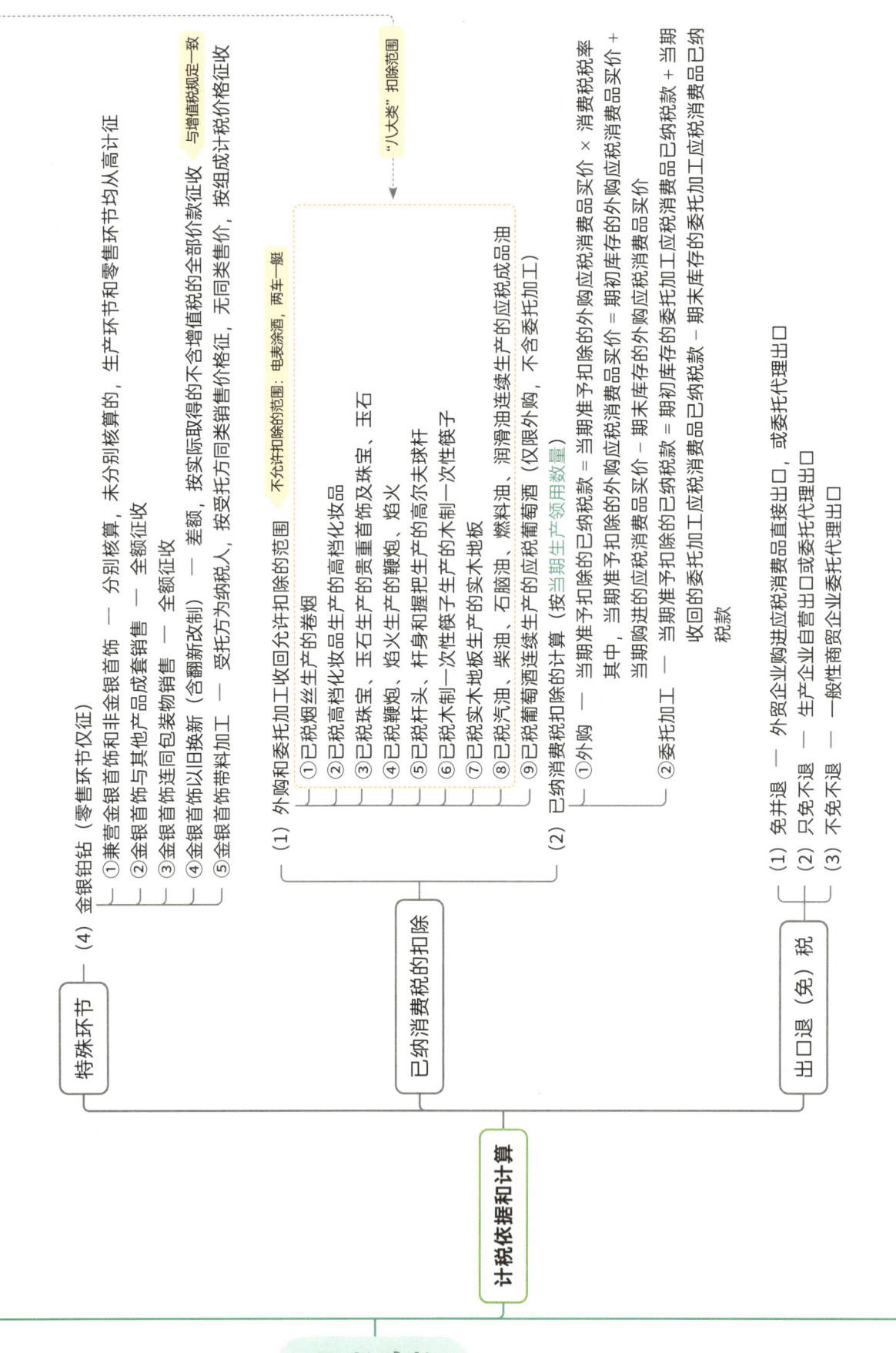

计税依据和计算

特殊环节

(4) 金银铂钻（零售环节仅征）

① 兼营金银首饰和非金银首饰 —— 分别核算 —— 分别核算，未分别核算的，生产环节和零售环节均从高计征

② 金银首饰与其他产品成套销售 —— 全额征收

③ 金银首饰连同包装物销售 —— 全额征收

④ 金银首饰以旧换新（含翻新改制）—— 差额，按实际取得的不含增值税的全部价款征收 〔与增值税规定一致〕

⑤ 金银首饰带料加工 —— 受托方为纳税人，按受托方销售同类金银首饰的销售价格纳税，无同类销售价，按组成计税价格征收

已纳消费税的扣除

(1) 外购和委托加工收回允许扣除的范围

不允许扣除的范围：电表涂酒，两车一艇

"八大类"扣除范围

① 已税烟丝生产的卷烟
② 已税高档化妆品生产的高档化妆品
③ 已税珠宝、玉石生产的贵重首饰及珠宝、玉石
④ 已税鞭炮、焰火生产的鞭炮、焰火
⑤ 已税杆头、杆身和握把生产的高尔夫球杆
⑥ 已税木制一次性筷子生产的木制一次性筷子
⑦ 已税实木地板生产的实木地板
⑧ 已税汽油、柴油、石脑油、燃料油、润滑油连续生产的应税成品油
⑨ 已税葡萄酒连续生产的应税葡萄酒（仅限外购，不委托加工）

(2) 已纳消费税扣除的计算（按当期生产领用数量）

① 外购 —— 当期准予扣除的已纳税款 = 当期准予扣除的外购应税消费品买价 × 消费税税率

其中，当期准予扣除的外购应税消费品买价 = 期初库存的外购应税消费品买价 + 当期购进的应税消费品买价 − 期末库存的外购应税消费品买价

② 委托加工 —— 当期准予扣除的已纳税款 = 期初库存的委托加工应税消费品已纳税款 + 当期收回的委托加工应税消费品已纳税款 − 期末库存的委托加工应税消费品已纳税款

出口退（免）税

(1) 免并退 —— 外贸企业购进应税消费品直接出口，或委托代理出口

(2) 只免不退 —— 生产企业自营出口或委托代理出口

(3) 不免不退 —— 一般性商贸企业委托代理出口

征收管理

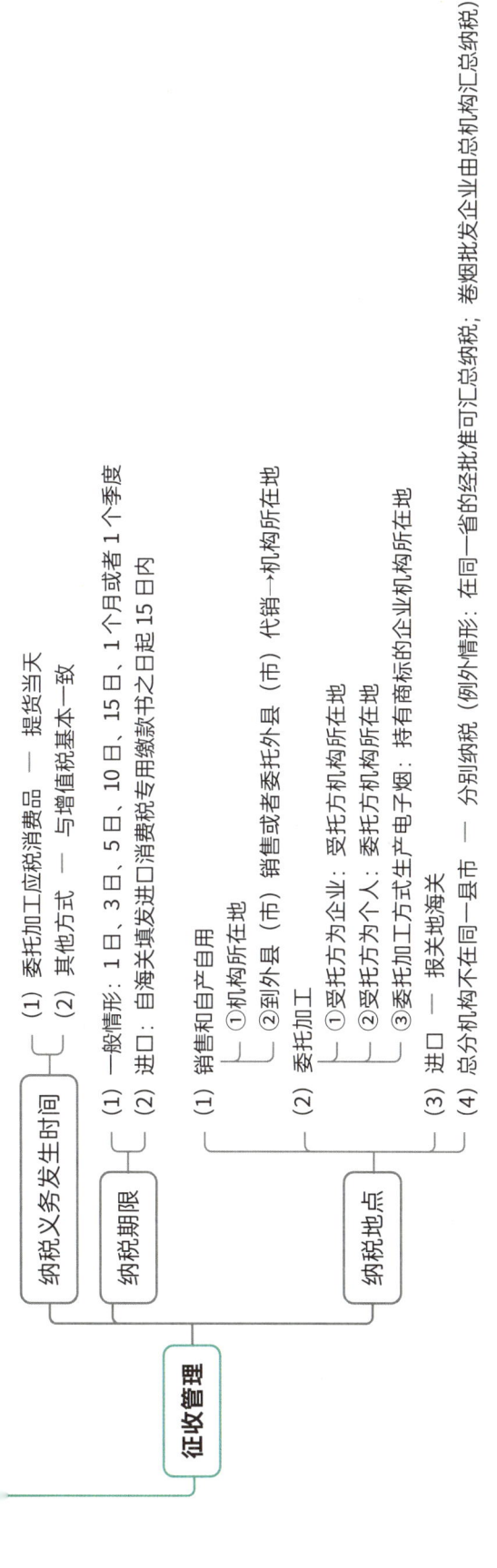

纳税义务发生时间
- (1) 委托加工应税消费品 — 提货当天
- (2) 其他方式 — 与增值税基本一致

纳税期限
- (1) 一般情形：1日、3日、5日、10日、15日、1个月或者1个季度
- (2) 进口：自海关填发进口消费税专用缴款书之日起15日内

纳税地点
- (1) 销售和自产自用
  - ① 机构所在地
  - ② 到外县（市）销售或者委托外县（市）代销 → 机构所在地
- (2) 委托加工
  - ① 受托方为企业：受托方机构所在地
  - ② 受托方为个人：委托方机构所在地
  - ③ 委托加工方式生产电子烟：持有商标的企业机构所在地
- (3) 进口 — 报关地海关
- (4) 总分机构不在同一县市 — 分别纳税（例外情形：在同一省的经批准可汇总纳税；卷烟批发企业由总机构汇总纳税）

第四章 企业所得税法 (考20分)

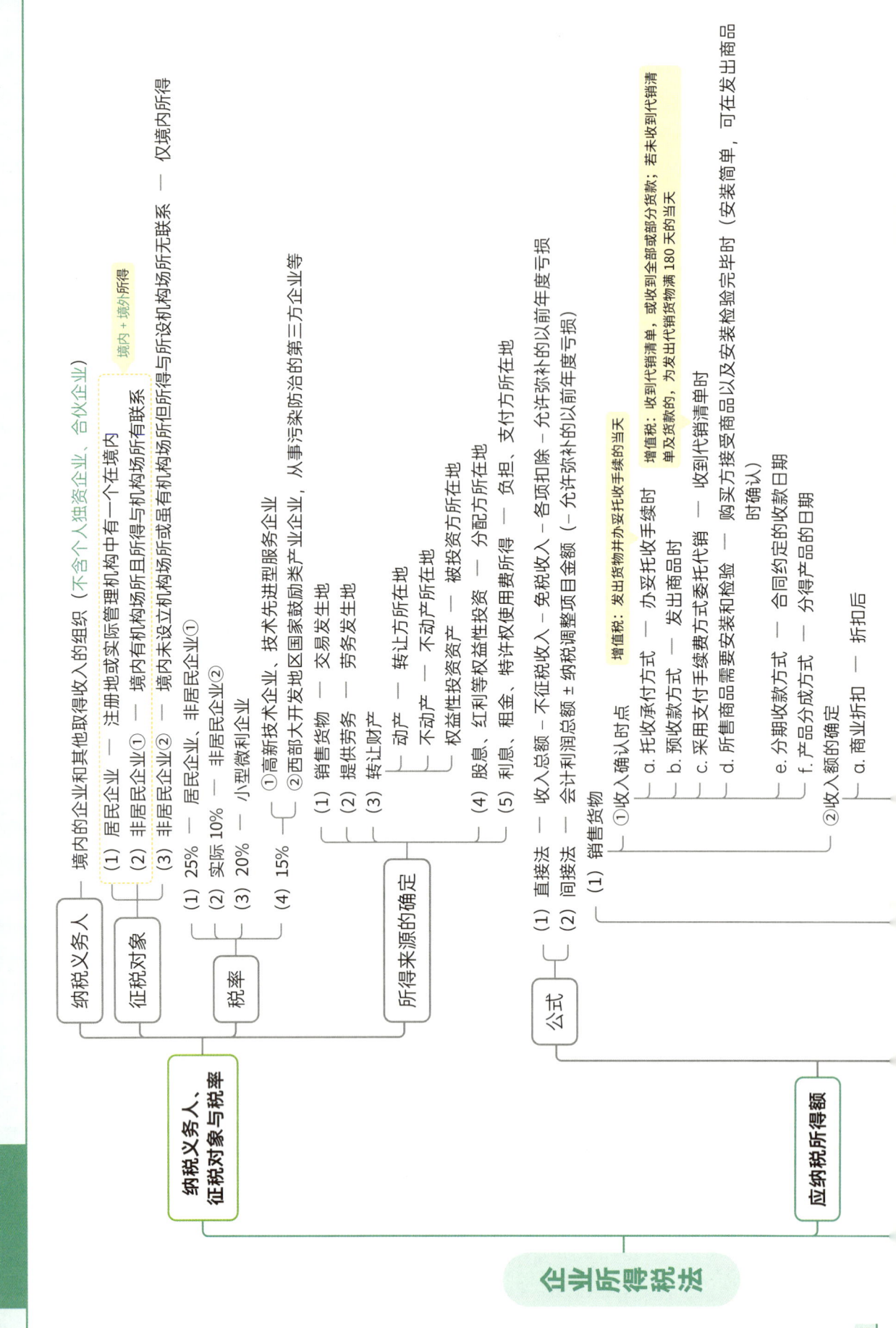

企业所得税法

纳税义务人、征税对象与税率

- **纳税义务人** — 境内的企业和其他取得收入的组织（不含个人独资企业、合伙企业）
- **征税对象**
  - (1) 居民企业 — 注册地或实际管理机构中有一个在境内
  - (2) 非居民企业① — 境内有机构场所所得且所得与机构场所有联系 ｝境内+境外所得
  - (3) 非居民企业② — 境内未设立机构场所或虽有机构场所但所得与所设机构场所无联系 — 仅境内所得
- **税率**
  - (1) 25% — 居民企业，非居民企业①
  - (2) 实际10% — 非居民企业②
  - (3) 20% — 小型微利企业
  - (4) 15% —
    - ① 高新技术企业，技术先进型服务企业
    - ② 西部大开发地区国家鼓励类产业企业，从事污染防治的第三方企业等
- **所得来源的确定**
  - (1) 销售货物 — 交易发生地
  - (2) 提供劳务 — 劳务发生地
  - (3) 转让财产
    - 动产 — 转让方所在地
    - 不动产 — 不动产所在地
    - 权益性投资资产 — 被投资方所在地
  - (4) 股息、红利等权益性投资 — 分配方所在地
  - (5) 利息、租金、特许权使用费所得 — 负担、支付方所在地

应纳税所得额

- **公式**
  - (1) 直接法 — 收入总额 - 不征税收入 - 免税收入 - 各项扣除 - 允许弥补的以前年度亏损
  - (2) 间接法 — 会计利润总额 ± 纳税调整项目金额（-允许弥补的以前年度亏损）
- (1) 销售货物
  - ① 收入确认时点 ｛ 增值税：发出货物并办妥托收手续的当天
    - a. 托收承付方式 — 办妥托收手续时
    - b. 预收款方式 — 发出商品时 ｛ 增值税：收到代销清单，或收到全部或部分货款；若未收到代销清单及发出货款的，为发出代销货物满180天的当天
    - c. 采用支付手续费方式委托代销 — 收到代销清单时
    - d. 所售商品需要安装和检验 — 购买方接受方接受商品以及安装检验完毕时（安装简单，可在发出商品时确认）
    - e. 分期收款方式 — 合同约定的收款日期
    - f. 产品分成方式 — 分得产品的日期
  - ② 收入额的确定
    - a. 商业折扣 — 折扣后

```
                          ┌─ b. 现金折扣 ── 折扣前
                          ├─ c. 销售折让/销售退回 ── 折让/退回当期冲减收入
                          ├─ d. 买一赠一 ── 按各项商品公允价值的比例分摊确认收入
                          ├─ e. 售后回购 ── 视为购销两项业务（若为融资性质，收到的款项确认为负债）
                          └─ f. 以旧换新 ── 视为购销两项业务
            
            (2) 其他收入确认时点
                 ┌─ ① 提供劳务 ── 一般按完工百分比确认收入
                 ├─ ② 转让财产 ── 企业转让股权：转让协议生效且完成股权变更手续时
                 ├─ ③ 股息、红利等权益性投资收益 ── 被投资方做出利润分配决定的日期
                 ├─ ④ 利息、租金、特许权使用费
                 │       ┌─ a. 一般：按合同约定的应付日期
                 │       └─ b. 特殊：租赁期限跨年度且租金提前一次性支付的租金收入，可在租赁期内分期均匀确认收入
                 │              增值税：预收款方式取得租赁收入，在收到预收款时点一次性确认收入
                 ├─ ⑤ 接受捐赠 ── 实际收到捐赠资产的日期
                 ├─ ⑥ 政府财政资金 ── 按权责发生制（同会计）
                 └─ ⑦ 其他
                        ┌─ a. 与销售数量、金额挂钩的 ── 按权责发生制
                        └─ b. 其他情形 ── 实际取得收入时
                        企业资产溢余收入、逾期未退包装物押金收入、确实无法偿付的应付款项、
                        收回的应收款项、债务重组收入、补贴收入、违约金收入、汇兑收益等一次性计入确认收入年度
                        已作坏账损失处理后又
            
            (3) 处置资产
                 ┌─ ① 内部处置（权属未变，不视同销售）
                 └─ ② 外部移送（权属改变，视同销售）
            
            (4) 非货币性资产对外投资（仅适用于居民企业）
                 ┌─ ① 投资方
                 │       ┌─ a. 所得确认 ── 非货币性资产公允价值 – 原计税基础
                 │       ├─ b. 确认时点 ── 投资协议生效并办理股权登记手续时
                 │       ├─ c. 递延纳税政策 ── 5年内分期均匀递延，收回投资或注销的，一次性计算缴纳企业所得税
                 │       └─ d. 取得股权的计税基础 ── 非货币性资产原计税基础 + 每年确认的所得
                 └─ ② 被投资方 ── 取得非货币性资产的计税基础 ── 非货币性资产的公允价值
```

企业所得税法

应纳税所得额

收入总额

(5) 接收政府和股东划入资产
- ① 接收政府投资，划入资产
  - a. 以股权投资方式投入企业 → 国家资本金 → 不计入收入总额
  - b. 指定专门用途并按规定进行管理 → 不征税收入
  - c. 其他情形 → 按政府确定的接收价值计入收入总额，无接收价值的，按公允价值
- ② 接收股东投资，划入资产
  - a. 合同约定 + 会计处理计入资本金 → 不计入收入总额
  - b. 其他情形 → 按公允价值计入收入总额

(6) 转让上市公司限售股
- ① 公式：限售股转让所得 = 转让收入 - 限售股原值 - 合理税费
- ② 不能准确计算原值的，按该限售股转让收入的15%，核定为该限售股原值和合理税费
- ③ 转让收入余额转付给实际所有人时，不再纳税

(7) 混合性投资
- ① 债权性（同时满足5个条件）→ 按债券利息处理
- ② 权益性（其他情形）→ 按股息红利处理

(8) 永续债
- ① 债权性（满足≥5个条件）→ 按债券利息处理
- ② 权益性（一般情形）→ 按股息红利处理

(9) 可转债券转换股权投资
- ① 购买方
  - a. 持有期间利息收入和转换期间应收未收利息：依法纳税
  - b. 转换时：持有期间利息收入 + 应收未收利息 + 相关税费
- ② 发行方：股票投资成本 = 该债券购买价 + 应收未收利息 + 相关税费
  - 持有期间和转换期间应付未付利息：按规定扣除

不征税收入
（用于支出形成的费用不可扣除）
- (1) 财政拨款
- (2) 行政事业收费、政府性基金
- (3) 符合条件的专项用途财政性资金 — 满足条件：资金拨付文件 + 专门管理办法 + 单独核算

免税收入
（用于支出形成的费用可扣除）
- (1) 国债利息收入（但国债转让收益需纳税）
- (2) 符合条件的股息、红利所得
  - ① 适用范围：居民企业或非居民企业①从居民企业取得的股息、红利所得
  - ② 不包括：连续持有上市居民企业股票不足12个月取得的投资收益
- (3) 符合条件的非营利组织取得的非营利性活动收入

(1) 工资、薪金
- ① 一般规定 → 合理的工资、薪金据实扣除
- ② 雇佣季节工、临时工、实习生、返聘离退休人员

扣除项目及其标准

- a. 计入工资、薪金：据实扣除
- b. 计入职工福利费：限额扣除
- ③ 接受劳务派遣用工
  - a. 直接支付给员工
    - I. 计入工资、薪金：据实扣除
    - II. 计入职工福利费：限额扣除
  - b. 直接支付给劳务派遣公司 —— 作为劳务费支出，不计入工资、薪金
- ④ 上市公司股权激励计划支出
  - a. 等待期：会计确认的费用不得扣除，纳税调增
  - b. 行权时：当年准予扣除的工资、薪金 = 实际行权时的公允价格 − 员工支付的价格（纳税调减）

(2) 三项经费
- ① 限额扣除
  - a. 职工福利费 —— 工资、薪金的 14%　　超额部分，不得扣除
  - b. 工会经费 —— 工资、薪金的 2%
  - c. 职工教育经费 —— 工资、薪金的 8%　　超额部分，无限期结转扣除
- ② 据实扣除 —— 软件生产企业的职工培训费用

(3) 保险费
- ① 据实扣除 —— 五险一金、为特殊工种职工支付的人身安全保险费、财产保险费
- ② 限额扣除 —— 补充养老、补充医疗（工资、薪金的 5% 以内）
- ③ 不得扣除 —— 为投资者和职工支付的商业保险费

(4) 借款费用
- ① 资本化（计入资产成本分摊扣除）
- ② 费用化（计入财务费用当期扣除）

(5) 利息费用
- ① 据实扣除
  - a. 金融企业存款利息支出、同业拆借利息支出、企业经批准发行债券的利息费用
  - b. 向金融企业借款的利息费用
- ② 利率限额（金融企业同期同类贷款利率）
  - a. 向非关联方非金融企业借款
  - b. 向职工或者其他人员借款
- ③ 利率限额+本金限额（"债资比"：金融企业 5 : 1，其他企业 2 : 1）
  - a. 向关联方非金融企业借款　　对于超出"债资比"的利息支出，如果企业能够证明相关交易活动符合独立交易原则，或该企业的实际税负不高于其境内关联方的，超额部分允许扣除
  - b. 向股东或者其有关联关系的自然人借款

应纳税所得额 — 扣除项目及其标准

(6) 业务招待费
- ① 限额扣除
  - a. 限额①：实际发生额的 60%
  - b. 限额②：当年销售（营业）收入的 5‰
  - c. 筹建期间：实际发生额的 60%

  〔两者取其低〕

- ② 计算基数
  - a. 销售（营业）收入 = 主营业务收入 + 其他业务收入 + 视同销售收入
  - b. 从事股权投资业务的企业：分配的股息、红利以及股权转让收入也作为计算业务招待费的基数

(7) 广告费和业务宣传费
- ① 限额扣除
  - a. 一般企业：当年销售（营业）收入的 15%
  - b. 化妆品制造与销售、医药制造和饮料制造（不含酒类制造）企业：当年销售（营业）收入的 30%

  〔超额部分，无限期结转扣除〕

- ② 据实扣除 — 筹建期间发生额
- ③ 不得扣除 — 烟草企业

(8) 公益性捐赠
- ① 限额扣除 — 通过特定途径 + 用于规定公益事业：年度利润总额的 12%

  〔超额部分，3年内结转扣除〕

- ② 不得扣除 — 直接捐赠

(9) 手续费及佣金
- ① 限额扣除
  - a. 保险企业 —（保费收入 − 退保金额）× 18%
  - b. 电信企业 — 企业收入总额的 5%
  - c. 一般企业 — 与有资质的中介服务机构和个人签订合同确认的收入金额的 5%

  〔超额部分，无限期结转扣除〕

- ② 不得扣除 — 除委托个人代理外，以现金支付的手续费及佣金

(10) 租赁费
- ① 经营租赁 — 按租赁期限均匀扣除
- ② 融资租赁 — 构成固定资产价值，按可使用年限折旧扣除

(11) 其他扣除项目 — 汇兑损失、环境保护专项资金、劳动保护费、资产折旧摊销、资产损失、企业维简费支出、企业参与政府组织棚户区改造支出、总机构分摊的费用、贷款损失准备金、其他会计已确认的支出等

企业所得税法

税前扣除凭证的要求

(1) 基本原则 —— 真实性、合法性、关联性

(2) 具体要求
- ① 境内发生的支出
  - a. 属于增值税应税项目
    - Ⅰ. 对方为已办理税务登记的增值税纳税人：发票
    - Ⅱ. 对方为无须办理税务登记的单位或小额零星业务的个人：代开的发票或内部凭证
  - b. 不属于增值税应税项目
    - Ⅰ. 对方为单位：外部凭证或发票
    - Ⅱ. 对方为个人：内部凭证
- ② 境外购进货物或劳务 —— 发票或发票性质的收款凭证、相关税费缴纳凭证

(3) 汇算清缴前
- ① 一般情形 —— 应取得合法税前扣除凭证
- ② 应取得但未取得合法凭证 —— 要求对方换开、补开或提供其他外部凭证
- ③ 因对方注销、撤销等原因无法补开、换开 —— 替代资料

(4) 无法换开、补开的"替代资料"（必备资料）
- ① 无法换开、补开的证明资料
- ② 相关业务活动合同
- ③ 非现金支付的付款凭证
- ④ 货物运输证明资料
- ⑤ 货物入库、出库内部凭证
- ⑥ 会计核算记录以及其他资料

(5) 汇算清缴后
- ① 税务机关发现未取得合法凭证 —— 被告知之日起60日内补开、换开、未能补开、换开且未能提供替代资料，不得在发生年度税前扣除，也不得追补扣除
- ② 未取得合法凭证，也未在该年度扣除 —— 在5年内追补扣除

企业所得税法

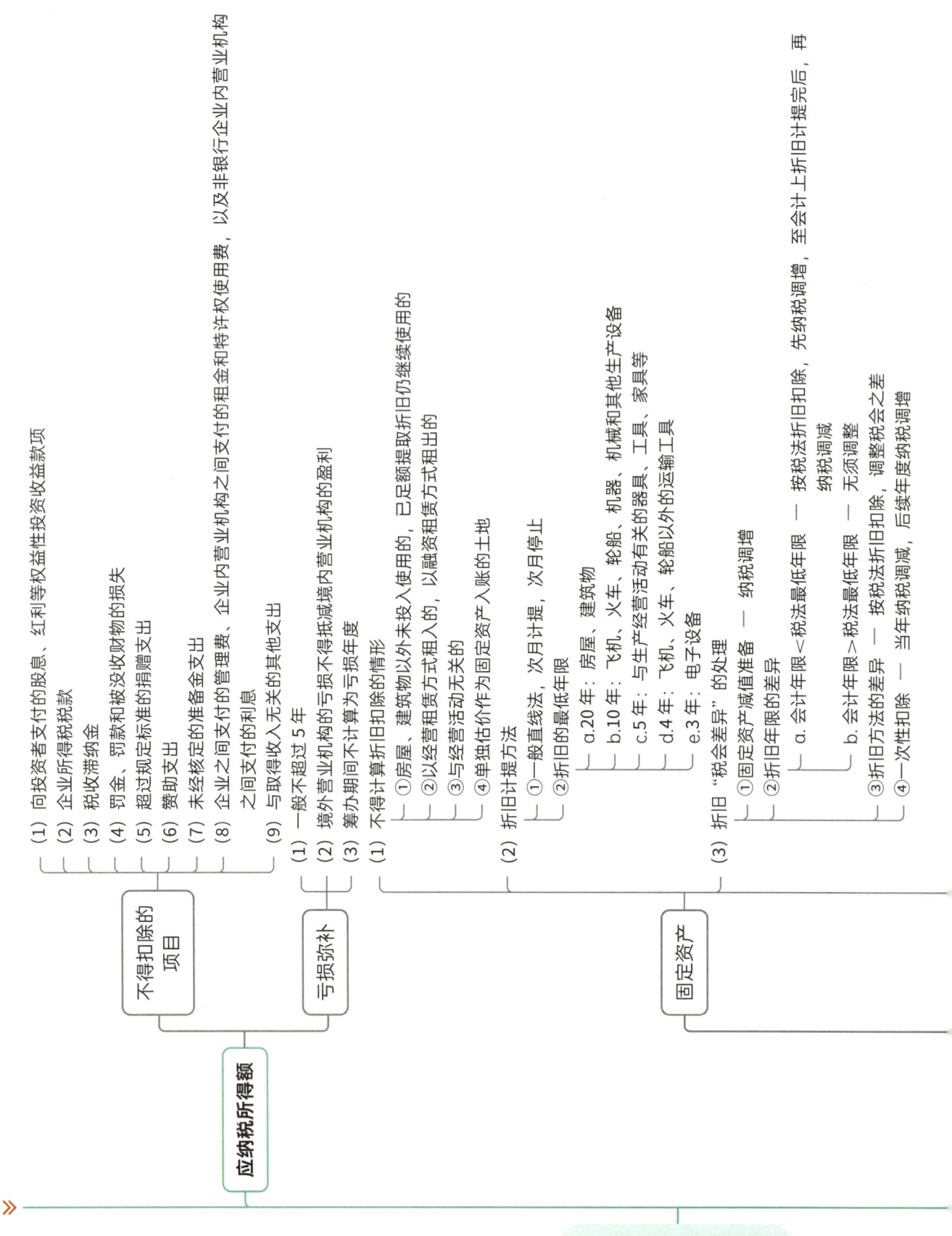

应纳税所得额

不得扣除的项目
- (1) 向投资者支付的股息、红利等权益性投资收益款项
- (2) 企业所得税税款
- (3) 税收滞纳金
- (4) 罚金、罚款和被没收财物的损失
- (5) 超过规定标准的捐赠支出
- (6) 赞助支出
- (7) 未经核定的准备金支出
- (8) 企业之间支付的管理费、企业内营业机构之间支付的租金和特许权使用费，以及非银行企业内营业机构之间支付的利息
- (9) 与取得收入无关的其他支出

亏损弥补
- (1) 一般不超过5年
- (2) 境外营业机构的亏损不得抵减境内营业机构的盈利
- (3) 筹办期间不计算为亏损年度

固定资产
- (1) 不得计算折旧扣除的情形
  - ① 房屋、建筑物以外未投入使用的，已足额提取折旧仍继续使用的
  - ② 以经营租赁方式租入的，以融资租赁方式租出的
  - ③ 与经营活动无关的
  - ④ 单独估价作为固定资产入账的土地
- (2) 折旧计提方法
  - ① 一般直线法，次月计提，次月停止
  - ② 折旧的最低年限
    - a. 20年：房屋、建筑物
    - b. 10年：飞机、火车、轮船、建筑物
    - c. 5年：与生产经营活动有关的器具、工具、家具等
    - d. 4年：飞机、火车、轮船以外的运输工具
    - e. 3年：电子设备
- (3) 折旧"税会差异"的处理
  - ① 固定资产减值准备 — 纳税调增
  - ② 折旧年限的差异
    - a. 会计年限＜税法最低年限 — 按税法折旧扣除，先纳税调增，纳税调减
    - b. 会计年限＞税法最低年限 — 无须调整
  - ③ 折旧方法的差异 — 按税法折旧扣除，调整税会之差
  - ④ 一次性扣除 — 当年纳税调减，后续年度纳税调增，至会计上折旧计提完后，再

资产的税务处理

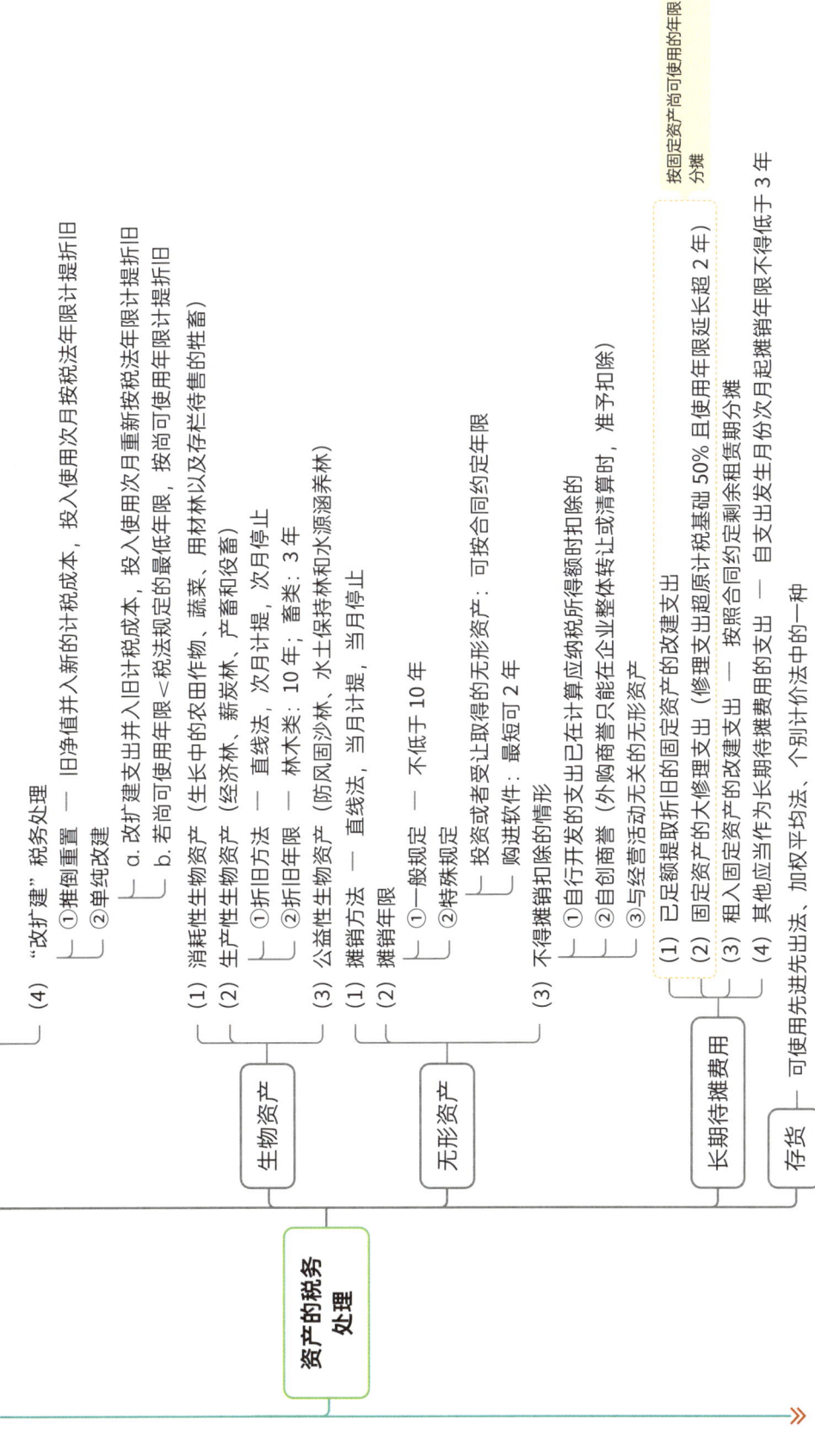

（固定资产续）

(4)"改扩建"税务处理
- ①推倒重置 —— 旧净值并入新的计税成本，投入使用次月按税法年限计提折旧
- ②单纯改建
  - a. 改扩建支出并入旧计税成本，投入使用次月重新按税法年限计提折旧
  - b. 若尚可使用年限＜税法规定的最低年限，按尚可使用年限计提折旧

生物资产

(1) 消耗性生物资产（生长中的农田作物、蔬菜、用材林以及存栏待售的牲畜）
(2) 生产性生物资产（经济林、薪炭林、产畜和役畜）
  - ①折旧方法 —— 直线法，次月计提，次月停止
  - ②折旧年限 —— 林木类：10年；畜类：3年
(3) 公益性生物资产（防风固沙林、水土保持林和水源涵养林）

无形资产

(1) 摊销方法 —— 直线法，当月计提，当月停止
(2) 摊销年限
  - ①一般规定 —— 不低于10年
  - ②特殊规定
    - 投资或者受让取得的无形资产：可按合同约定年限
    - 购进软件：最短可2年
(3) 不得摊销扣除的情形
  - ①自行开发的支出已在计算应纳税所得额时扣除的
  - ②自创商誉（外购商誉只能在企业整体转让或清算时，准予扣除）
  - ③与经营活动无关的无形资产

长期待摊费用

(1) 已足额提取折旧的固定资产的改建支出 —— 按固定资产尚可使用的年限分摊
(2) 固定资产的大修理支出（修理支出超原计税基础50%且使用年限延长超2年）
(3) 租入固定资产的改建支出 —— 按照合同约定剩余租赁期分摊
(4) 其他应当作为长期待摊费用的支出 —— 自支出发生月份的次月起摊销年限不得低于3年

存货

可使用先进先出法、加权平均法、个别计价法中的一种

资产的税务处理

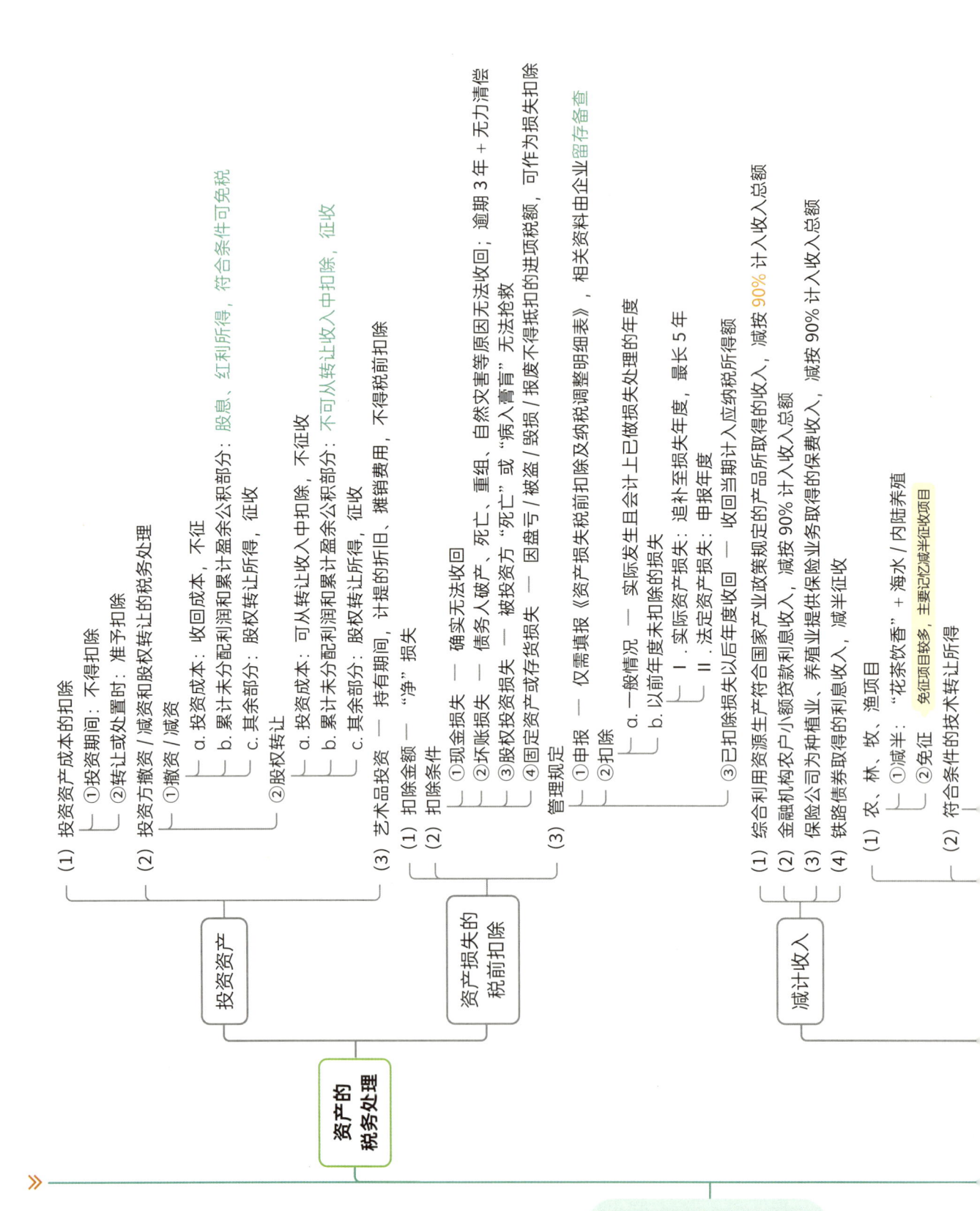

投资资产

(1) 投资资产成本的扣除
- ① 投资期间：不得扣除
- ② 转让或处置时：准予扣除

(2) 投资方撤资/减资和股权转让的税务处理
- ① 撤资/减资
  - a. 投资成本：收回成本，不征
  - b. 累计未分配利润和累计盈余公积部分：股息、红利所得，符合条件可免税
  - c. 其余部分：不可从转让收入中扣除，征收
- ② 股权转让
  - a. 投资成本：可从转让收入中扣除，不征收
  - b. 累计未分配利润和累计盈余公积部分：股权转让所得，征收
  - c. 其余部分：股权转让所得，征收

(3) 艺术品投资——持有期间，计提的折旧、摊销费用，不得税前扣除

资产损失的税前扣除

(1) 扣除金额——"净"损失

(2) 扣除条件
- ① 现金损失——确实无法收回
- ② 坏账损失——债务人破产、死亡、重组、自然灾害等原因无法收回；逾期3年+无力清偿
- ③ 股权投资损失——被投资方"死亡"或"病入膏肓"无法抢救
- ④ 固定资产或存货损失——因盘亏/报损/毁损/报废不得抵扣的进项税额，相关资料由企业留存备查

(3) 管理规定
- ① 申报——仅需填报《资产损失税前扣除及纳税调整明细表》
- ② 扣除
  - a. 一般情况——实际发生且会计上已做损失处理的年度
  - b. 以前年度未扣除的损失：
    - Ⅰ. 实际资产损失：追补至损失发生年度，最长5年
    - Ⅱ. 法定资产损失：申报年度
- ③ 已扣除损失以后年度收回——收回当期计入应纳税所得额

减计收入

(1) 综合利用资源生产符合国家产业政策规定的产品所取得的收入，减按90%计入收入总额
(2) 金融机构农户小额贷款利息收入，减按90%计入收入总额
(3) 保险公司为种植业、养殖业提供保险业务取得的保费收入，减按90%计入收入总额
(4) 铁路债券取得的利息收入，减半征收

- (1) 农、林、牧、渔项目
  - ① 减半："花、茶、饮、香" + 海水/内陆养殖
  - ② 免征：免征项目较多，主要记忆减半征收项目
- (2) 符合条件的技术转让所得

企业所得税法

税收优惠

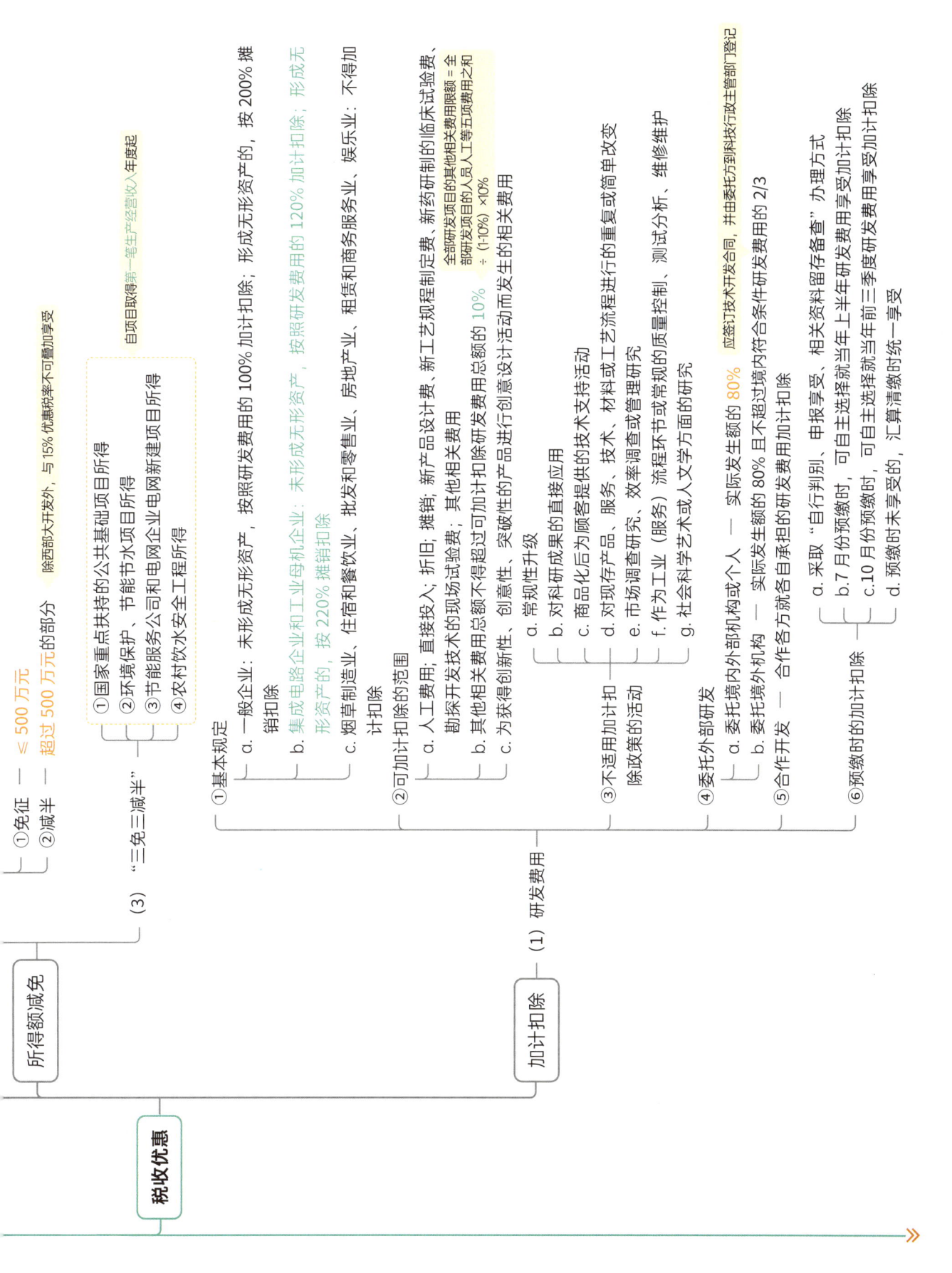

所得额减免

- (3) "三免三减半"
  - ① 免征 — ≤ 500 万元
  - ② 减半 — 超过 500 万元的部分

  除西部大开发外，与 15% 优惠税率不可叠加享受

  - ① 国家重点扶持的公共基础项目所得
  - ② 环境保护、节能节水项目所得
  - ③ 节能服务公司和企业电网新建项目所得
  - ④ 农村饮水安全工程所得

  自项目取得第一笔生产经营收入年度起

加计扣除

(1) 研发费用

① 基本规定
- a. 一般企业：未形成无形资产，按照研发费用的 100% 加计扣除；形成无形资产的，按 200% 摊销扣除
- b. 集成电路企业和工业母机企业：未形成无形资产，按照研发费用的 120% 加计扣除；形成无形资产的，按 220% 摊销扣除
- c. 烟草制造业、住宿和餐饮业、批发和零售业、房地产业、租赁和商务服务业、娱乐业：不得加计扣除

② 可加计扣除的范围
- a. 人工费用；直接投入；折旧；摊销；新产品设计费、新工艺规程制定费、新药研制的临床试验费、勘探开发技术的现场试验费；其他相关费用
- b. 其他相关费用总额不得超过可加计扣除研发费用总额的 10%

  全部研发项目的其他相关费用限额 = 全部研发项目的人员人工等五项费用之和 × (1-10%) ÷ (1-10%) × 10%

- c. 为获得创新性、创意性、突破性的产品进行创意设计活动而发生的相关费用

③ 不适用加计扣除政策的活动
- a. 常规性升级
- b. 对科研成果的直接应用
- c. 商品化后为顾客提供的技术支持活动
- d. 对现存产品、服务、技术、材料或工艺流程进行的重复或简单改变
- e. 市场调查研究、效率调查或管理研究
- f. 作为工业（服务）流程环节或常规的质量控制、测试分析、维修维护
- g. 社会科学艺术或人文学方面的研究

④ 委托外部研发
- a. 委托境内外部机构或个人 — 实际发生额的 80%
- b. 委托境外机构 — 实际发生额的 80% 且不超过境内符合条件研发费用的 2/3

  应签订技术开发合同，并由委托方到科技行政主管部门登记

⑤ 合作开发 — 合作各方就各自承担的研发费用加计扣除

⑥ 预缴时的加计扣除
- a. 采取"自行判别、申报享受、相关资料留存备查"办理方式
- b. 7 月份预缴时，可自主选择就当年上半年研发费用享受加计扣除
- c. 10 月份预缴时，可自主选择就当年前三季度研发费用享受加计扣除
- d. 预缴时未享受的，汇算清缴时统一享受

企业所得税法

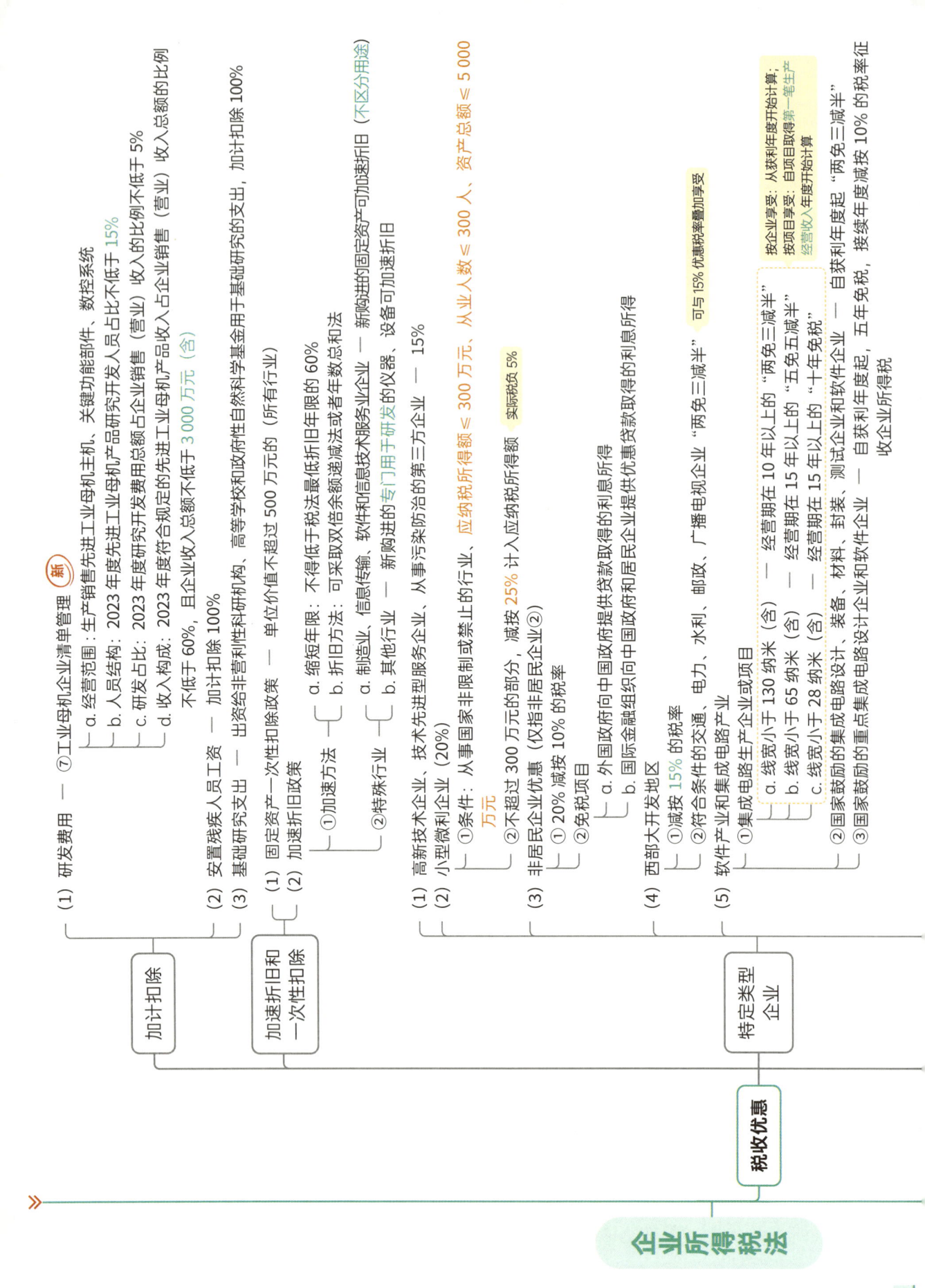

税收优惠

加计扣除和一次性扣除

(1) 研发费用 — ⑦工业母机企业清单管理（新）
  - a. 经营范围：生产销售工业母机主机、关键功能部件、数控系统
  - b. 人员结构：2023年度先进工业母机产品研究开发人员占比不低于 15%
  - c. 研发占比：2023年度研究开发费用总额占业务收入（营业）收入的比例不低于 5%
  - d. 收入构成：2023年度符合规定的先进工业母机产品收入占企业销售（营业）收入总额的比例不低于60%，且企业收入总额不低于 3 000 万元（含）
  - 加计扣除 100%

(2) 安置残疾人员工资 — 加计扣除 100%

(3) 基础研究支出 — 出资给非营利性科研机构、高等学校和政府性自然科学基金用于基础研究的支出，加计扣除 100%

加速折旧政策

(1) 固定资产一次性扣除政策 — 单位价值不超过 500 万元的（所有行业）

(2) 加速折旧政策
  ① 加速方法
    - a. 缩短年限：不得低于税法最低折旧年限的 60%
    - b. 折旧方法：可采取双倍余额递减法或者年数总和法
  ② 特殊行业
    - a. 制造业、信息传输、软件和信息技术服务业等 — 新购进的固定资产可加速折旧
    - b. 其他行业 — 新购进的专门用于研发的仪器、设备可加速折旧

特定类型企业

(1) 高新技术企业、技术先进型服务企业、从事污染防治的第三方企业 — 15%

(2) 小型微利企业（20%）
  ① 条件：从事国家非限制或禁止的行业，应纳税所得额 ≤ 300 万元、从业人数 ≤ 300 人、资产总额 ≤ 5 000 万元
  ② 不超过 300 万元的部分，减按 25% 计入应纳税所得额 实际税负 5%

(3) 非居民企业优惠（仅指非居民企业②）
  ① 20% 减按 10% 的税率
  ② 免税项目
    - a. 外国政府向中国政府提供贷款取得的利息所得
    - b. 国际金融组织向中国政府和居民企业提供优惠贷款取得的利息所得

(4) 西部大开发地区
  ① 减按 15% 的税率
  ② 符合条件的交通、电力、水利、邮政、广播电视企业 — "两免三减半" 可与 15% 优惠税率叠加享受

(5) 软件产业和集成电路产业
  ① 集成电路生产企业或项目
    - a. 线宽小于 130 纳米（含） — 经营期在 10 年以上的 "两免三减半"
    - b. 线宽小于 65 纳米（含） — 经营期在 15 年以上的 "五免五减半"
    - c. 线宽小于 28 纳米（含） — 经营期在 15 年以上的 "十年免税"
  ② 国家鼓励的集成电路设计、装备、材料、封装、测试企业和软件企业 — 自获利年度起 "两免三减半"
  ③ 国家鼓励的重点集成电路设计企业和软件企业 — 自获利年度起，五年免税，接续年度减按 10% 的税率征收企业所得税

按企业享受：从获利年度开始计算；
按项目享受：自项目取得第一笔生产经营收入年度开始计算

核定征收和源泉扣缴

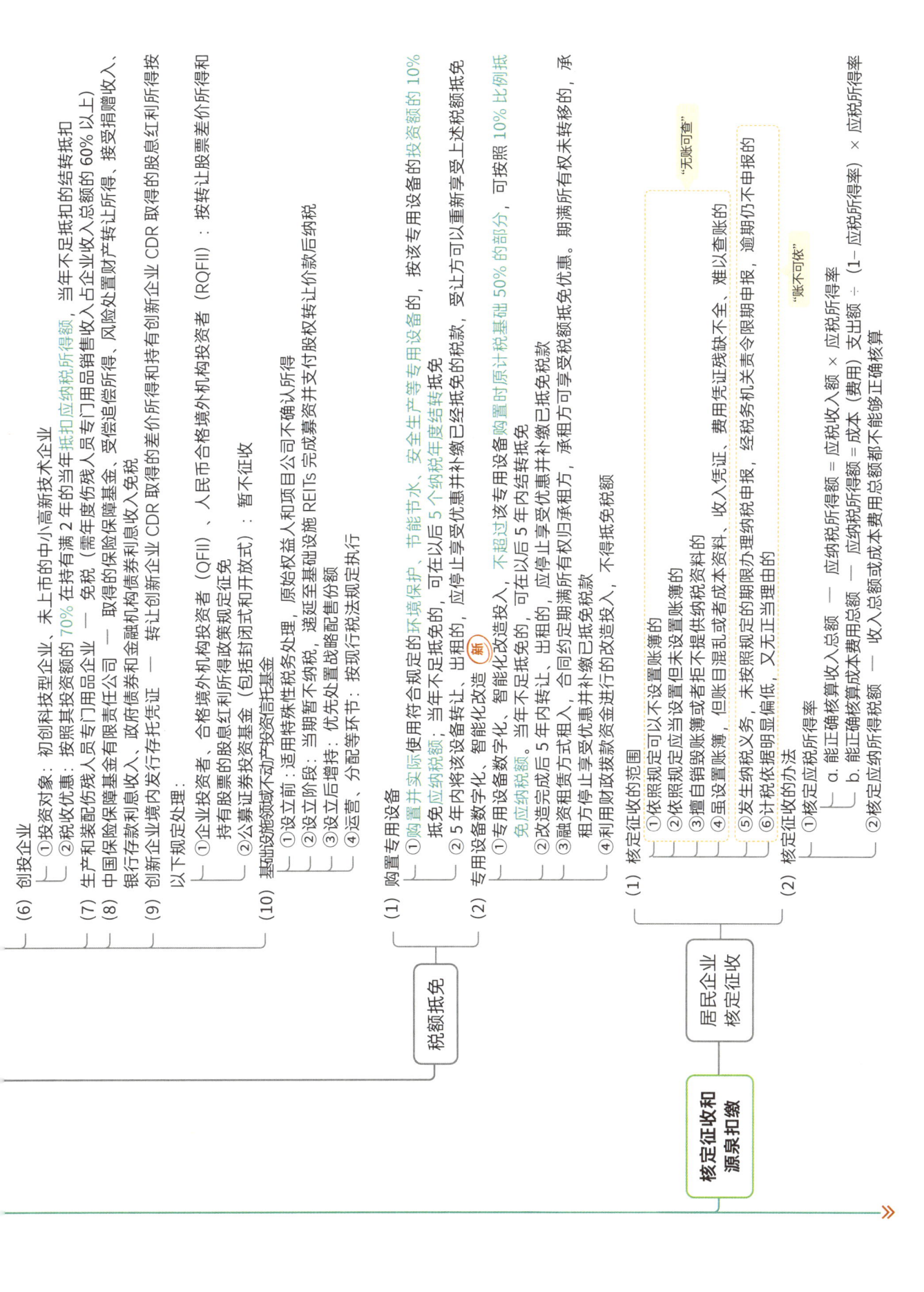

税额抵免

- (6) 创投企业
  - ① 投资对象：初创科技型企业，未上市的中小高新技术企业
  - ② 税收优惠：按照其投资额的70%在持有满2年的当年抵扣应纳税所得额，当年不足抵扣的结转抵扣
- (7) 生产和装配伤残人员专门用品企业 —— 免税（需年度伤残人员销售收入占企业收入总额的60%以上）
- (8) 中国保险保障基金有限责任公司 —— 取得的保险保障基金、银行存款利息收入、政府债券和金融机构债券利息收入免税
- (9) 创新企业境内发行存托凭证 —— 转让创新企业CDR取得的差价所得和持有创新企业CDR取得的股息红利所得按以下规定处理：
  - ① 企业投资者，合格境外机构投资者（QFII）、人民币合格境外机构投资者（RQFII）：按转让股权支付股转让价款后纳税
  - 持有股票的股息红利所得政策规定征免
- (10) 基础设施领域不动产投资信托基金
  - ② 公募证券投资基金（包括封闭式和开放式）：暂不征收
  - ① 设立前：适用特殊性税务处理，原始权益人和项目公司不确认所得
  - ② 设立阶段：当期暂不纳税，递延至基础设施REITs完成募集并支付股权转让价款后纳税
  - ③ 设立后增持：按现行税法规定执行
  - ④ 运营、分配环节：优先处置战略配售份额

(1) 购置专用设备
- ① 购置并实际使用符合规定的环境保护、节能节水、安全生产等专用设备的，按该专用设备的投资额的10%抵免应纳税额；当年不足抵免的，可在以后5个纳税年度结转抵免
- ② 5年内将该设备转让、出租的，应停止享受优惠并补缴已抵免的税款

(2) 专用设备数字化、智能化改造 新
- ① 专用设备数字化、智能化改造投入，不超过该专用设备购置时原计税基础50%的部分，可按照10%比例抵免应纳税额。当年不足抵免的，可在以后5年内结转抵免
- ② 改造完成后5年内转让、出租的，应停止享受优惠并补缴已抵免税款
- ③ 融资租赁方式租入，合同约定期满所有权归承租方，承租方可享受税额抵免优惠。期满所有权未转移的，承租方停止享受优惠并补缴已抵免税款
- ④ 利用财政拨款资金进行的改造投入，不得抵免税额

居民企业核定征收

(1) 核定征收的范围
- ① 依照规定可以不设置账簿的
- ② 依照规定应当设置但未设置账簿的
- ③ 擅自销毁账簿或者拒不提供纳税资料的
- ④ 虽设置账簿，但账目混乱或者成本资料、收入凭证、费用凭证残缺不全，难以查账的
- ⑤ 发生纳税义务，未按照规定的期限办理纳税申报，经税务机关责令限期申报，逾期仍不申报的
- ⑥ 计税依据明显偏低，又无正当理由的

(2) 核定征收的办法
- ① 核定应税所得率
  - a. 能正确核算收入总额 —— 应纳税所得额 = 应税收入额 × 应税所得率
  - b. 能正确核算成本费用总额 —— 应纳税所得额 = 成本费用支出额 ÷ (1−应税所得率) × 应税所得率 "无账可查"
  - 支出额 ÷ (1−应税所得率) × 应税所得率 "账不可依"
- ② 核定应纳所得税额 —— 收入总额或成本费用总额都不能够正确核算

企业所得税法

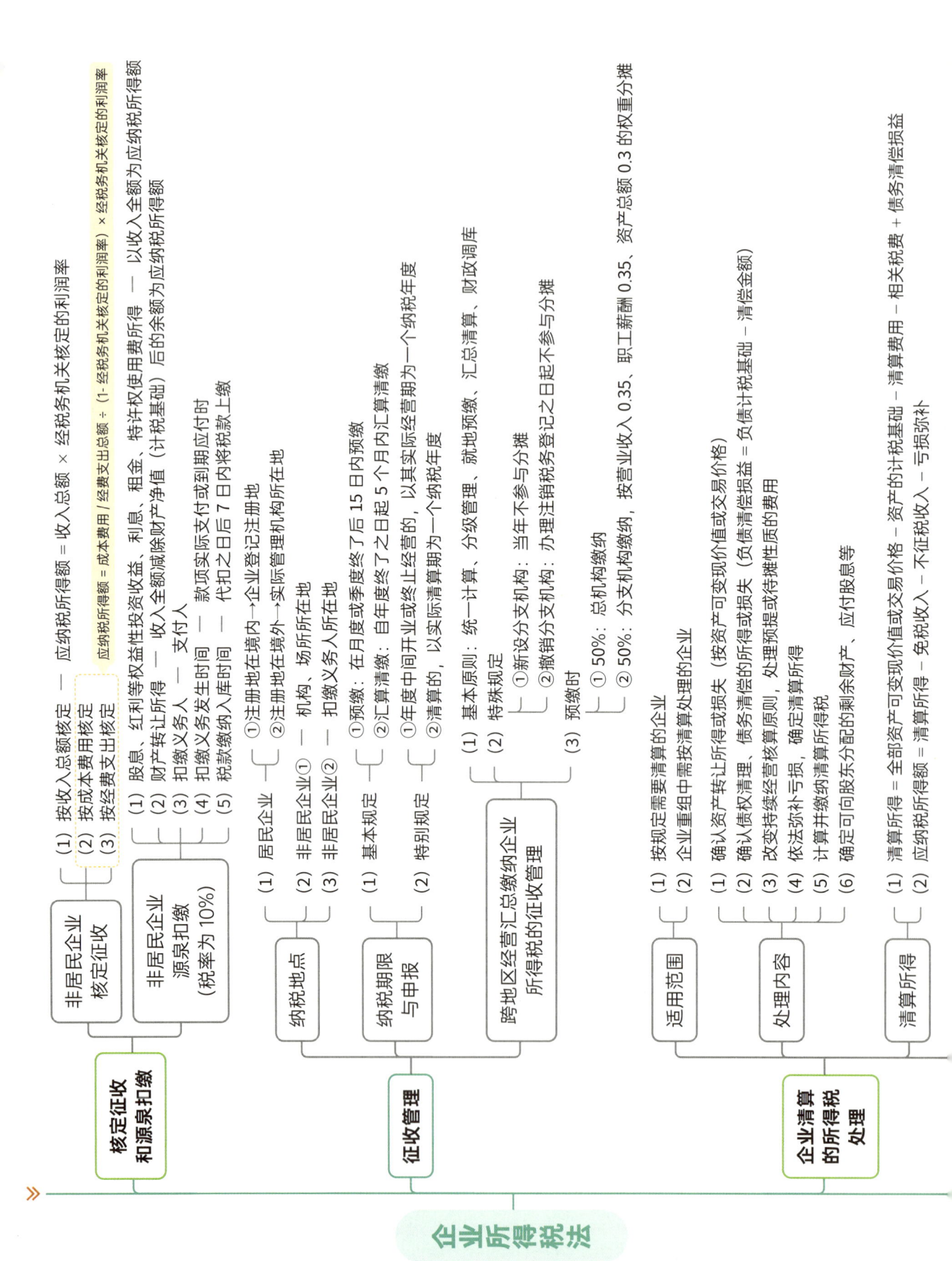

核定征收和源泉扣缴

非居民企业核定征收
- (1) 按收入总额核定 — 应纳税所得额 = 收入总额 × 经税务机关核定的利润率
- (2) 按成本费用核定 — 应纳税所得额 = 成本费用 / (1 - 经税务机关核定的利润率) × 经税务机关核定的利润率
- (3) 按经费支出核定 — 应纳税所得额 = 经费支出总额 / (1 - 经税务机关核定的利润率) × 经税务机关核定的利润率

非居民企业源泉扣缴（税率为10%）
- (1) 股息、红利等权益性投资收益、利息、租金、特许权使用费所得 — 收入全额减除财产净值后的余额为应纳税所得额
- (2) 财产转让所得 — 收入全额减除财产净值后的余额为应纳税所得额（计税基础）
- (3) 扣缴义务人 — 支付人
- (4) 扣缴义务发生时间 — 款项实际支付或到期应付时
- (5) 税款缴纳入库时间 — 代扣之日后7日内将税款上缴

征收管理

纳税地点
- (1) 居民企业 — ①注册地在境内→企业登记注册地 ②注册地在境外→实际管理机构所在地
- (2) 非居民企业① — 机构、场所所在地
- (3) 非居民企业② — 扣缴义务人所在地

纳税期限与申报
- (1) 基本原则 — ①预缴：在月度或季度终了后15日内预缴 ②汇算清算：年度终了之日起5个月内汇算清算
- (2) 特别规定 — ①年度中间开业或终止经营的，以其实际经营期为一个纳税年度 ②清算的，以实际清算期为一个纳税年度

跨地区经营汇总缴纳企业所得税的征收管理
- (1) 基本原则：统一计算、分级管理、就地预缴、汇总清算、财政调库
- (2) 特殊规定 — ①新设分支机构：当年不参与分摊 ②撤销分支机构：办理注销税务登记之日起不参与分摊
- (3) 预缴时 — ①50%：总机构缴纳 ②50%：分支机构缴纳，按营业收入0.35、职工薪酬0.35、资产总额0.3的权重分摊

企业清算的所得税处理

适用范围
- (1) 按规定需要清算的企业
- (2) 企业重组中需按清算处理的企业

处理内容
- (1) 确认资产转让所得或损失（按资产可变现价值或交易价格）
- (2) 确认债权清理、债务清偿的所得或损失（负债清偿损益 = 负债计税基础 - 清偿金额）
- (3) 改变持续经营核算原则，处理预提或待摊性质的费用
- (4) 依法弥补亏损，确定清算所得
- (5) 计算并缴纳清算所得税
- (6) 确定可向股东分配的剩余财产、应付股息等

清算所得
- (1) 清算所得 = 全部资产可变现价值或交易价格 - 资产的计税基础 - 资产可变现价值或交易价格 - 清算费用 - 相关税费 + 债务清偿损益
- (2) 应纳税清算所得额 = 清算所得 - 免税收入 - 不征税收入 - 弥补亏损

企业重组的所得税处理

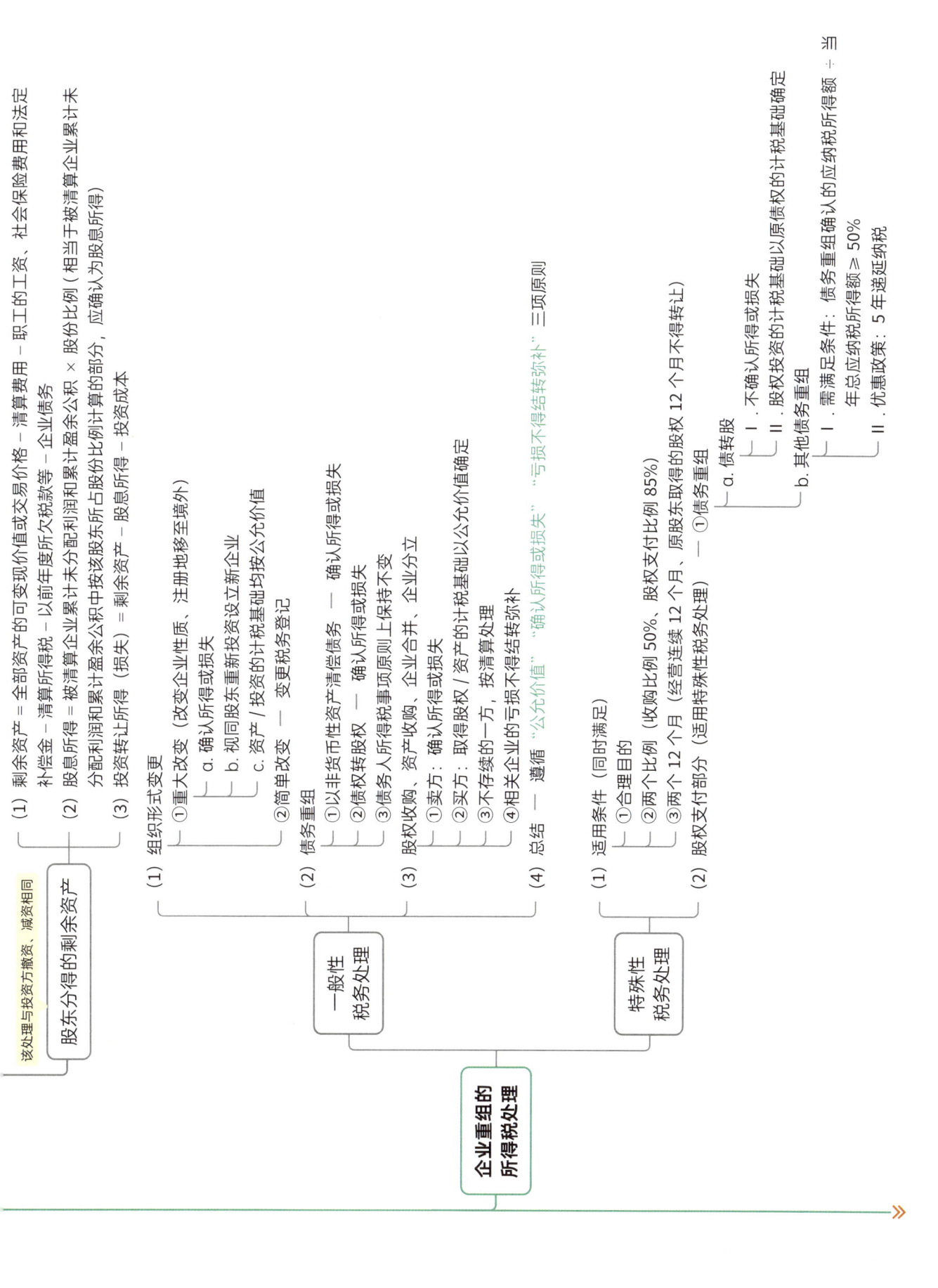

股东分得的剩余资产
（该处理与投资方撤资、减资相同）

(1) 剩余资产＝全部资产的可变现价值或交易价格－清算费用－职工的工资、社会保险费用和法定补偿金－清算所得税－以前年度所欠税款等－企业债务

(2) 股息所得＝被清算企业累计未分配利润和累计盈余公积×股份比例（相当于被清算企业累计未分配利润和累计盈余公积中按该股东所占股份比例计算的部分，应确认为股息所得）

(3) 投资转让所得（损失）＝剩余资产－股息所得－投资成本

一般性税务处理

(1) 组织形式变更
  ① 重大改变（改变企业性质、注册地移至境外）
    a. 确认所得或损失
    b. 债权转股权 — 确认所得或损失
    c. 资产/投资的计税基础原则上保持不变
  ② 简单改变 — 变更税务登记

(2) 债务重组
  ① 以非货币性资产清偿债务 — 确认所得或损失
  ② 债权转股权 — 确认所得或损失
  ③ 债务人所得税事项原则上保持不变

(3) 股权收购、资产收购、企业合并、企业分立
  ① 卖方：确认所得或损失
  ② 买方：取得股权/资产的计税基础以公允价值确定
  ③ 不存续的一方，按清算处理
  ④ 相关企业的亏损不得结转弥补

(4) 总结 — 遵循"公允价值""确认所得或损失""亏损不得结转弥补"三项原则

特殊性税务处理

(1) 适用条件（同时满足）
  ① 合理目的
  ② 两个比例（收购比例 50%，股权支付比例 85%）
  ③ 两个 12 个月（经营连续 12 个月，原股东取得的股权 12 个月不得转让）

(2) 股权支付部分（适用特殊性税务处理）
  ① 债务重组
    a. 债转股
      Ⅰ. 不确认所得或损失
      Ⅱ. 股权投资的计税基础以原债权的计税基础确定
    b. 其他债务重组
      需满足条件：债务重组确认的应纳税所得额≥当年总应纳税所得额的 50%
      Ⅱ. 优惠政策：5 年递延纳税

企业重组的所得税处理

- 特殊性税务处理
  - (2) 股权支付部分（适用特殊性税务处理）— ②股权收购、资产收购、企业合并、企业分立
    - a. 卖方
      - Ⅰ. 不确认所得或损失
      - Ⅱ. 取得股权的计税基础以被转让股权/资产原计税基础确定 ×
    - b. 买方：取得股权或资产的计税基础以被转让股权/资产原计税基础确定 ×
    - c. 亏损有限额的结转弥补
      - Ⅰ. 企业合并：限额 = 被收购企业净资产公允价值 × 截至合并业务当年年末国家发行的最长期限的国债利率
      - Ⅱ. 企业分立：按分立资产占比对应结转亏损额（被转让资产的公允价值 ÷ 原计税基础）
  - (3) 非股权支付部分（适用一般性税务处理）— 卖方确认所得或损失 非股权支付比例
  - (4) 总结 — 遵循"原有计税基础""暂不确认所得或损失""亏损可有条件弥补"三项原则

第五章 个人所得税法

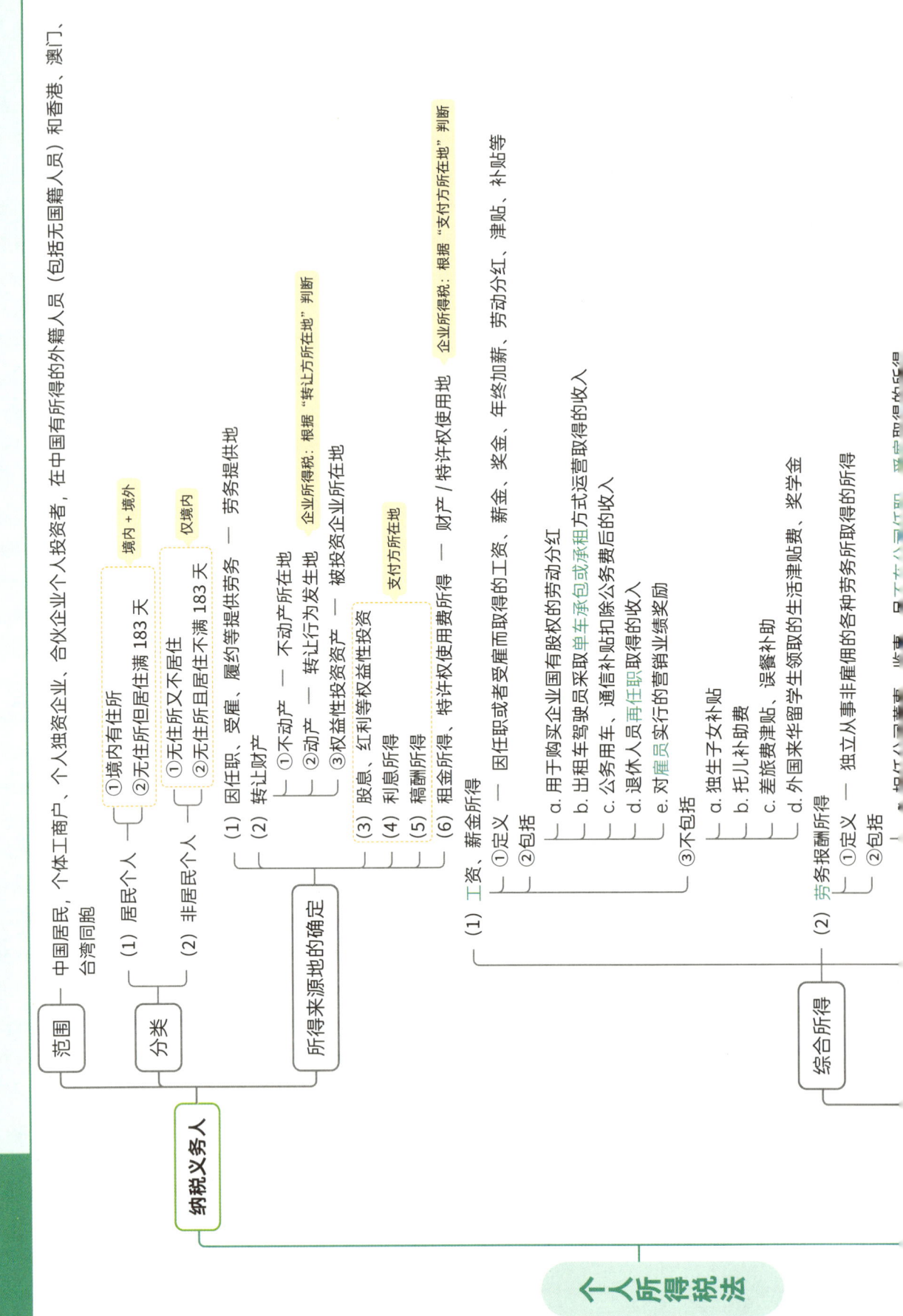

（考 9.5~10.5 分）

个人所得税法

纳税义务人

- **范围** — 中国居民、个体工商户、个人独资企业、合伙企业个人投资者，在中国有所得的外籍人员（包括无国籍人员）和香港、澳门、台湾同胞

- **分类**
  - (1) 居民个人 ┬ ①境内有住所
    - └ ②无住所但居住满183天   境内+境外
  - (2) 非居民个人 ┬ ①无住所又不居住
    - └ ②无住所且居住不满183天   仅境内

- **所得来源地的确定**
  - (1) 因任职、受雇、履约等提供劳务 — 劳务提供地
  - (2) 转让财产
    - ①不动产 — 不动产所在地
    - ②动产 — 转让行为发生地 （企业所得税：根据"转让方所在地"判断）
    - ③权益性投资资产 — 被投资企业所在地
  - (3) 股息、红利等权益性投资 — 支付方所在地
  - (4) 利息所得
  - (5) 稿酬所得
  - (6) 租金所得、特许权使用费所得 — 财产/特许权使用地 （企业所得税：根据"支付方所在地"判断）

综合所得

- (1) **工资、薪金所得**
  - ① 定义 — 因任职或者受雇而取得的工资、薪金、奖金、年终加薪、劳动分红、津贴、补贴等
  - ② 包括
    - a. 用于购买企业国有股权的劳动分红
    - b. 出租车驾驶员采取单车承包或承租方式运营取得的收入
    - c. 公务用车、通信补贴扣除公务费后取得的收入
    - d. 退休人员再任职取得的收入
    - e. 对雇员实行的营销业绩奖励
  - ③ 不包括
    - a. 独生子女补贴
    - b. 托儿补助费
    - c. 差旅费津贴、误餐补助
    - d. 外国来华留学生领取的生活津贴费、奖学金

- (2) **劳务报酬所得**
  - ① 定义 — 独立从事非雇用的各种劳务所得的所得
  - ② 包括

046

征税范围

经营所得

b. 对非雇员实行的营销业绩奖励
c. 保险营销员、证券经纪人取得的佣金收入

(3) 特许权使用费所得
 - ①定义 — 提供专利权、商标权、著作权、非专利技术等取得的所得
 - ②包括 — 手稿原件或复印件拍卖取得的所得

(4) 稿酬所得
 - ①定义 — 作品以图书、报刊等形式出版、发表而取得的所得
 - ②包括 — 作者去世后取得其遗作稿酬

(1) 个体工商户从事生产、经营取得的所得
(2) 个人独资企业投资人、合伙企业个人合伙人来源于境内注册的个人独资企业、合伙企业生产、经营所得
(3) 依法从事办学、医疗、咨询以及其他有偿活动取得的所得
(4) 承包经营、承租经营以及转包、转租取得的所得
(5) 个人从事彩票代销收入
(6) 出租车运营收入（出租车归个人所有）
(7) 独资和合伙性质的律师事务所的年度经营所得

分类所得

(1) 利息、股息、红利所得
 - ①定义 — 拥有债权、股权而取得的利息、股息、红利所得
 - ②包括
   - a. 股东年底不归还又不用于生产经营的借款
   - b. 以企业资金为股东及相关人员支付与经营无关的消费性支出及购买汽车、住房等财产性支出

(2) 财产租赁所得
 - ①定义 — 出租不动产、机器设备、车船等取得的所得
 - ②包括 — 财产转租收入

(3) 财产转让所得
 - ①定义 — 转让有价证券、股权、合伙企业中的财产份额、不动产、机器设备、车船等取得的所得
 - ②企业改组改制过程中个人取得量化资产
   - a. 取得时
     - I. 仅作为分红依据：不征收
     - II. 拥有所有权：暂缓征收
   - b. 分配时：按"利息、股息、红利所得"征收
   - c. 转让时：按"财产转让所得"征收

征税范围

分类所得

(4) 偶然所得

- ① 定义 — 得奖、中奖、中彩以及其他偶然性质的所得
- ② 包括
  - a. 提供担保获得的收入
  - b. 不竞争款项
- ③ 受赠人无偿受赠房屋
  - a. 无偿赠与直系亲属或者抚养人赡养人，不征收
  - b. 房屋所有人死亡，法定继承人、遗嘱继承人依法取得房屋，不征收
  - c. 其他情形：对受赠人按"偶然所得"征收
- ④ 企业在促销活动中向个人赠送礼品
  - a. 征收
    - Ⅰ. 随机向本单位以外的个人赠送礼品（包括网络红包）
    - Ⅱ. 对累积消费达到一定额度的顾客给予额外抽奖机会的获奖所得
  - b. 不征收
    - Ⅰ. 通过价格折扣、折让方式向个人销售商品和提供服务
    - Ⅱ. 向个人销售商品和提供服务的同时给予赠品
    - Ⅲ. 对累积消费达到一定额度的个人按消费积分反馈礼品
    - Ⅴ. 向个人赠送具有价格折扣或者折让性质的消费券、代金券、抵用券、优惠券等礼品

易错易混辨析

- (1) 买车、买房等支出
  - ① 为个人独资企业、合伙企业的个人投资者或其家庭成员：按"经营所得"征收
  - ② 为除个人独资企业、合伙企业外其他企业的个人投资者或其投资者家庭成员：按"利息、股息、红利所得"征收
  - ③ 为企业其他人员：按"工资、薪金所得"征收
- (2) 出租车驾驶员收入
  - ① 出租车归公司：按"工资、薪金所得"征收
  - ② 出租车归个人：按"经营所得"征收
- (3) 公司董事、监事取得的董事费、监事费
  - ① 不在公司任职、受雇：按"劳务报酬所得"征收
  - ② 在公司任职、受雇：按"工资、薪金所得"征收
- (4) 取得营销业绩奖励
  - ① 雇员：按"工资、薪金所得"征收
  - ② 非雇员：按"劳务报酬所得"征收

个人所得税法

应纳税额的计算

居民个人取得综合所得(按年计征,按月/次预扣预缴)

(1) 汇算清缴

① 公式
- a. 应纳税额 = 全年应纳税所得额 × 适用税率 − 速算扣除数
- b. 全年应纳税所得额 = 全年收入总额 − 60 000 元 − 专项扣除 − 专项附加扣除 − 其他扣除 − 允许扣除的捐赠额

② 税率 — 七级超额累进税率

③ 收入总额
- a. 工资、薪金所得 — 全额计入
- b. 劳务报酬所得 ┐
- c. 特许权使用费所得 ├ 实际取得的收入 × (1−20%)
- d. 稿酬所得 — 实际取得的收入 × 70% × (1−20%)

④ 固定减除费用 — 60 000 元

⑤ 专项扣除 — 个人实际缴付的"三险一金"

⑥ 专项附加扣除
- a. 3 岁以下婴幼儿照护
  - Ⅰ. 每个婴幼儿 2 000 元/月 ┐ 与子女个数有关
  - Ⅱ. 出生当月至满 3 岁前一个月 ┘
- b. 子女教育
  - Ⅰ. 每个子女 2 000 元/月
  - Ⅱ. 年满 3 岁当月至小学入学前和接受全日制学历教育入学当月至结束
- c. 继续教育
  - Ⅰ. 学历继续教育: 400 元/月(最长不超过 48 个月) ┐ 二者只能选其一
  - Ⅱ. 职业资格、专业技术资格继续教育: 3 600 元/年(取得证书当年) ┘
- d. 首套住房贷款利息 — 1 000 元/月(最长不超过 240 个月)
- e. 住房租金 — 根据所在城市,按 1 500/1 100/800 元每月扣除
- f. 赡养老人 — 独生子女: 3 000 元/月; 非独生子女分摊(每人分摊额度不能超过 1 500 元/月) ┐ 与老人个数无关
- g. 大病医疗 — 一年内扣除医保报销后个人负担超过 15 000 元的部分,在 80 000 元限额内扣除,只能在汇算清缴时扣

⑦ 其他扣除
- a. 企业年金、职业年金 — 按本人缴费工资计税基数的 4% 限额扣除
- b. 商业健康保险支出 — 200 元/月(2 400 元/年)内限额扣除
- c. 个人养老金支出 — 12 000 元/年限额扣除

应纳税额的计算

个人所得税法

居民个人取得综合所得（按年计征，按月/次预扣预缴）

(2) 预扣预缴

① 工资、薪金所得（累计预扣法）

a. 公式
- Ⅰ. 本期应预扣预缴税额 =（累计预扣预缴应纳税所得额 × 预扣率 − 速算扣除数）− 累计减免税额 − 累计已预扣预缴税额
- Ⅱ. 累计预扣预缴应纳税所得额 = 累计收入 − 累计免税收入 − 累计减除费用 − 累计专项扣除 − 累计专项附加扣除 − 累计依法确定的其他扣除

b. 累计减除费用
- Ⅰ. 一般情况 = 5 000 元 × 当年截至本月在本单位任职受雇月份数
- Ⅱ. 首次取得工资、薪金 = 5 000 元 × 当年截至本月的月份数
- Ⅲ. 上一年度均在同一单位，且全年度收入 ≤ 60 000 元，次年 1 月直接减 60 000 元

c. 累计专项附加扣除
- Ⅰ. 在本单位截至当前月份均符合政策条件的扣除金额
- Ⅱ. 大病医疗，预扣预缴时所得不得扣除

汇算清缴时：与纳税人实际参加工作的月份数无关，按满足专项附加扣除条件的月份数

② 劳务报酬所得
a. 三级预扣预缴率
b. 应纳税所得额
- Ⅰ. 每次收入 ≤ 4 000 元：收入 − 800 元
- Ⅱ. 每次收入 > 4 000 元：收入 ×（1−20%）

c. 特殊情形（按实际预扣法，适用年度七级税率表）
- Ⅰ. 学生实习取得劳务报酬
- Ⅱ. 保险营销员、证券经纪人取得的佣金收入 − 应纳税所得额 = 不含税收入 ×（1−20%）− 减除费用 − 依法确定的其他扣除
（1−25%）− 附加税费

③ 特许权使用费所得
a. 预扣率 20%
b. 应纳税所得额
- Ⅰ. 每次收入 ≤ 4 000 元：收入 − 800 元
- Ⅱ. 每次收入 > 4 000 元：收入 ×（1−20%）

④ 稿酬所得
a. 预扣率 20%
b. 应纳税所得额
- Ⅰ. 每次收入 ≤ 4 000 元：（收入 − 800 元）× 70%
- Ⅱ. 每次收入 > 4 000 元：[收入 ×（1−20%）] × 70%

非居民个人取得工资薪金、劳务报酬、稿酬和特许权使用费所得（按月/次计征）

- 税率 — 月度七级税率表
- 应纳税所得额
  - ① 工资、薪金所得：月收入额 − 5 000 元
  - ② 劳务报酬所得、特许权使用费所得：每次收入 × (1−20%)
  - ③ 稿酬所得：每次收入 × (1−20%) × 70%

经营所得（按年计征，按月/季预缴）

(1) 基本计算

- ① 应纳税额 =（全年收入总额 − 成本、费用、税金、损失及其他支出 − 允许弥补的以前年度亏损）× 适用税率 − 速算扣除数
- ② 如无综合所得，应纳税所得额还应当减除 60 000 元、专项扣除、专项附加扣除以及依法确定的其他扣除；同时取得综合所得，可选择在综合所得或经营所得中减除，但不得重复减除
- ③ 五级超额累进税率

(2) 个体工商户

① 扣除项目及其标准
- a. 工资、薪金 — 从业人员，据实扣除；业主本人，不得扣除
- b. 职工教育经费 — 工资薪金总额 2.5% 限额扣除
- c. 研发费 — 10 万元以下的单台仪器和装置的购置费直接扣除
- d. 公益性捐赠 — 除不得扣除和据实扣除外，按应纳税所得额的 30% 限额扣除
- e. 家庭和经营混用费用 — 40% 准予扣除
- f. 社保、商业保险费、职工福利费、工会经费、业务招待费、广告费和业务宣传费、借款费用和利息支出等 — 与企业所得税规定基本一致

② 不得扣除的项目
- a. 个人所得税款
- b. 税收滞纳金、罚金、罚款和被没收财物的损失
- c. 不符合规定的捐赠支出
- d. 用于个人和家庭的支出
- e. 与取得生产经营无关的其他支出
- f. 个体工商户代其从业人员或者他人负担的税款

③ 税收优惠 — 年应纳税所得额不超过 200 万元的部分，减半征收（查账征收或核定征收均可享受）

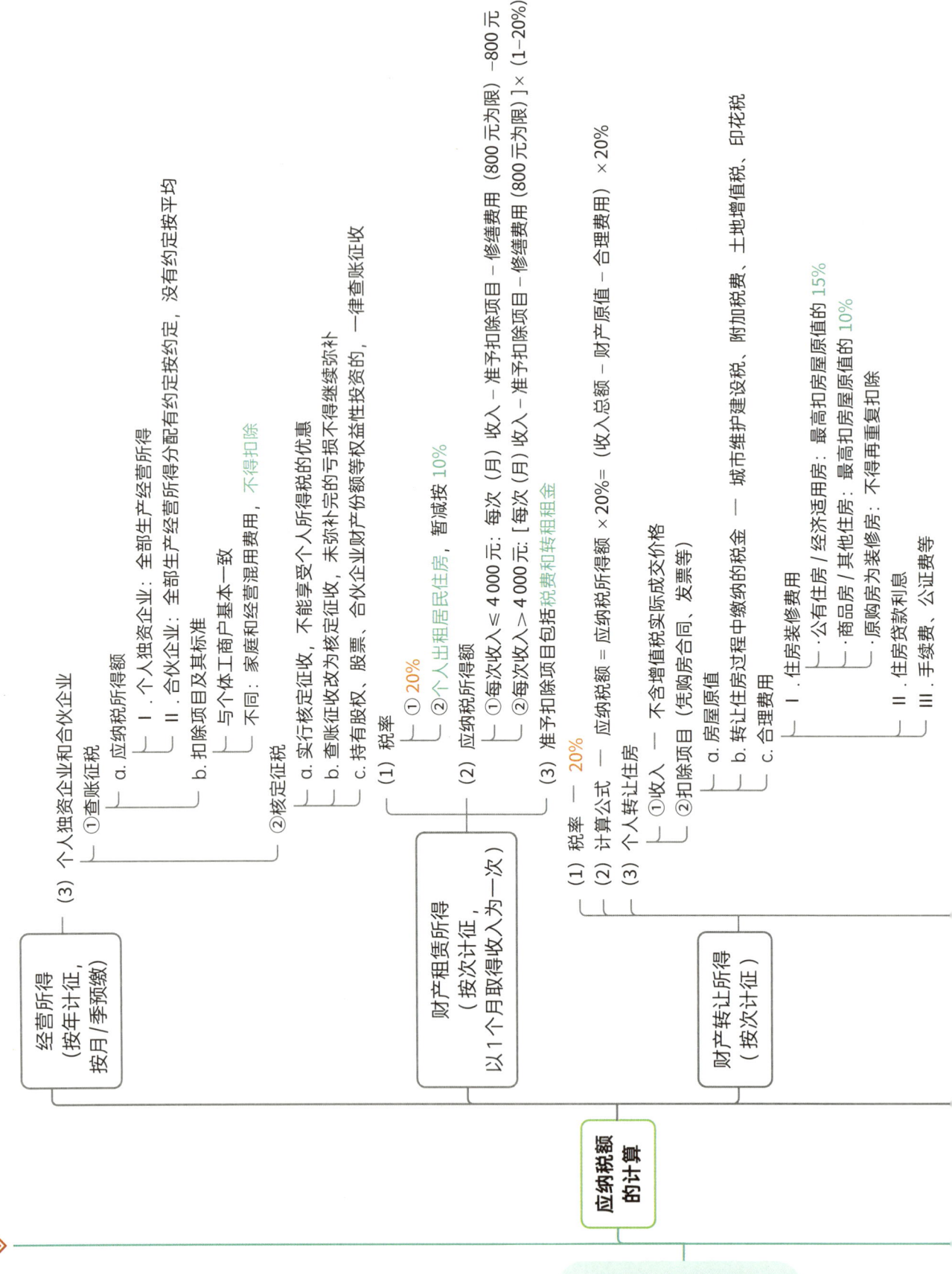

应纳税额的计算

经营所得（按年计征，按月/季预缴）

(3) 个人独资企业和合伙企业

① 查账征税
- a. 应纳税所得额
  - I. 个人独资企业：全部生产经营所得
  - II. 合伙企业：全部生产经营所得分配有约定按约定，没有约定按平均
- b. 扣除项目及其标准
  - 与个体工商户基本一致
  - 不同：家庭和经营混用费用，**不得扣除**

② 核定征税
- a. 实行核定征收，不能享受个人所得税的优惠
- b. 查账征收改为核定征收，未弥补完的亏损不得继续弥补
- c. 持有股权、股票，合伙企业财产份额等权益性投资的，一律查账征收

财产租赁所得（按次计征，以1个月取得收入为一次）

(1) 税率
- ① 20%
- ② **个人出租居民住房，暂减按10%**

(2) 应纳税所得额
- ① 每次收入 ≤ 4 000元：每次（月）收入 − 准予扣除项目 − 修缮费用（800元为限）−800元
- ② 每次收入 > 4 000元：[每次（月）收入 − 准予扣除项目 − 修缮费用（800元为限）] × (1−20%)

(3) 准予扣除项目包括税费和转租租金

财产转让所得（按次计征）

(1) 税率 —— 20%

(2) 计算公式
应纳税额 = 应纳税所得额 × 20% = （收入总额 − 财产原值 − 合理费用）× 20%

(3) 个人转让住房
- ① 收入 — 不含增值税实际成交价格
- ② 扣除项目（凭购房合同、发票等）
  - a. 房屋原值
  - b. 转让住房过程中缴纳的税金 — 城市维护建设税、附加税费、土地增值税、印花税
  - c. 合理费用
    - I. 住房装修费用
      - ·公有住房/经济适用房：最高扣房屋原值的15%
      - ·商品房/其他住房：最高扣房屋原值的10%
      - ·原购房为装修房：不得再重复扣除
    - II. 住房贷款利息
    - III. 手续费、公证费等

个人所得税法

(4) 个人转让股权
├─ ① 收入
│   ├─ a. 包括违约金、补偿金等各种名目的收入
│   └─ b. 核定股权转让收入的方法（按顺序）：净资产核定法、类比法、其他合理的方法
├─ ② 原值的确认 — 转让部分股权时，采用加权平均法确定
└─ ③ 扣缴义务人为股权受让方，向被投资企业所得税所在地申报

(5) 个人转让债券 — 采用加权平均法确定转让原值

(6) 个人处置打包债权
├─ ① 以每次处置部分债权的所得，作为一次财产转让所得征税
├─ ② 所处置债权原值 = 个人购买"打包"债权实际支出 × 当次处置债权账面价值 ÷ "打包"债权账面价值
└─ ③ 拍卖招标手续费、诉讼费、审计评估费以及缴纳的合理税费

(7) 个人取得拍卖收入
├─ ① 个人拍卖自己的文字作品手稿原件及复印件，按"特许权使用费所得"计征；其他情形，按"财产转让所得"计征
├─ ② 应纳税所得额 = 转让收入额 - 财产原值 - 拍卖过程中缴纳的税金
└─ ③ 如不能计算财产原值，按收入额的3%计算税额，海外回流文物按收入额的2%计算税额

利息、股息红利和偶然所得（按次计征）
├─ (1) 税率 — 20%
└─ (2) 计算公式 — 应纳税额 = 应纳税所得额 × 20% = 每次收入额 × 20%

公益慈善事业捐赠扣除
├─ (1) 捐赠渠道 — 通过境内公益性社会组织、群众团体、县级以上人民政府及其部门等国家机关
├─ (2) 金额的确定
│   ├─ ① 货币性资产：实际捐赠金额
│   ├─ ② 股权、房产：财产原值
│   └─ ③ 除股权、房产外的其他非货币性资产：市场价格
└─ (3) 扣除比例
    ├─ ① 除据实扣除情况外，按各项所得应纳税所得额的30%
    └─ ② 据实扣除
        ├─ a. 对特定事项捐赠 — 红十字事业、农村义务教育、老年服务机构、公益性青少年活动场所、非关联的科研机构和高等学校、对其他特定事项的捐赠
        └─ b. 对特定公益组织捐赠 — 中华健康快车基金会、宋庆龄基金会等

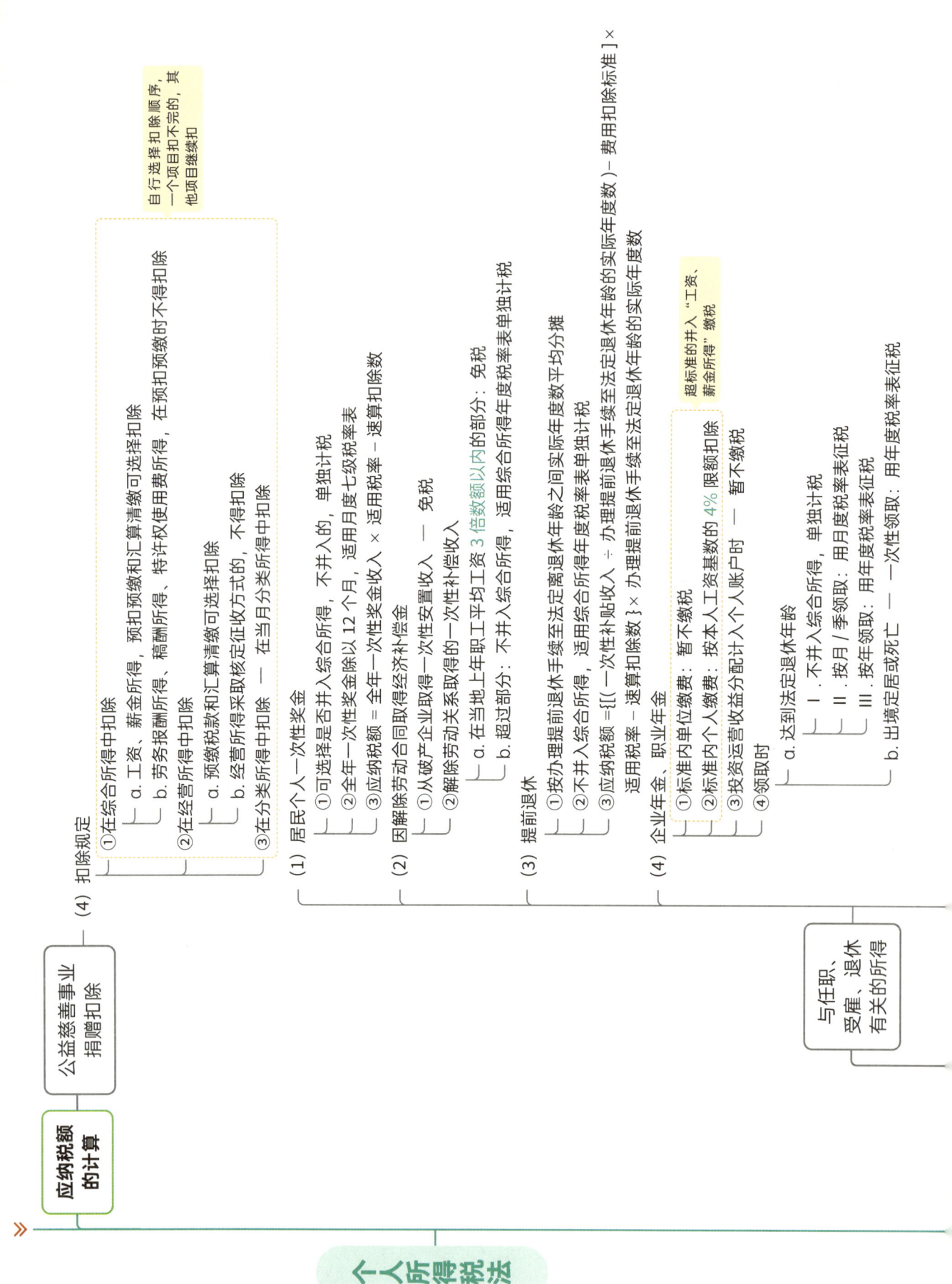

个人所得税法

应纳税额的计算

- 公益慈善事业捐赠扣除
- (4) 扣除规定
  - ① 在综合所得中扣除
    - a. 工资、薪金所得，预扣预缴和汇算清缴可选择扣除
    - b. 劳务报酬所得、稿酬所得、特许权使用费所得，在预扣预缴时不得扣除
  - ② 在经营所得中扣除
    - a. 预缴税款和汇算清缴可选择扣除
    - b. 经营所得采取核定征收方式的，不得扣除
  - ③ 在分类所得中扣除 —— 在当月分类所得中扣除

（自行选择扣除顺序，一个项目扣不完的，其他项目继续扣）

与任职、受雇、退休有关的所得

- (1) 居民个人一次性奖金
  - ① 可选择是否并入综合所得，不并入的，单独计税
  - ② 全年一次性奖金除以12个月，适用月度七级税率表
  - ③ 应纳税额 = 全年一次性奖金收入 × 适用税率 − 速算扣除数
- (2) 因解除劳动合同取得经济补偿金
  - ① 从破产企业取得一次性安置收入 —— 免税
  - ② 解除劳动关系取得的一次性补偿收入
    - a. 在当地上年职工平均工资3倍数额以内的部分：免税
    - b. 超过部分：不并入综合所得，适用综合所得年度税率表单独计税
- (3) 提前退休
  - ① 按办理提前退休手续至法定离退休年龄之间实际年度数平均分摊
  - ② 不并入综合所得，适用综合所得年度税率表单独计税
  - ③ 应纳税额 = [(一次性补贴收入 ÷ 办理提前退休手续至法定退休年龄的实际年度数) − 费用扣除标准] × 适用税率 − 速算扣除数 } × 办理提前退休手续至法定退休年龄的实际年度数
- (4) 企业年金、职业年金
  - ① 标准内单位缴费：暂不缴税
  - ② 标准内个人缴费：按本人工资基数的4%限额扣除 （超标准的并入"工资、薪金所得"缴税）
  - ③ 投资运营收益分配到个人账户时 —— 暂不缴税
  - ④ 领取时
    - a. 达到法定退休年龄
      - Ⅰ. 不并入综合所得，单独计税
      - Ⅱ. 按月/季领取：用月度税率表征税
      - Ⅲ. 按年领取：用年度税率表征税
    - b. 出境定居或死亡 —— 一次性领取：用年度税率表征税

- 应纳税额计算中特殊问题的处理
  - (5) 个人养老金
    - ①投资环节：暂不征税
    - ②领取环节：按"工资、薪金所得"，单独按3%税率计税
  - (6) 取得股票期权（不可公开交易）
    - ①授予时 — 不征税
    - ②行权时
      - a. 行权价低于购买日公平市场价的差额，适用年度综合所得税率表全额计税
      - b. 不并入当年净收入，按"工资、薪金所得"征税
    - ③行权前转让 — 以转让净收入，按"工资、薪金所得"计税
    - ④行权后转让 — 按"财产转让所得"中的转让股票有关规定征免
    - ⑤持有期间利润分配 — 按"利息、股息、红利所得"有关规定征免

    居民个人一个纳税年度内取得 ≥2次股权激励的，应合并纳税
  - (7) 取得股票增值权和限制性股票
    - ①按"工资、薪金所得"征税
    - ②不并入当年综合所得，全额单独适用综合所得税率表
  - (8) 股权激励递延纳税政策
    - ①非上市公司 — 取得时暂不纳税，递延至转让时按"财产转让所得"计征
    - ②上市公司 — 自解禁或取得之日起，不超过36个月分期缴纳
  - (9) 科技成果转化取得股权奖励、现金奖励
    - ①从高新技术企业取得股权奖励 — 可5年内分期延纳税
    - ②从科研机构、高等学校取得股权奖励 — 递延至转让时纳税
    - ③从研究机构、高等学校取得现金奖励 — 减按50%计入"工资、薪金所得"纳税

- 个人对外投资的特殊规定
  - (1) 以非货币性资产投资
    - ①应纳税所得额＝非货币性资产公允价值 − 资产原值 − 合理税费
    - ②所得可5年内分期计入应纳税所得额，按"财产转让所得"计征
  - (2) 个人转让上市公司限售股 【新】
    - ①按"财产转让所得"，适用20%税率计税
    - ②公式：应纳税额＝(转让收入 − 限售股原值 − 合理税费) × 20%
    - ③不能准确计算限售股原值的：按转让收入的15%核定限售股原值及合理税费
    - ④纳税地点：发行限售股的上市公司所在地
    - ⑤纳税人同时持有限售股及该流通股的，按限售股优先原则
  - (3) 从证券投资基金取得的所得
    - ①买卖基金单位获得的差价收入：暂不征收
    - ②基金分配
      - a. 获得的国债利息、储蓄存款利息以及买卖股票差价收入：暂不征收
      - b. 获得的股票的股息、红利收入和企业债券利息收入：按"利息、股息、红利所得"征收
    - ③转让企业债券取得的所得：按"财产转让所得"征收

个人所得税法

个人对外投资的特殊规定

(4) 沪港通、深港通股票交易以及内地与香港基金互认的个人所得税规定

项目	内地个人投资者买港股		香港个人投资者买A股	
股票转让所得	免税		10%	A股上市公司代扣代缴
股息红利所得	20%	H股，H股公司代扣代缴；非H股，中国结算代扣代缴		

(5) 新三板挂牌公司
- ① 持有期间 —— 取得的股息红利按差别化征免规定
- ② 转让所得
  - a. 原始股：按"财产转让所得"征税
  - b. 非原始股：免征

(6) 企业向个人股东转增股本
- ① 股份制企业股票溢价发行收入所形成的资本公积转增股本 —— 不征税
- ② 未上市的或未在新三板挂牌交易的中小高新技术企业向个人股东转增股本 —— 可在不超过5个年度内（含）分期缴纳
- ③ 上市公司、上市的中小高新技术企业（包括新三板）向个人股东转增股本 —— 按"利息、股息、红利所得"适用差别化征免规定
- ④ 其他情形以资本公积、盈余公积、未分配利润、盈余公积等向个人股东转增股本 —— 按"利息、股息、红利所得"计征

应纳税额计算中特殊问题的处理

无住所个人

(1) 无住所个人所得来源地的判定
- ① 需判定在境内的实际工作天数，同时在境内、外工作的，按照境内、外工作天数的比例确定
- ② 在境内停留当天不足24小时的，按半天计算 —— 判断居民身份时：不足24小时，不计入累计居住天数

(2) 无住所个人工资、薪金所得收入额的计算
- ① 累计居住 ≤ 90天 —— 当月境内外工资薪金总额 × 当月境内支付工资的比例 × 当月在境内工作时间的比例
- ② 90天 < 累计居住 < 183天 —— 当月境内外工资薪金总额 × 当月在境内工作时间的比例
- ③ 183天 ≤ 累计居住 < 6年 —— 当月境内外工资薪金总额 × (1 - 当月由境外支付工资的比例 × 当月在境外工作时间的比例)
- ④ 累计居住满183天的年度连续满6年 —— 境内 + 境外全部
- ⑤ 高管（董事、监事、高层管理）—— 无论是否实际在境内工作，境内支付均视为境内所得

(3) 各种情形下无住所个人的纳税义务（非高管）

纳税人划分		来源于境内所得（在境内工作期间）		来源于境外所得（在境外工作期间）	
		境内支付	境外支付	境内支付	境外支付
非居民个人	在境内累计居住不超过90天（协定待遇183天）	征税	免税	不征税	不征税
	境内累计居住超过90天不满183天	征税	征税	（非居民个人，无纳税义务）	
居民个人	境内累计居住满183天的年度不满6年	征税	征税	征税	免税
	境内累计居住满183天的年度连续满6年	征税	征税	征税	征税

特定群体、机构组织、职业
- (1) 退役士兵创业就业、重点群体创业就业 — 从事个体经营的，在3年内按每户每年20 000元为限额依次扣减其当年实际应缴纳的增值税、城市维护建设税、教育费附加、地方教育附加和个人所得税
- (2) 军队干部和随军家属就业 — 从事个体经营的，自领取税务登记证之日起，3年内免征
- (3) 国际组织、驻华使馆和新闻机构雇员
  - ① 国际组织、驻华使馆驻华新闻机构工作的中方雇员和外国驻华新闻机构的中、外籍雇员：按规定征税
  - ② 仅在国际组织、驻华使馆工作的外籍雇员
    - a. 公务活动收入：暂不征收
    - b. 从事其他非公务活动的收入：征税
- (4) 创业投资企业个人合伙人和天使投资人
  - ① 需满足的条件 — 以股权方式直接投资于初创科技型企业
  - ② 期限 — 投资满2年的，在满2年的当年
  - ③ 优惠方式 — 按投资额的70%抵扣其从创投企业分得的经营所得
    - a. 创业投资企业个人合伙人 — 按投资额的70%抵扣转让该初创型科技企业股权取得的应纳税所得额
    - b. 天使投资人 — 按投资额的70%抵扣其从创投企业分得的股权转让所得、股息红利所得，分别按20%计税
  - ④ 创投企业核算方式（可选择）
    - a. 按单一投资基金核算：个人就其分得的股权转让所得和股息红利所得，分别按20%计税
    - b. 按年度所得整体核算：按照"经营所得"和五级超额累进税率计税，亏损可结转
- (5) 律师事务所从业人员
  - ① 合伙律师 — 比照"经营所得"
  - ② 雇员律师 — 按"工资、薪金所得"征税
    - a. 律所不负担办案支出：分成收入-办案费用后，与当月工资合并计税
    - b. 律所负担办案支出：分成收入全额并入当月工资计税
  - ③ 兼职律师 — 按"工资、薪金所得"征—分成收入-办案费用后，与当月工资合并计税
  - ④ 律师以个人名义再聘请其他人员为其工作而支付的报酬 — 按"劳务报酬所得"征税

个人所得税法 — 税收优惠

免征

(1) 津贴、补助类
- ① 军人的转业费、复员费
- ② 补贴、津贴、福利费、抚恤金、救济金
- ③ 干部、职工的安家费、退职费、生育津贴
- ④ 工伤保险待遇
- ⑤ 按照规定的比例缴付的"三险一金"
- ⑥ 个人领取原提存的住房公积金、医疗保险金、基本养老保险金
- ⑦ 高级专家、学者,在延长离退休期间的工资、薪金所得
- ⑧ 对法律援助人员按规定获得的法律援助补贴

(2) 金融保险手续费类
- ① 保险赔款
- ② 国债和国家发行的金融债券利息
- ③ 储蓄存款利息
- ④ 个人办理代扣代缴取得的扣缴手续费

(3) 农业类
- ① 从事种植业、养殖业、饲养业和捕捞业取得的所得
- ② 青苗补偿费

(4) 政府奖金类
- ① 省、部、军以上及外国组织颁发的科教文卫、技术、体育、环境保护等方面的奖金
- ② 乡、镇以上见义勇为者奖金或奖品
- ③ 个人举报、协查各种违法、犯罪行为而获得的奖金

(5) 拆迁与住房类
- ① 个人转让"满五"唯一家庭住房
- ② 拆迁补偿款
- ③ 廉租住房货币补贴
- ④ 住房租赁补贴
- ⑤ 个人换购住房的退税政策
  - a. 条件:出售自有现住房并在出售后 1 年内在同一城市内重新购买住房
  - b. 退税金额
    - I. 新购住房金额 ≥ 现住房转让金额:全部退还
    - II. 新购住房金额 < 现住房转让金额:按比例退

(6) 股权投资类
- ① 转让境内上市公司股票取得的所得
- ② 从境内上市公司股票取得的股息、红利所得,适用差别化征免规定

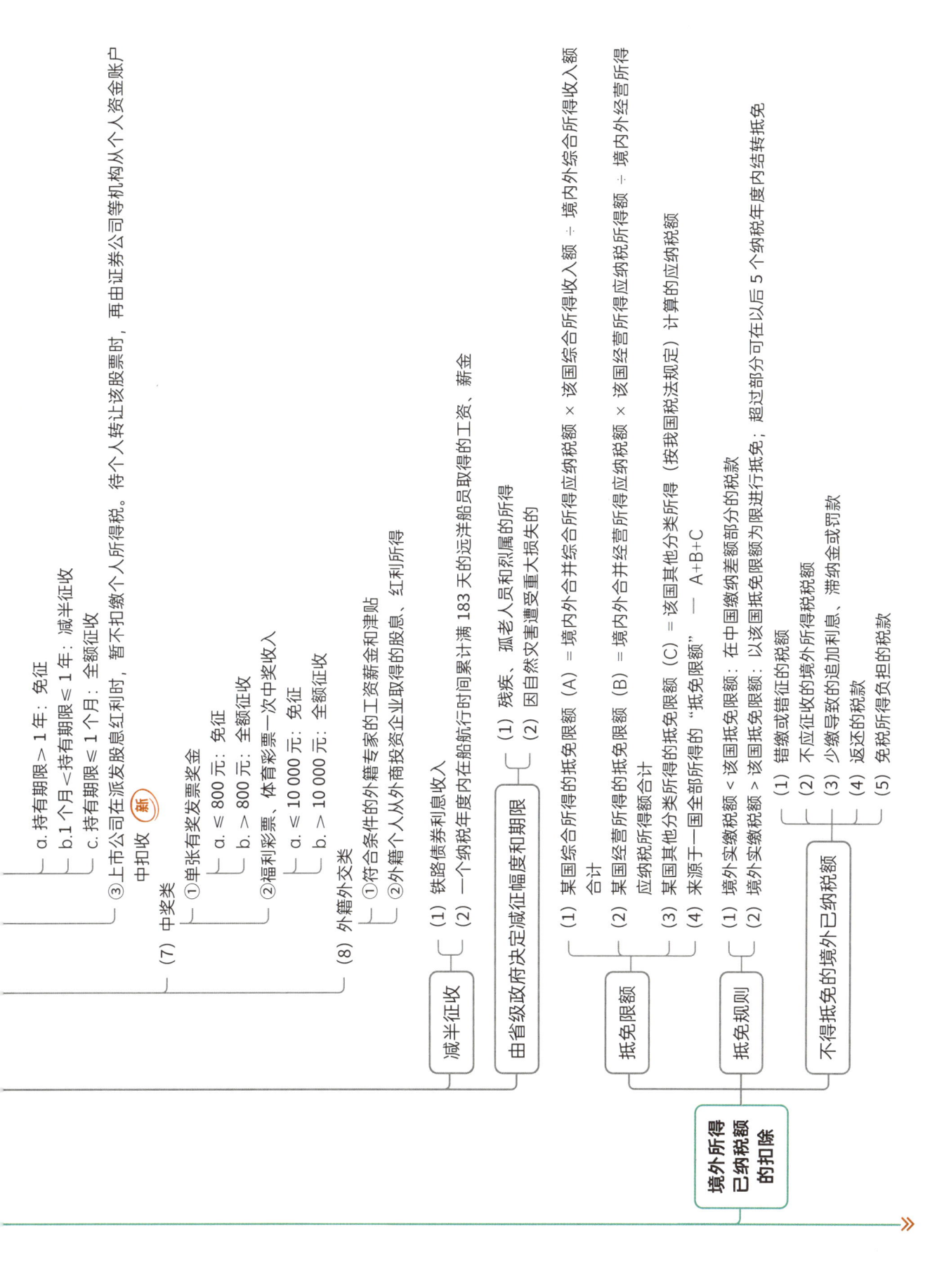

- a. 持有期限 > 1 年：免征
- b. 1 个月 < 持有期限 ≤ 1 年：减半征收
- c. 持有期限 ≤ 1 个月：全额征收

③上市公司在派发股息红利时，暂不扣缴个人所得税。待个人转让该股票时，再由证券公司等机构从个人资金账户中扣收（新）

(7) 中奖类
- ①单张有奖发票奖金
  - a. ≤ 800 元：免征
  - b. > 800 元：全额征收
- ②福利彩票、体育彩票一次中奖收入
  - a. ≤ 10 000 元：免征
  - b. > 10 000 元：全额征收

(8) 外籍外交类
- ①符合条件的外籍专家的工资薪金和津贴
- ②外籍个人从外商投资企业取得的股息、红利所得

减半征收
(1) 铁路债券利息收入
(2) 一个纳税年度内在船航行时间累计满 183 天的远洋船员取得的工资、薪金

由省级政府决定减征幅度和期限
(1) 残疾、孤老人员和烈属的所得
(2) 因自然灾害遭受重大损失的

抵免限额
(1) 某国综合所得的抵免限额 (A) = 境内外合并综合所得应纳税额 × 该国综合所得收入额 ÷ 境内外综合所得收入额
(2) 某国经营所得的抵免限额 (B) = 境内外合并经营所得应纳税额 × 该国经营所得应纳税所得额 ÷ 境内外经营所得应纳税所得额
(3) 某国其他分类所得的抵免限额 (C) = 该国其他分类所得（按我国税法规定）计算的应纳税额
(4) 来源于一国全部所得的"抵免限额" = A+B+C

抵免规则
(1) 境外实缴税额 < 该国抵免限额：在中国缴纳差额部分的税款
(2) 境外实缴税额 > 该国抵免限额：以该国抵免限额为限进行抵免；超过部分可在以后 5 个纳税年度内结转抵免

不得抵免的境外已纳税额
(1) 错缴或错征的税款
(2) 不应征收的境外所得税税额
(3) 少缴导致的追加利息、滞纳金或罚款
(4) 返还的税款
(5) 免税所得负担的税款

境外所得已纳税额的扣除

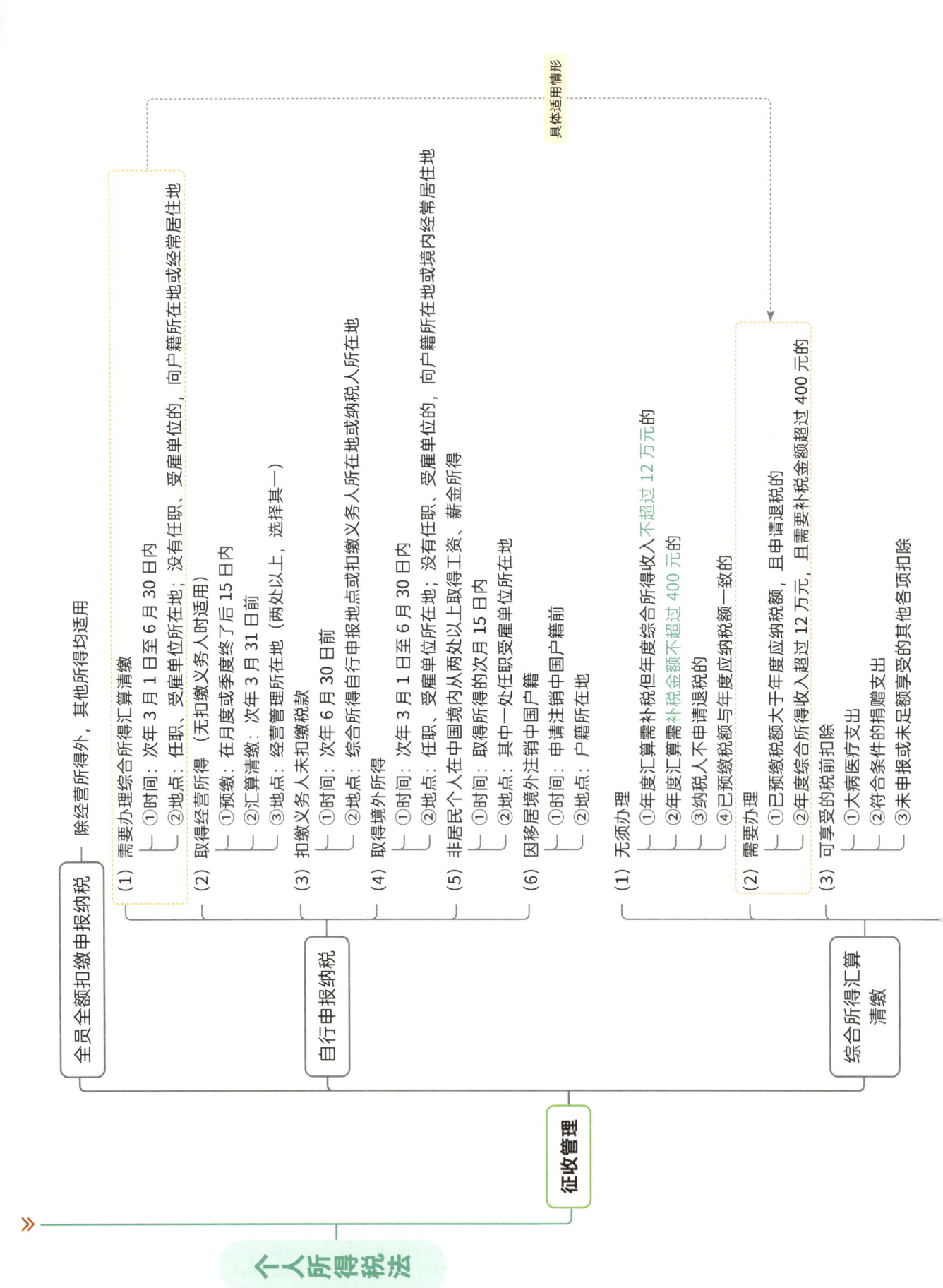

个人所得税法

征收管理

全员全额扣缴申报纳税 —— 除经营所得外,其他所得均适用

(1) 需要办理综合所得汇算清缴
- ① 时间：次年 3 月 1 日至 6 月 30 日内
- ② 地点：任职、受雇单位所在地；没有任职、受雇单位的，向户籍所在地或经常居住地

(2) 取得经营所得（无扣缴义务人时适用）
- ① 预缴：在月度或季度终了后 15 日内
- ② 汇算清缴：次年 3 月 31 日前
- ③ 地点：经营管理所在地（两处以上，选择其一）

(3) 扣缴义务人未扣缴税款

(4) 取得境外所得
- ① 时间：次年 6 月 30 日前
- ② 地点：综合所得自行申报地点或扣缴义务人所在地或纳税人所在地

(5) 非居民个人在中国境内从两处以上取得工资、薪金所得
- ① 时间：次年 3 月 1 日至 6 月 30 日内
- ② 地点：任职、受雇单位所在地；没有任职、受雇单位的，向户籍所在地或境内经常居住地

(6) 因移居境外注销中国户籍
- ① 时间：取得所得的次月 15 日内
- ② 地点：其中一处任职受雇单位所在地

自行申报纳税
- ① 时间：申请注销中国户籍前
- ② 地点：户籍所在地

综合所得汇算清缴

(1) 无须办理
- ① 年度汇算需补税但年度综合所得收入不超过 12 万元的
- ② 年度汇算需补税金额不超过 400 元的
- ③ 纳税人不申请退税的
- ④ 已预缴税额与年度应纳税额一致的

(2) 需要办理 —— 具体适用情形
- ① 已预缴税额大于年度应纳税额，且申请退税的
- ② 年度综合所得收入超过 12 万元，且需要补税金额超过 400 元的

(3) 可享受的税前扣除
- ① 大病医疗支出
- ② 符合条件的捐赠支出
- ③ 未申报或未足额享受的其他各项扣除

第五章 个人所得税法
060

- (4) 办理方式
  - ① 自行办理
  - ② 任职受雇单位代为办理
  - ③ 委托涉税专业服务机构办理
- (5) 办理渠道 —— 通过网上税务局（包括手机个人所得税 App）、邮寄或者到办税服务厅
- (6) 处罚措施
  - ① 需补税但汇算期结束后未足额补缴税款的，应加收滞纳金并在其个人所得税《纳税记录》中予以标注
  - ② 因填写错误造成多退或少缴税款，纳税人及时改正的，按照"首违不罚"原则免予处罚
- (7) 资料留存时限 —— 自年度汇算期结束之日留存 5 年
- (8) 汇算服务 （新）
  - ① 预约办理服务：2 月 21 日后可预约 3 月 1 日至 3 月 20 日办理，3 月 21 日至 6 月 30 日可直接办理
  - ② 优先退税服务：符合汇算退税条件且生活负担较重的纳税人，可优先退税
  - ③ 个性化便民服务：独立完成汇算困难的年长、行动不便等特殊人群可提供便民服务

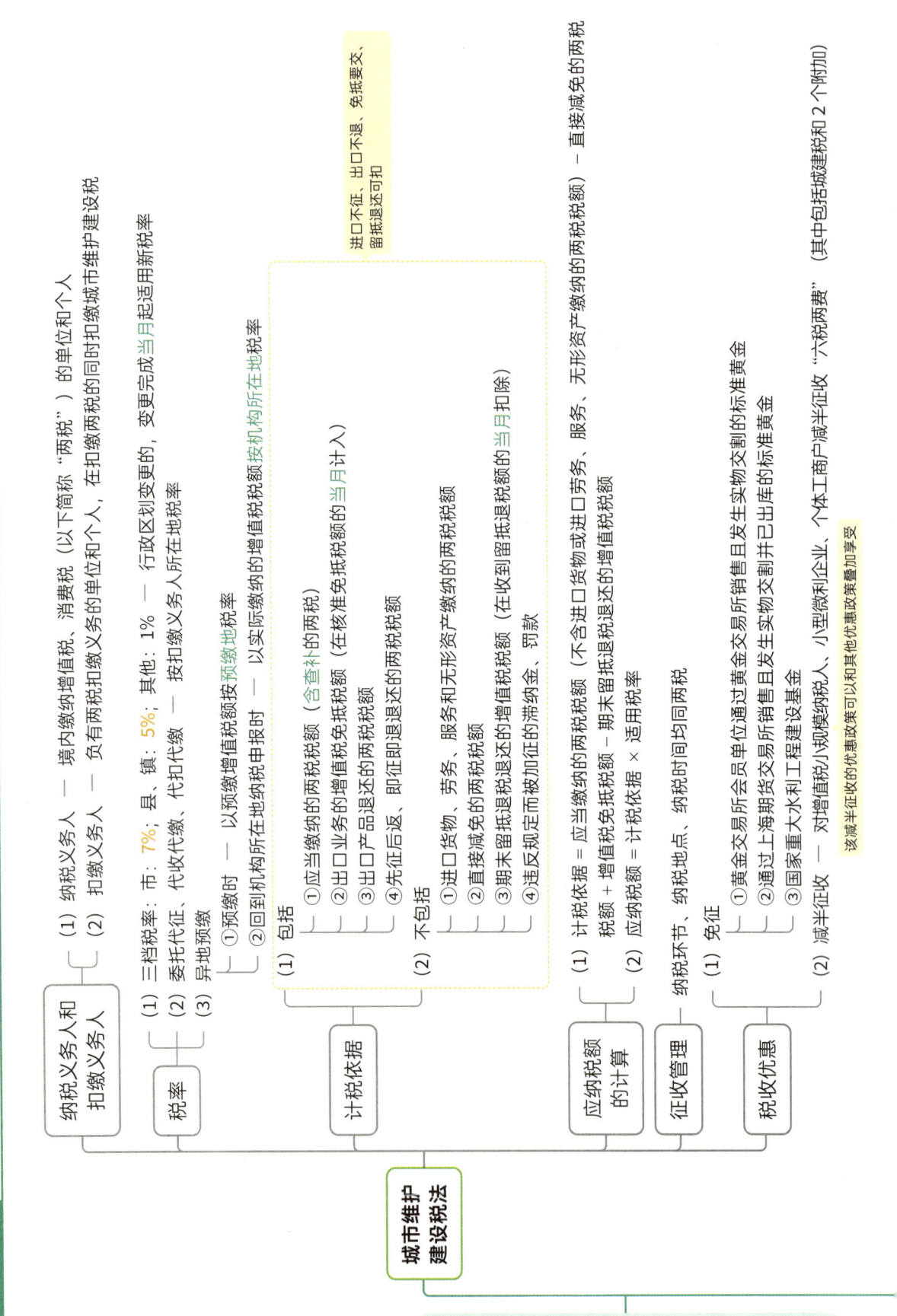

第六章 城市维护建设税法和烟叶税法
(考 1.5~3.5 分)

城市维护建设税法

纳税义务人和扣缴义务人
- (1) 纳税义务人 —— 境内缴纳增值税、消费税 (以下简称"两税") 的单位和个人
- (2) 扣缴义务人 —— 负有两税扣缴义务的单位和个人，在扣缴两税的同时扣缴城市维护建设税

税率
- 三档税率：市：7%；县、镇：5%；其他：1% ——行政区划变更的，变更完成当月起适用新税率
- (1) 委托代征、代收代缴、代扣代缴 —— 按扣缴义务人所在地税率
- (2) 异地预缴
  - ①预缴时 —— 以预缴增值税额按预缴地税率
  - ②回到机构所在地纳税申报时 —— 以实际缴纳的增值税额按机构所在地税额机构所在地税率

计税依据
- (1) 包括
  - ①应当缴纳的两税税额 (含查补的两税)
  - ②出口业务的增值税免抵税额 (在核准免抵税额的当月计入)
  - ③出口产品退还的两税税额
  - ④先征后返、即征即退退还的两税税额
- (2) 不包括
  - ①进口货物、劳务、服务和无形资产缴纳的两税税额
  - ②直接减免的两税税额
  - ③期末留抵退还的增值税额 (在收到留抵退税额的当月扣除)
  - ④违反规定而被加征的滞纳金、罚款

> 进口不征、出口不退、免抵要交、留抵退还可扣

应纳税额的计算
- (1) 计税依据 = 应当缴纳的两税税额 (不含进口货物、劳务、服务、无形资产缴纳的两税税额) + 增值税免抵税额 − 期末留抵税退还的增值税税额
- (2) 应纳税额 = 计税依据 × 适用税率

征收管理
- 纳税环节、纳税地点、纳税时间均同两税

税收优惠
- (1) 免征
  - ①黄金交易所会员单位通过黄金交易所销售且发生实物交割的标准黄金
  - ②通过上海期货交易所销售且发生实物交割并已出库的标准黄金
  - ③国家重大水利工程建设基金
- (2) 减半征收 —— 对增值税小规模纳税人、小型微利企业、个体工商户减半征收"六税两费"(其中包括城建税和 2 个附加)

> 该减半征收的优惠政策可以和其他优惠政策叠加享受

城市维护建设税法和烟叶税法

教育费附加和地方教育附加

- **征收范围、计税依据** —— 与城市维护建设税一致
- **计征比率**
  - (1) 教育费附加：3%
  - (2) 地方教育附加：2%
- **税收优惠**
  - (1) 月销售额不超 10 万元（季销售额不超 30 万元）的，免 2 个附加
  - (2) 对国家重大水利工程建设基金免征教育费附加

烟叶税法

- **纳税义务人** —— 收购烟叶的单位（不包括个体工商户和其他个人）
- **征税范围** —— 晾晒烟叶、烤烟叶
- **税率** 20%
- **计税依据**
  - (1) 实际支付的价款总额 = 烟叶收购价款 × (1+10%)
  - (2) 价外补贴统一按烟叶收购价款的 10% 计算
- **应纳税额的计算** —— 应纳税额 = 烟叶收购价款 × (1+10%) × 20%
- **征收管理**
  - (1) 纳税义务发生时间 —— 收购烟叶的当日（向烟叶销售者支付记讫收购烟叶款项或者开具收购烟叶凭据的当日）
  - (2) 纳税地点 —— 烟叶收购地
  - (3) 纳税期限 —— 按月计征，月度终了之日起 15 日内

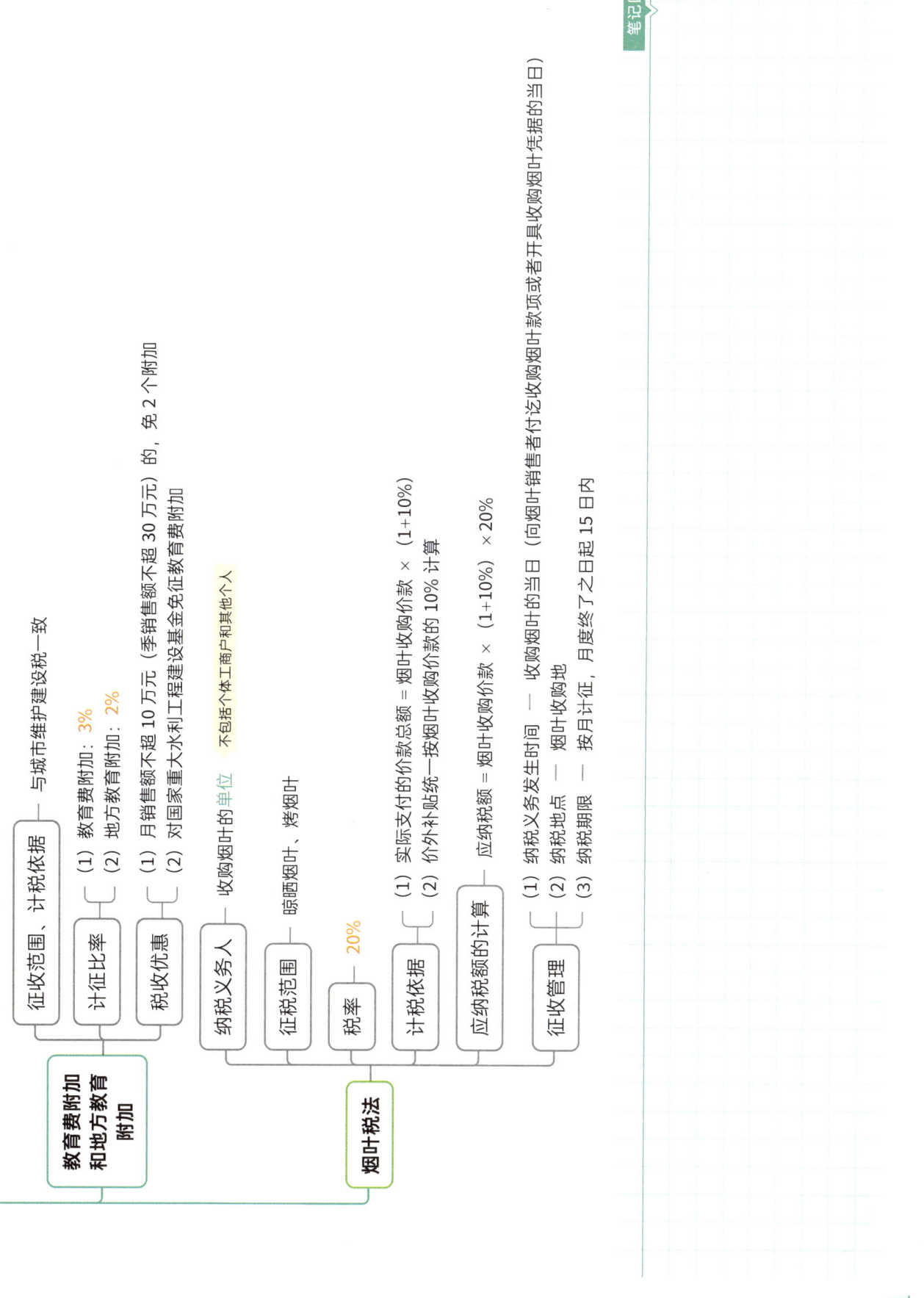

第七章 关税法和船舶吨税法（考4~6分）

关税法和船舶吨税法

关税法

- **征税对象** ── 进出口的货物、进境物品
- **纳税人**
  - (1) 进口货物：收货人
  - (2) 出口货物：发货人
  - (3) 进境物品：携带人或收件人
- **关税税率**
  - (1) 进口关税税率
    - ① 税率类型 ── 最惠国税率、协定税率、特惠税率、普通税率、暂定税率、配额税率
    - ② 适用规则
      - a. 暂定税率 vs 最惠国税率、协定税率，从暂
      - b. 无暂定税率，最惠国税率＜协定税率，从低
      - c. 协定税率、特惠税率 vs 暂定税率：从低
      - d. 普通税率排斥暂定税率
      - e. 对于配额管理的货物，配额以内，按配额税率，有暂定税率的按暂定税率。配额以外，按一般规定
  - (2) 税率的调整
    - ① 调整我国在WTO议定书中约定的税率：由国务院关税税则委员会会同提出建议，经国务院审核后报全国人大常委员会决定
    - ② 在WTO议定书中承诺的范围内调整特惠税率的适用，调整特惠税率适用的国别或者地区、货物范围和税率，或者调整普通税率、特殊情况下最惠国税率的适用；税率和期限，报国务院关税税则委员会备案
    - ③ 实行暂定税率的货物范围、税率和期限，征收反倾销税、反补贴税、保障措施关税：由国务院关税税则委员会决定
    - ④ 对方国家不履行条约或协定的优惠条款，征收报复性关税的具体货物范围、适用国别或地区、税率、期限和征收办法：由国务院关税税则委员会提出建议，报国务院批准后执行
  - (3) 税率的适用
    - ① 一般规定 ── 完成申报之日
    - ② 集中申报 ── 每次货物进出口时完成申报之日
    - ③ 两步申报 ── 完成概要申报之日
    - ④ 出口转关 ── 启运地海关完成申报之日
    - ⑤ 进口转关 ── 指运地海关完成申报之日。货物进境前先行申报，为装载该货物的运输工具申报进境之日
      - 进境后运抵指运地前先行申报，为运输工具申报进境之日
    - ⑥ 货物到达前先行申报 ── 运输工具申报进境之日
    - ⑦ 超规定期限未申报而由海关依法变卖的进口货物 ── 装载该货物的运输工具申报进境之日
    - ⑧ 暂时进出境、保税、减免税、租赁进口货物需要再次纳税款的 ── 办理纳税手续之日
    - ⑨ 补征或者退还关税 ── 按上述规定确定适用的税率
    - ⑩ 申请撤销销售关税申报后重新申报 ── 首次报关申报适用的税率
    - ⑪ 因纳税人、扣缴义务人违反规定需要追征关税款的 ── 违反规定的行为发生之日；不能确定行为发生之日的，按发现该行为之日

关税计税价格

(1) 一般进口货物

① 成交价格估价方法（以成交价格为基础调整）

a. 基本构成

- I. 货价
- II. 运抵我国境内输入地点起卸前的运输费、保险费等
  - 运费无法确定，海关按同期运输成本审查确定
  - 保险费无法确定或者未实际发生，以邮费作为运输费、保险费
  - 邮运进口的货物，以邮费作为运输费、保险费
  - 运输工具作为进口货物利用自身动力进境的，不再另行计入运输及其相关费用
  - 保险费 =（货价 + 运费）× 3‰

b. 调整项目

I. 计入
- 除购货佣金外的佣金和经纪费
- 与该货物视为一体的容器费用
- 包装材料费用和包装劳务费用
- 与该货物的生产和向我国境内销售有关的，由买方以免费或者低于成本方式提供给卖方的料件、工具、模具、消耗材料等货物的价款，以及在境外进行的开发、设计等费用
- 作为该货物向我国销售的条件，应由买方支付的，与该货物有关的特许权使用费
- 卖方直接或间接从买方获得的该货物进口后转售、处置或使用的收益

II. 不计入
- 进口后发生的建设、安装、装配、维修或者技术援助费用，但保修费用除外
- 起卸后发生的运输及其相关费用、保险费
- 进口关税和国内税收
- 为在境内复制该进口货物而支付的费用
- 境外技术培训及境外考察费用
- 进口货物融资所产生的利息费用
- 购货佣金

② 海关估价方法（成交价格不符条件或不能确定）

a. 估价方法（按序）

- I. 相同货物成交价格估价方法
- II. 类似货物成交价格估价方法
- III. 倒扣价格估价方法
- IV. 计算价格估价方法
- V. 合理估价方法

**b. 不得使用的价格 — 境内售价、较高价、出口地售价、第三国售价、最低限价或虚构价等

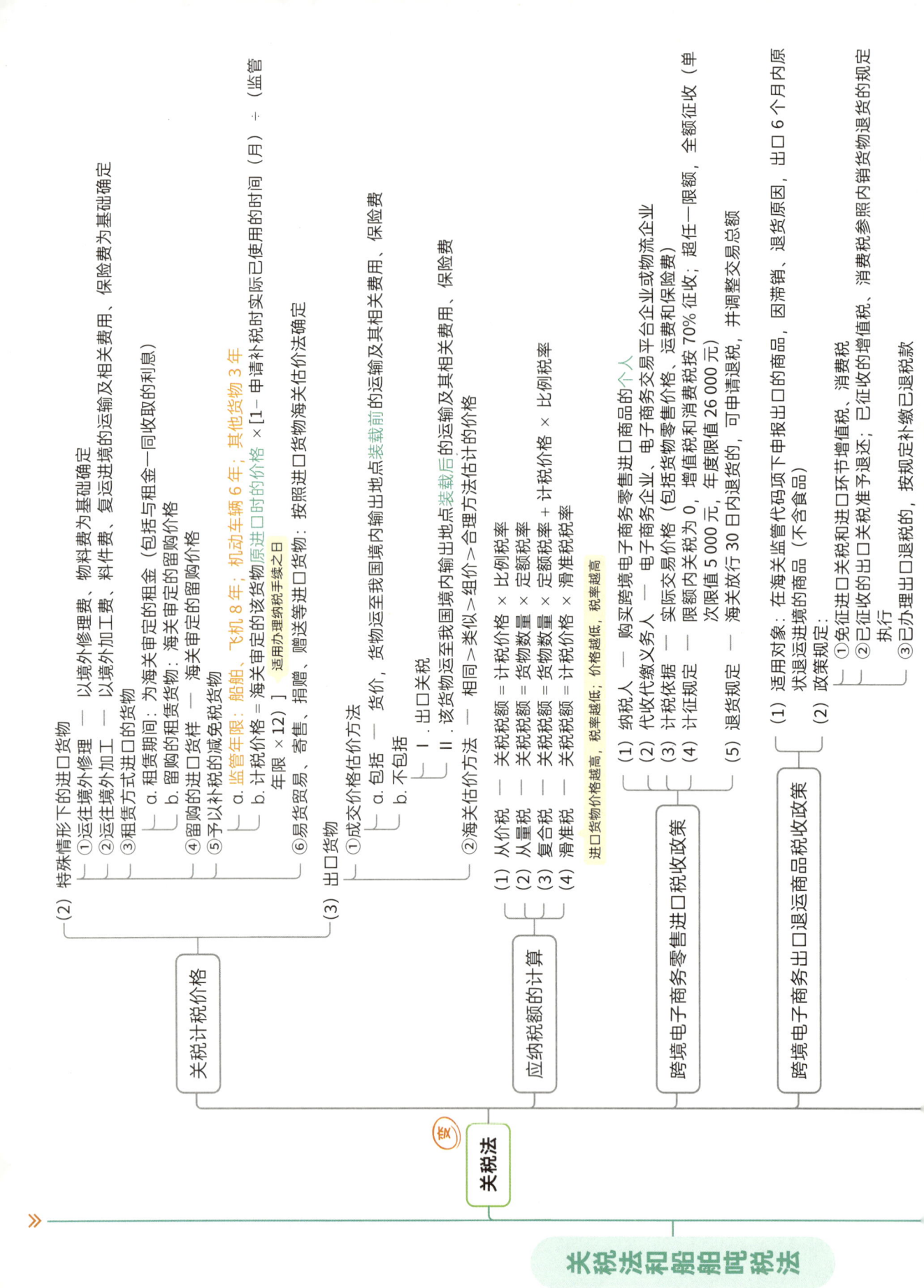

关税法和船舶吨税法

关税法

关税计税价格

(2) 特殊情形下的进口货物
- ① 运往境外修理 — 以境外修理费、物料费为基础确定
- ② 运往境外加工 — 以境外加工费、料件费、复运进境的运输及相关费用、保险费为基础确定
- ③ 租赁方式进口的货物
  - a. 租赁期间：为海关审定的租金（包括与租金一同收取的利息）
  - b. 留购的租赁货物：海关审定的留购价格
- ④ 留购的进口货样 — 海关审定的留购价格
- ⑤ 予以补税的减免税货物
  - a. 监管年限：**船舶、飞机 8 年；机动车辆 6 年；其他货物 3 年**
  - b. 计税价格 = 海关审定的该货物原进口时的价格 × [1 − 申请补税时的实际已使用时间（月）÷（监管年限 × 12）] **适用办理纳税手续之日**
- ⑥ 易货贸易、寄售、捐赠、赠送等进口货物：按照进口货物海关估价办法确定

(3) 出口货物
- ① 成交价格估价方法
  - a. 包括 — 货物运至我国国境内输出地点装载前的运输及其相关费用、保险费
  - b. 不包括
    - I. 出口关税
    - II. 该货物运至我国国境内输出地点装载后的运输及其相关费用、保险费
- ② 海关估价方法 — 相同>类似>组价>合理方法估价计价的价格

应纳税额的计算

- (1) 从价税 — 关税税额 = 计税价格 × 比例税率
- (2) 从量税 — 关税税额 = 货物数量 × 定额税率
- (3) 复合税 — 关税税额 = 货物数量 × 定额税率 + 计税价格 × 比例税率
- (4) 滑准税 — 关税税额 = 计税价格 × 滑准税税率

进口货物价格越高，税率越低；价格越低，税率越高

跨境电子商务零售进口税收政策

- (1) 纳税人 — 购买跨境电子商务零售进口商品的个人
- (2) 代收代缴义务人 — 电子商务企业、电子商务交易平台企业或物流企业
- (3) 计税依据 — 电子商务零售价格（包括货物零售价格、运费和保险费）
- (4) 计征规定 — 实际交易价格，关税税率暂设为 0，增值税和消费税按 70% 征收；超出一限额，全额征收（单次限额 5 000 元，年度限值 26 000 元）
- (5) 退货规定 — 海关放行 30 日内退货的，可申请退税，并调整交易总额

跨境电子商务出口退运商品税收政策

- (1) 适用对象：在海关监管代码下申报出口的商品，因滞销、退货原因，出口 6 个月内原状退运进境的商品（不含食品）
- (2) 政策规定：
  - ① 免征进口关税和进口环节增值税、消费税
  - ② 已征收的出口关税准予退还；已征收的增值税、消费税参照内销货物退货的规定执行
  - ③ 已办理出口退税的，按规定补缴已退税款

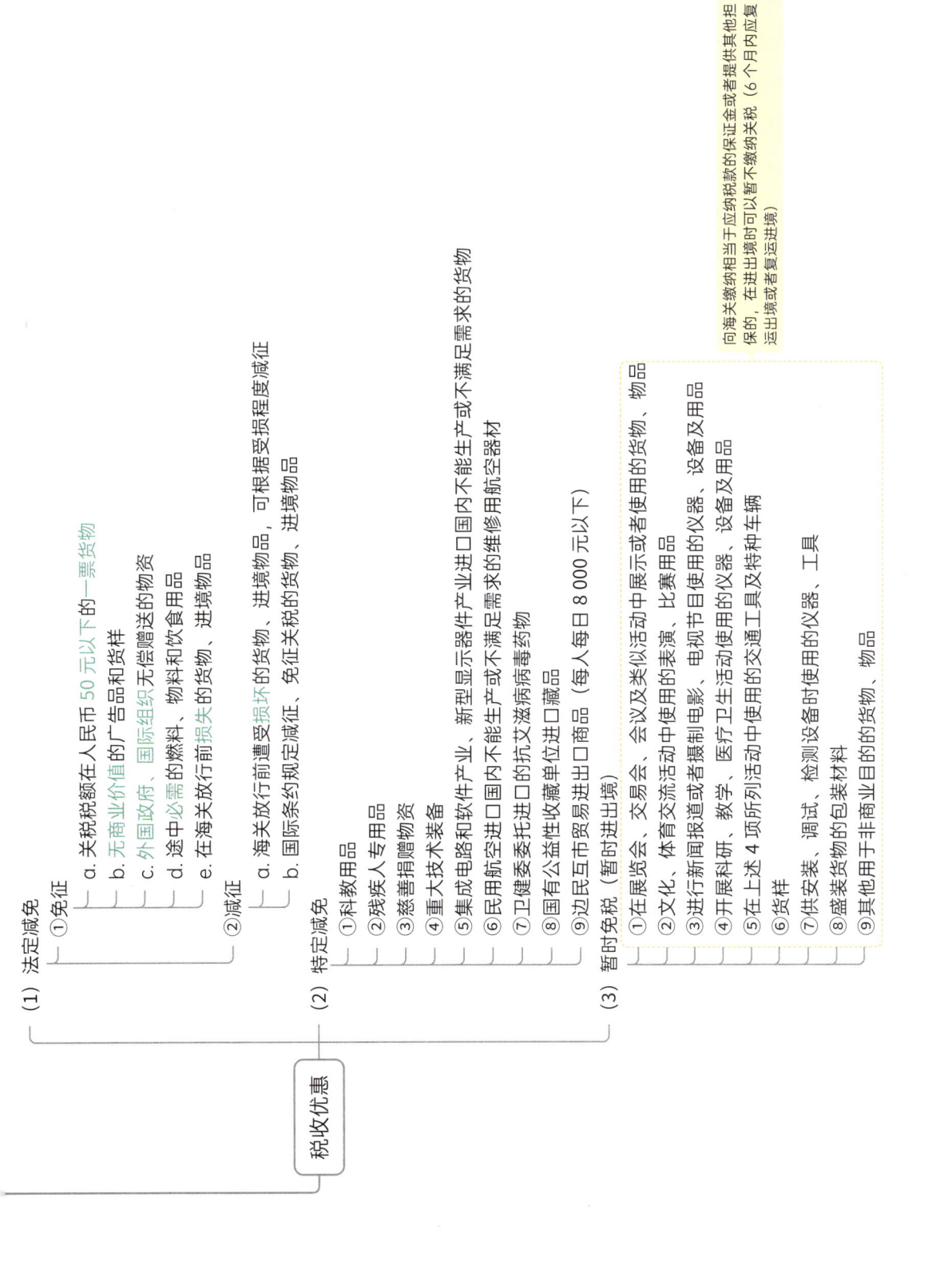

税收优惠
- (1) 法定减免
  - ① 免征
    - a. 关税税额在人民币 50 元以下的一票货物
    - b. 无商业价值的广告品和货样
    - c. 外国政府、国际组织无偿赠送的物资
    - d. 途中必需的燃料、物料和饮食用品
    - e. 在海关放行前损失的货物、进境物品
  - ② 减征
    - a. 海关放行前遭受损坏的货物、进境物品，可根据受损程度减征
    - b. 国际条约规定减征、免征关税的货物、进境物品
- (2) 特定减免
  - ① 科教用品
  - ② 残疾人专用品
  - ③ 慈善捐赠物资
  - ④ 重大技术装备
  - ⑤ 集成电路和软件产业、新型显示器件产业进口国内不能生产或不满足需求的货物
  - ⑥ 民用航空工业进口国内不能生产或不满足需求的维修用航空器材
  - ⑦ 卫健委托进口的抗艾滋病病毒药品
  - ⑧ 国有公益性收藏单位进口藏品
  - ⑨ 边民互市贸易进出口商品（每人每日 8 000 元以下）
- (3) 暂时免税（暂时进出境）
  - ① 在展览会、交易会、会议及类似活动中展示或者使用的货物、物品
  - ② 文化、体育交流活动中使用的表演、比赛用品
  - ③ 进行新闻报道或者摄制电影、电视节目使用的仪器、设备及用品
  - ④ 开展科研、教学、医疗卫生活动中使用的仪器、设备及用品
  - ⑤ 在上述 4 项所列活动中使用的交通工具及特种车辆
  - ⑥ 货样
  - ⑦ 供安装、调试、检测设备时使用的仪器、工具
  - ⑧ 盛装货物的包装材料
  - ⑨ 其他用于非商业目的的货物、物品

> 向海关缴纳相当于应纳税款的保证金或者提供其他担保的，在进出境时可以暂不缴纳关税（6 个月内应复运出境或者复运进境）

征收管理

(1) 申报和缴纳
- ① 申报
  - a. 如实、规范申报计税相关信息
  - b. 海关可依申请对进口货物计税价格等作出预裁定,预裁定有效期内需按预裁定申报
- ② 缴纳
  - a. 一般情形：完成申报之日起 15 日内缴纳
  - b. 汇总征税：也可以在次月第 5 个工作日结束前汇总缴纳
  - c. 延期缴纳：因不可抗力等不能按期缴纳税的,经向海关申请并提供担保后可延期缴纳,但最长不得超过 6 个月
  - 税务机关：3 个月

(2) 加收滞纳金
- ① 比率：0.5‰（万分之五）
- ② 天数：缴款期限届满之日至缴清税款之日（缴款期限届满日为休息日或节假日,顺延至之后的第一个工作日）

(3) 补征和追征（非纳税人原因）
- ① 补征
  - a. 少征：应当缴纳税款之日起 3 年内补征
  - b. 漏征：货物放行之日起 3 年内补征
- ② 追征（纳税人原因）
  - a. 少征：应当缴纳税款之日起 3 年内补征
  - b. 漏征：货物放行之日起 3 年内补征
  - c. 按日加收滞纳金：应当缴纳税款或货物放行之日至海关发现违反规行为之日

(4) 退税（下列情形可 1 年内退税）
- ① 已征进口关税的货物,因品质、规格原因或者不可抗力,一年内原状复运出境
- ② 已征出口关税的货物,因品质、规格原因或者不可抗力,一年内原状复运进境,并已重新缴纳因出口而退还的国内环节有关税收
- ③ 已征出口关税的货物,因故未装出口,申报退关

(5) 多征退还
- ① 海关发现：及时通知纳税人办理退还手续
- ② 纳税人发现：3 年内向海关书面申请退还
- ③ 同时退还多征税款部分的按同期活期存款利率计算的利息

(6) 强制措施（同税收征管法基本一致,批准机关不同：经直属海关关长或者其授权的隶属海关关长批准）
- ① 保全措施
- ② 强制执行措施
- ③ 欠税公告和阻止出境
- ④ 中止与终止

关税法和船舶吨税法

关税法

法律责任

(7) 税款优先原则（同税收征管法基本一致）

法律责任

a. 中止 无明显社会危害且无能力缴纳税款，中止执行满3年未被恢复执行的，不再执行
  - I. 纳税人、扣缴义务人确有困难或者暂无缴纳能力
  - II. 第三人对税收强制执行标的主张权利，确有理由
  - III. 执行可能造成难以弥补的损失，且中止税收强制执行不损害公共利益
  - IV. 海关认为需要中止执行的其他情形

b. 终止
  - I. 纳税人、扣缴义务人死亡或终止，无遗产或财产可供执行，又无义务承受人
  - II. 执行标的灭失
  - III. 据以执行的行政决定被撤销
  - IV. 海关认为需要终结执行的其他情形

违法行为	法律责任
(1) 未履行纳税义务的纳税人有合并、分立情形，在合并、分立前，未向海关报告。 (2) 纳税人在减免税货物、保税货物监管期间，有合并、分立或者其他资产重组情形，未向海关报告。 (3) 纳税人未履行纳税义务或者在减免税货物、保税货物监管期间，有解散、破产或者其他依法终止经营情形，未在清算前向海关报告	由海关给予警告；情节严重的，处5万元以下的罚款
纳税人欠缴应纳税款，采取转移或者藏匿财产等手段，妨碍海关依法追征欠缴的税款	追征欠缴的税款、滞纳金外，处欠缴税款50%以上5倍以下的罚款
扣缴义务人应扣未扣，应收未收税款	向纳税人追征税款，对扣缴义务人处应扣未扣、应收未收税款50%以上3倍以下的罚款

船舶吨税法

征税范围
境外港口进入境内港口的船舶

税率
(1) 优惠税率 —— 中国国籍船舶和签订最惠国待遇条款国籍的船舶
(2) 普通税率 —— 其他国家的船舶

应纳税额的计算
(1) 应纳税额 = 船舶净吨位 × 定额税率
(2) 划分"1年""90日""30日"三种期限，不同期限定额税率不同
(3) 拖船、非机动驳船减半征收，拖船按1千瓦=0.67吨折算计税

关税法和船舶吨税法

关税法和船舶吨税法

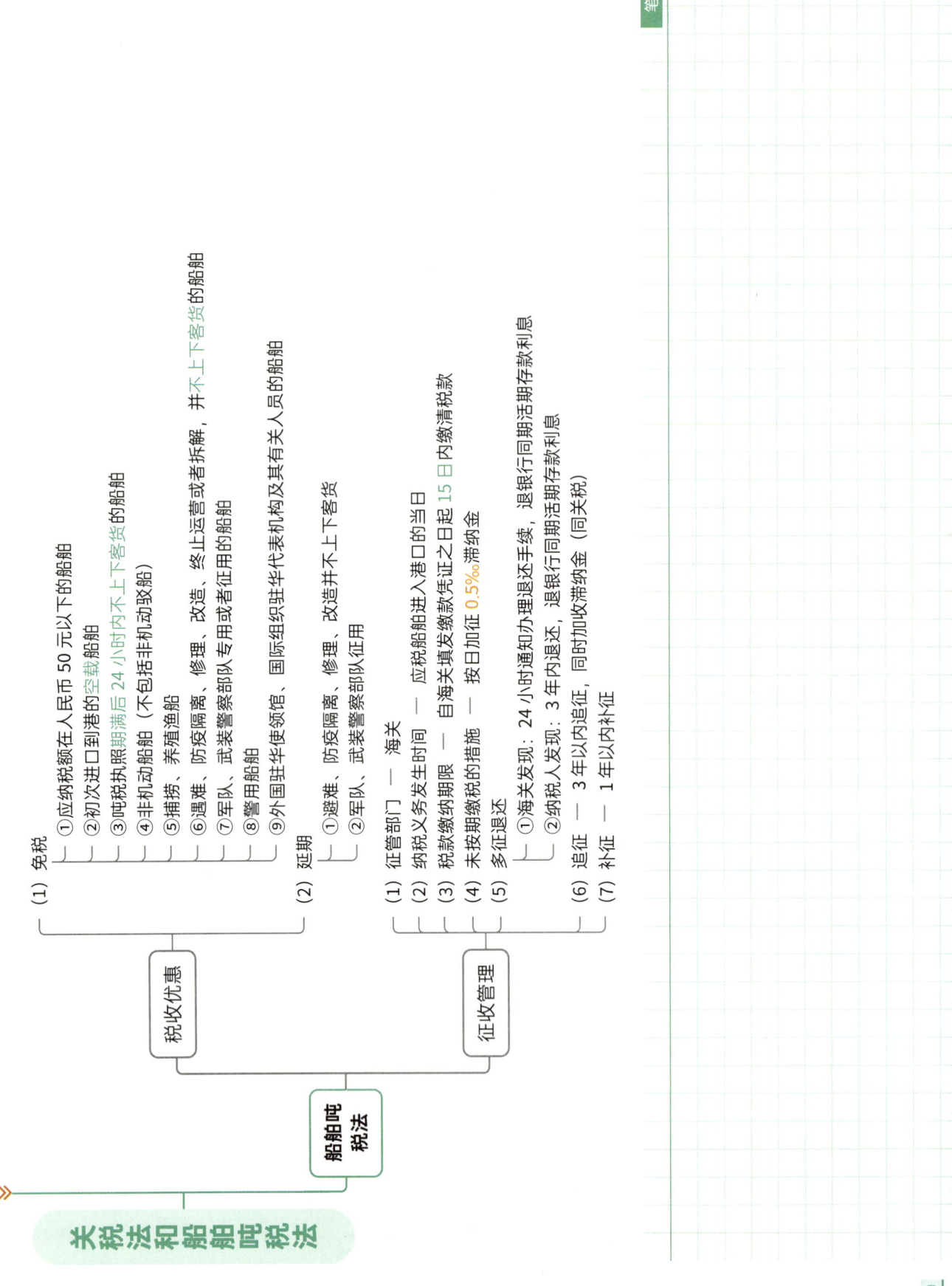

船舶吨税法

- **税收优惠**
  - (1) 免税
    - ① 应纳税额在人民币 50 元以下的船舶
    - ② 初次进口到港的空载船舶
    - ③ 吨税执照期满后 24 小时内不上下客货的船舶
    - ④ 非机动船舶（不包括非机动驳船）
    - ⑤ 捕捞、养殖渔船
    - ⑥ 遇难、防疫隔离、修理、改造、终止运营或者拆解，并不上下客货的船舶
    - ⑦ 军队、武装警察部队专用或者征用的船舶
    - ⑧ 警用船舶
    - ⑨ 外国驻华使领馆、国际组织驻华代表机构及其有关人员的船舶
  - (2) 延期
    - ① 避难、防疫隔离、修理、改造并不上下客货
    - ② 军队、武装警察部队征用

- **征收管理**
  - (1) 征管部门 —— 海关
  - (2) 纳税义务发生时间 —— 应税船舶进入港口的当日
  - (3) 税款缴纳期限 —— 自海关填发缴款凭证之日起 15 日内缴清税款
  - (4) 未按期缴税的措施 —— 按日加征 0.5‰ 滞纳金
  - (5) 多征退还
    - ① 海关发现：24 小时内通知办理退还手续，退银行同期活期存款利息
    - ② 纳税人发现：3 年以内退还，同时加收滞纳金（同关税）
  - (6) 追征 —— 3 年以内追征，退银行同期活期存款利息
  - (7) 补征 —— 1 年以内补征

第八章 资源税法和环境保护税法（考5~9分）

资源税法

纳税义务人
(1) 在我国领域和管辖的其他海域开发应税资源的单位和个人
(2) 包括
- ① 自产销售
- ② 自产自用 — 应税产品用于连续生产非应税产品，用于非货币性资产交换、捐赠、偿债、赞助、集资、投资、广告、样品、职工福利、利润分配等

  除用于连续生产应税产品外，均于移送时纳税

  进口不征，出口免不退

税目

税种大类	子税目
能源矿产	原油，不包括人造石油；天然气、页岩气、天然气水合物；煤，包括原煤和以未税原煤加工的洗煤；煤成（层）气；油页岩、油砂、天然沥青、石煤；地热
金属矿产	黑色金属；有色金属
非金属矿产	矿物类；岩石类；宝玉石类
水气矿产	二氧化碳气、硫化氢气、氦气、矿泉水
盐	钠盐、钾盐、锂盐；天然卤水、海盐

税率
(1) 税率设定（按原矿、选矿分别设定）
- ① 固定税率（对原油、天然气、中重稀土等战略资源）
- ② 幅度税率（其他应税资源）

(2) 适用税率类型
- ① 销售或自用自采原矿 — 按原矿
- ② 销售或自用自采原矿洗选加工的选矿 — 按选矿

(3) 从高适用税率的情形 — 开采或生产应税产品的，应分别核算，否则从高计征
  - 原矿移送时不纳税
  - 同一税目下不同税率应税产品的，应分别核算，否则从高计征

应纳税额的计算

(1) 从价计征（大部分情形）
- ① 应纳税额 = 销售额 × 适用税率
- ② 销售额的确定
  - a. 不含增值税的全部价款
  - b. 符合条件的运杂费用可扣减
    - Ⅰ. 运杂费用已经包括在销售额中
    - Ⅱ. 取得增值税发票或其他合法凭据
- ③ 视同销售（按序）
  - a. 纳税人最近同期同类平均销售价格
  - b. 其他纳税人最近同期同类平均销售价格
  - c. 后续加工非应税产品销售价格，减去后续加工节约的成本利润
  - d. 组成计税价格 = 成本 × (1+成本利润率) ÷ (1−资源税税率)

④外购已税产品金额的扣减
  a. 外购原矿 + 自采原矿 → 销售原矿 ┐ 直接扣减购进金额
  b. 外购原选矿 + 自采原矿 → 销售原矿 ┘ 数量
  c. 外购原矿 + 自采原矿 → 销售选矿 — 扣减购进金额 / 数量 = 外购原矿购进金额 / 数量 × (本地区原矿税率 ÷ 本地区选矿税率)

(2) 从量计征
  应纳税额 = 课税数量 × 单位税额
  课税数量的确定 — 实际销售数量和视同销售数量 而非开采数量

(3) 可采用从价计征或从量计征的方式 — 石灰岩、其他黏土、地热、砂石、矿泉水和天然卤水

免征
(1) ①开采和运输中用于加热的原油、天然气
    ②因安全生产抽采的煤成(层)气
    ③青藏铁路公司及所属单位运营期间自采自用的砂、石等材料

减征
(2) ①减征 20% — 低丰度油气田
    ②减征 30%
      a. 高含硫天然气、三次采油、深水油气田
      b. 页岩气
      c. 衰竭期矿山开采的矿产品
    ③减征 40% — 高凝油、稠油
    ④减按 50%
      a. 充填开采置换出的煤炭
      b. "六税两费" 范围内减半征收

(3) 由省级政府决定减免
    ①因意外事故或者自然灾害等原因遭受重大损失的
    ②开采共伴生矿、低品位矿、尾矿的

征收管理
(1) 纳税义务发生时间
    ①一般规定 — 收讫销售款或者取得索取销售款凭据的当天
    ②自产自用 — 移送应税产品的当天

(2) 纳税期限和缴款期限
    ①按月或者按季申报 — 月度或季度终了之日起 15 日内
    ②不能按固定期限 — 纳税义务发生日起 15 日内 可以按次

(3) 纳税地点 — 矿产品的开采地或者海盐的生产地(海上开采的原油和天然气由海洋石油税务管理机构征管)

税收优惠

资源税法和环境保护税法

资源税法 — 水资源税 【变】

(1) 纳税义务人
① 征税对象：直接取用地表水、地下水的单位和个人
② 包括：江、河、湖沿（含水库、引调水工程）等水资源配置工程
③ 不包括：再生水、集蓄雨水、海水以及海水淡化水、微咸水
④ 地热、矿泉水和天然卤水按照矿产品征收资源税

(2) 不征收的情形
① 从本集体经济组织水塘水库中取水的
② 家庭生活和零星散养少量用水的
③ 水工程调度用水的
④ 安全保障临时用水
⑤ 抗旱环保临时应急用水的
⑥ 消除公共安全危害临时应取用水的

(3) 免征和减征
① 规定限额内的农业生产取用水
② 军队、武警部队、国家综合性消防救援队伍通过其他方式取用水
③ 抽水蓄能发电取用水
④ 采油排水经分离净化后在封闭管道回注
⑤ 受县级以上政府及有关部门委托进行国土绿化、地下水回灌、河湖生态补水等生态取用水
⑥ 工业用水前一年度用水效率实际达到先进值的，本年度减征20%
⑦ 省级政府可根据实际情况，决定免征或减征超过规定限额的农业生产取用水和主要供农村人口生活用水的集中式饮水工程取用水的水资源税

(4) 税额（按不同取用水性质实行差别税额）
① 地下水税额高于地表水
② 水资源严重短缺和超载地区从高确定
③ 特种取用水（洗车、洗浴、高尔夫球场、滑雪场等），从高确定
④ 疏干排水中回收利用的部分和水源热泵取用水，从低确定
⑤ 水力发电取用水适用税额最高不得超过每千瓦时0.008元
⑥ 未经批准擅自取用水、取用水量超过许可水量或者取水计划的部分：适当提高税额
⑦ 省省水力发电取用水：适用较高一方税额

(5) 应纳税额的计算（从量计征）
① 应纳税额 = 课税数量 × 单位税额
② 课税数量的确定
　a. 对一般取用水：实际取用水量
　b. 采矿和工程建设疏干排水：排水量
　c. 水力发电取用水：实际发电量
　d. 火力发电贯流式冷却取用水：实际取用水量。其他冷却取用（耗）水量
　e. 城镇公共供水企业：实际取用水量 × (1 − 公共供水管网合理漏损率)

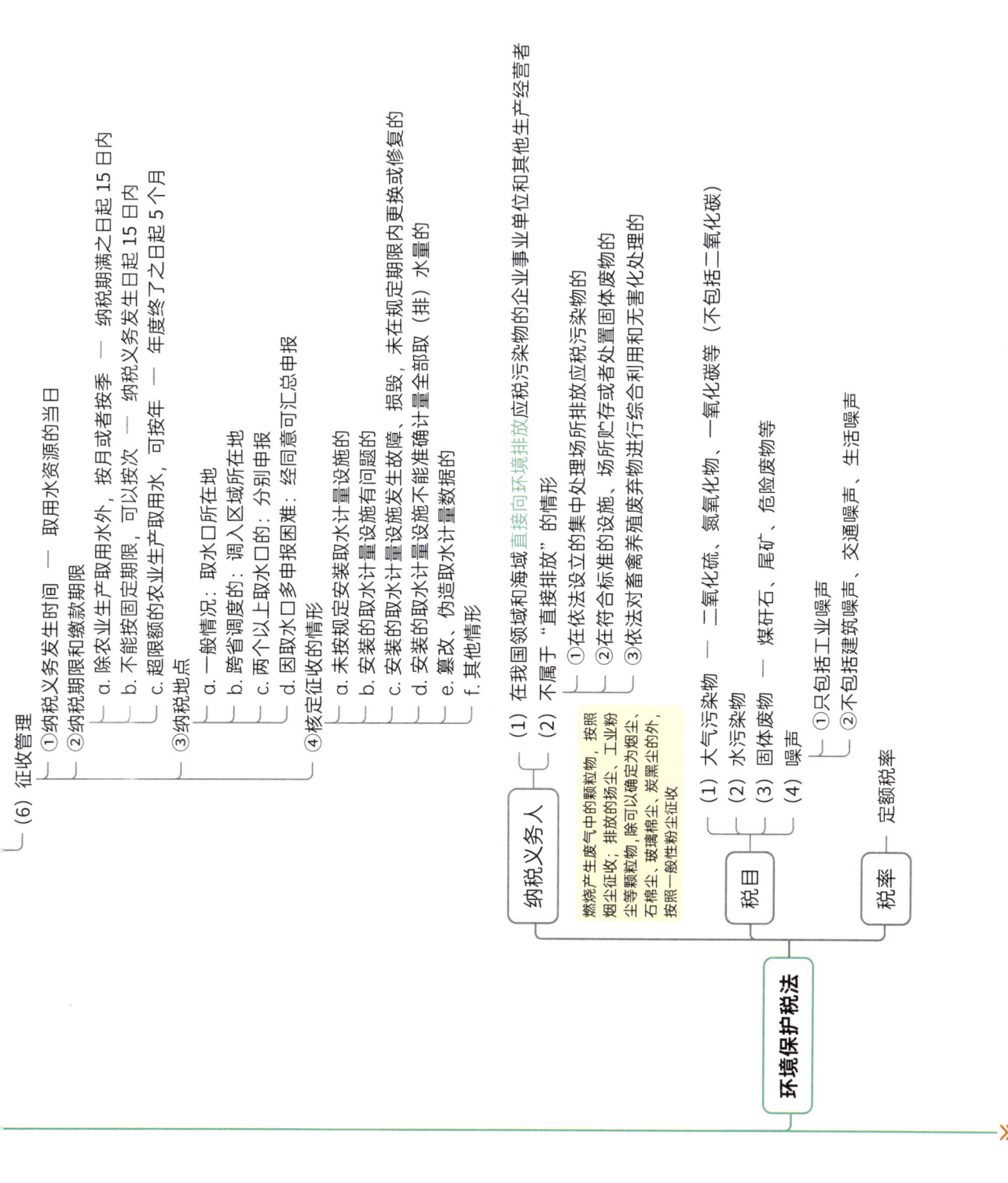

环境保护税法

- (6) 征收管理
  - ① 纳税义务发生时间——取用水资源的当日
  - ② 纳税期限和缴款期限
    - 除农业生产取用水外，按月或者按季——纳税期满之日起15日内
    - a. 不能按固定期限——纳税义务发生日起15日内
    - b. 超限额的农业生产取用水，可按年——年度终了之日起5个月
  - ③ 纳税地点
    - a. 一般情况：取水口所在地
    - b. 跨省调度的：调入区域所在地
    - c. 两个以上取水口的：分别申报
    - d. 因取水口多申报困难：经同意可汇总申报
  - ④ 核定征收的情形
    - a. 未按规定安装取水计量设施的
    - b. 安装的取水计量设施有问题的
    - c. 安装的取水计量设施发生故障，损毁，未在规定期限内更换或修复的
    - d. 安装的取水计量设施不能准确计量取水量的
    - e. 篡改、伪造取水计量数据的
    - f. 其他情形

纳税义务人

(1) 在我国领域和海域直接向环境排放应税污染物的企业事业单位和其他生产经营者

(2) 不属于"直接排放"的情形
  - ① 在依法设立的集中处理场所排放应税污染物的
  - ② 在符合标准的设施、场所贮存或者处置固体废物的
  - ③ 依法对畜禽养殖废弃物进行综合利用和无害化处理的

税目

(1) 大气污染物——二氧化硫、氮氧化物、一氧化碳等（不包括二氧化碳）

燃烧产生废气中的颗粒物，按照烟尘征收；排放的扬尘、工业粉尘等颗粒物，除可以确定为烟尘、石棉尘、玻璃棉尘、炭黑尘的外，按照一般性粉尘征收

(2) 水污染物

(3) 固体废物——煤矸石、尾矿、危险废物等

(4) 噪声
  - ① 只包括工业噪声
  - ② 不包括建筑噪声、交通噪声、生活噪声

税率——定额税率

应纳税额的计算
- (1) 大气污染物
  - ①应纳税额 = 污染当量数 × 适用税额
  - ②污染当量数 = 该污染物的排放量 ÷ 该污染物的污染当量值
  - 按照污染当量数从大到小排序，对前3项污染物征税
- (2) 水污染物
  - ①应纳税额 = 污染当量数 × 适用税额
  - ②污染当量数的确定
    - 按照污染当量数从大到小排序，第一类水污染物对前5项征税；其他类水污染物对前3项征税
    - a. 监测数据法
      - I. 该污染物的排放量 ÷ 该污染物的污染当量值
      - II. 当污染物是色度时，色度的污染当量数 = 污水排放量 × 色度超标倍数 ÷ 污染当量值
    - b. 抽样测算法
      - I. 规模化畜禽养殖业：畜禽养殖数量（吨）÷ 污染当量值
      - II. 小型企业和第三产业：污水排放量（吨）÷ 污染当量值
      - III. 医院：医院床位数或者污水排放量（吨）÷ 污染当量值
- (3) 固体废物
  - ①应纳税额 = 固体废物排放量 × 具体适用税额
  - ②固体废物排放量 = 当期固体废物的产生量 - 当期固体废物的综合利用量 - 处置或者综合利用的，允许在计税依据中扣除；纳税人接收的应税固体废物不计入应税固体废物产生量
  - ③纳税人依法将应税固体废物转移至其他单位和个人进行贮存、处置或者综合利用的，允许在计税依据中扣除；纳税人接收的应税固体废物转移量，不计入应税固体废物的产生量
- (4) 噪声
  - ①应纳税额 = 超过国家规定标准的分贝数对应的适用税额
  - ②细节规定
    - a. 噪声源一个月内超标不足15天的，减半计征
    - b. 昼、夜均超标的环境噪声，昼、夜分别计算应纳税额，累计计征
    - c. 超标分贝数不足整数值的，四舍五入取整
    - d. 一个纳税人有不同地点作业场所的，应当分别计算，合并计征
    - e. 一个单位边界上有多处噪声超标，根据最高一处超标声级计征；当沿边界长度超过100米有两处以上噪声超标时，按照两个单位计征
- (5) 排放量的确定
  - ①按序：自动监测数据、监测机构出具的监测数据、按方法计算的数据、抽样测算核定
  - ②以产生量为排放量的情形
    - a. 应税大气、水污染物
      - I. 未依法安装监测设备或者未联网
      - II. 毁损或者擅自移动、改变监测设备
      - III. 篡改、伪造监测数据
      - IV. 违法排放
      - V. 虚假纳税申报
    - b. 固体废物
      - I. 非法倾倒
      - II. 虚假纳税申报

资源税法和环境保护税法

环境保护税法

税收优惠

(1) 暂免
- ① 农业生产（不包括规模化养殖）排放应税污染物
- ② 机动车、铁路机车、非道路移动机械、船舶和航空器等流动污染源排放应税污染物
- ③ 集中处理场所排放不超过标准的应税污染物
- ④ 符合标准的综合利用的固体废物

(2) 减征
- 享受减征的适用前提：任何一个排放口排放的应税污染物的浓度值均没有超标
  - ① 应税大气、水污染物的浓度值低于排放标准30%的，减按75%
  - ② 应税大气、水污染物的浓度值低于排放标准50%的，减按50%

征收管理

(1) 纳税义务发生时间 — 排放应税污染物的当日

(2) 纳税期限和缴款期限
- ① 按月计算，按季申报 — 季度终了之日起15日内
- ② 不能按固定期限，可以按次 — 纳税义务发生日起15日内

(3) 纳税地点
- ① 应税大气、水污染物：排放口所在地
- ② 应税固体废物、噪声：产生地

海洋工程环境保护税申报征收办法

(1) 适用范围 — 在境内海域从事海洋石油、天然气勘探开发生产等作业活动，并向海洋环境排放应税污染物的企业事业单位和其他生产经营者

(2) 应纳税额的计算
- ① 大气污染物
- ② 水污染物
  - a. 应纳税额 = 污染当量数 × 适用税额
  - b. 污染当量数的确定
    - Ⅰ. 生产污水和机舱污水：按照其中石油类污染物排放量折合
    - Ⅱ. 钻井泥浆和钻屑：按照其中石油类、总镉、总汞的污染物排放量折合
    - Ⅲ. 生活污水：按照其中化学需氧量排放量 × 适用税额
- ③ 固体废物 — 应纳税额 = 固体废物排放量 × 适用税额

(3) 征收管理
- ① 纳税期限及缴款期限：同上述一般规定
- ② 纳税地点
  - a. 一般情形：纳税人所属海洋石油税务管理分局
  - b. 同属两个海洋石油税务管理分局管理：由国家税务总局确定征收机关

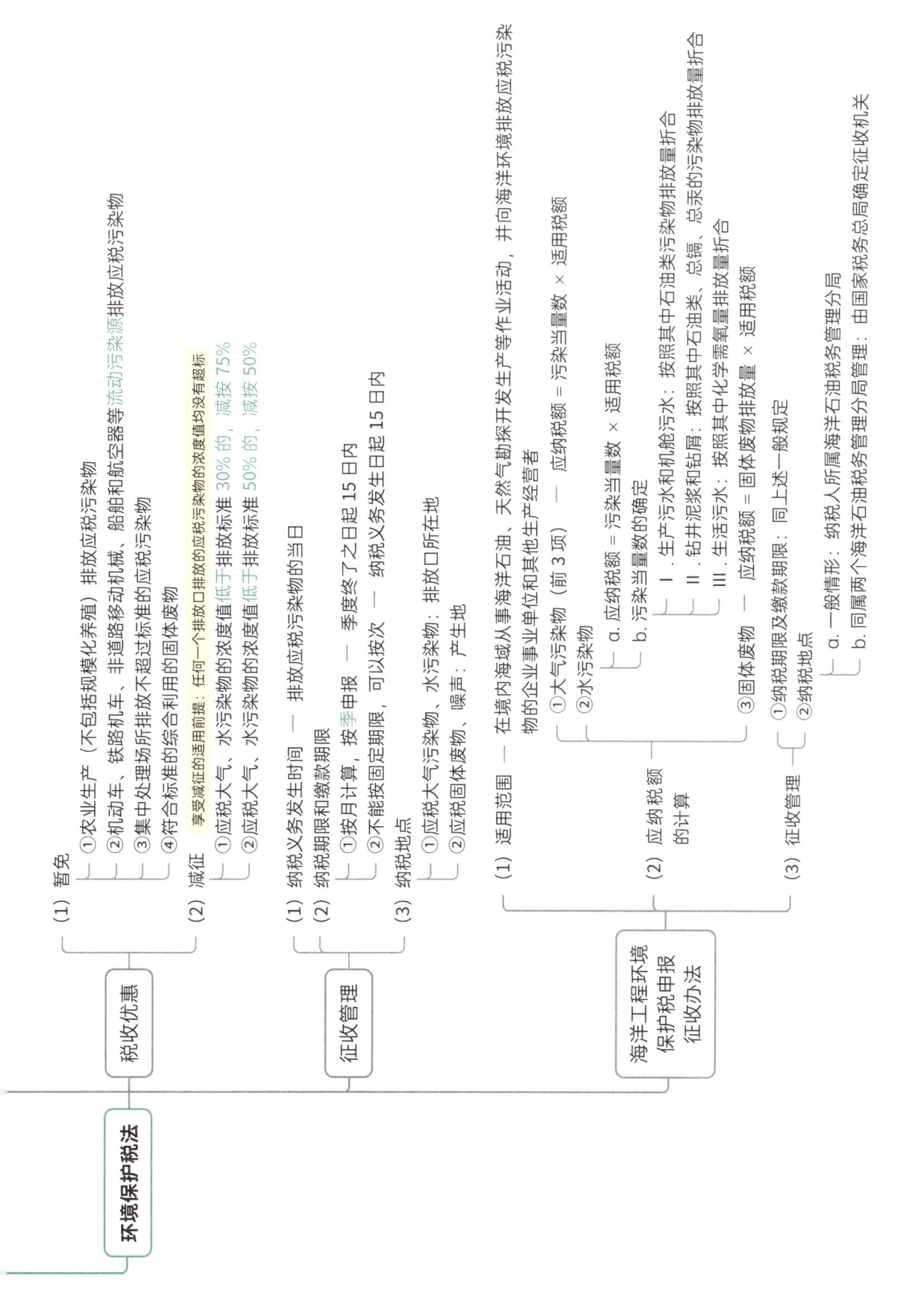

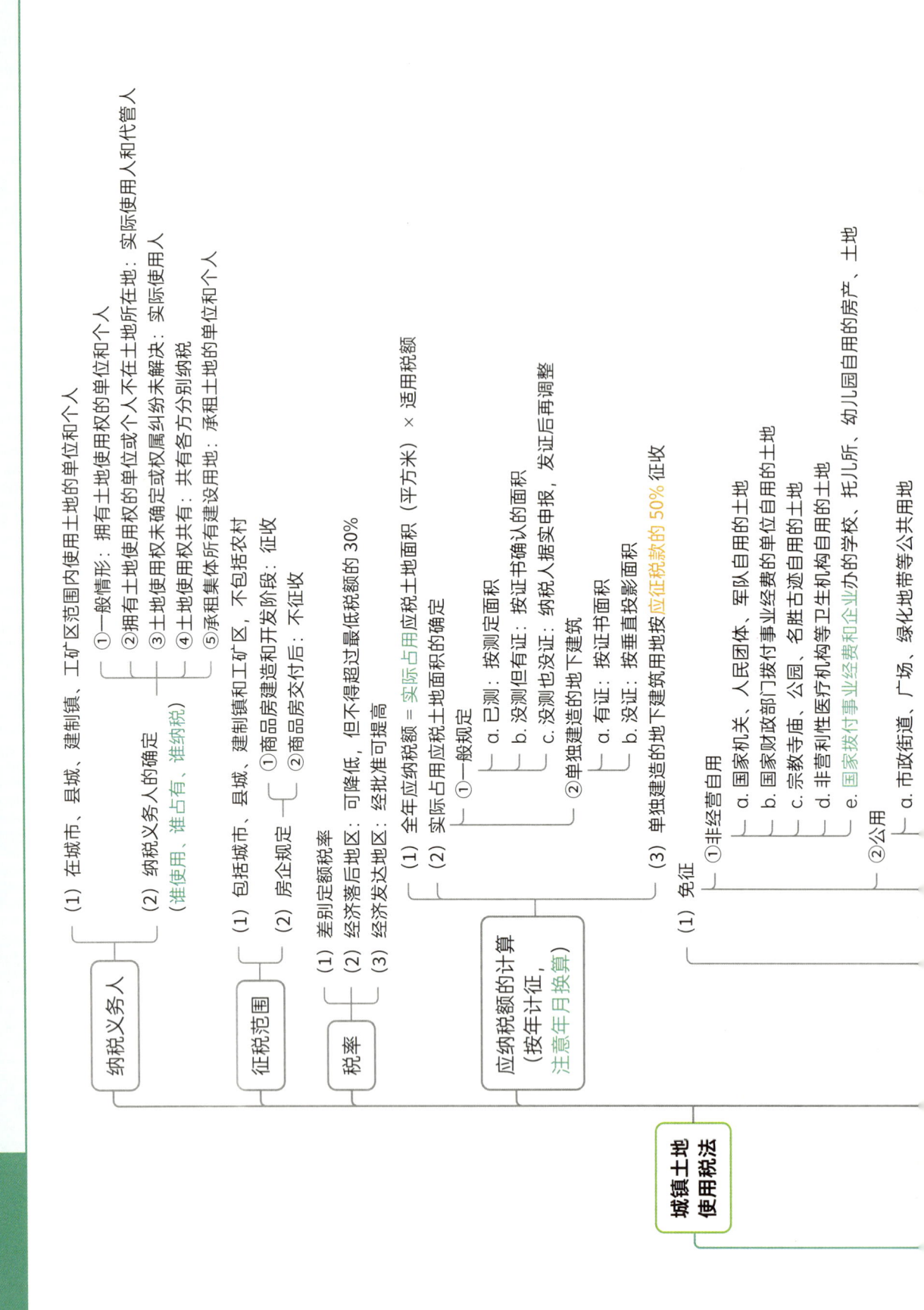

第九章 城镇土地使用税法和耕地占用税法

(考1~3.5分)

城镇土地使用税法

- **纳税义务人**
  - (1) 在城市、县城、建制镇、工矿区范围内使用土地的单位和个人
    - ① 一般情形：拥有土地使用权的单位和个人
    - ② 拥有土地使用权的单位或个人不在土地所在地：实际使用人和代管人
    - ③ 土地使用权未确定或权属纠纷未解决：实际使用人
    - ④ 土地使用权共有：共有各方分别纳税
    - ⑤ 承租集体所有建设用地：承租土地的单位和个人
  - (2) 纳税义务人的确定（谁使用，谁占有，谁纳税）

- **征税范围**
  - (1) 包括城市、县城、建制镇和工矿区，不包括农村
  - (2) 房企规定
    - ① 商品房建造和开发阶段：征收
    - ② 商品房交付后：不征收

- **税率**
  - (1) 差别定额税率
  - (2) 经济落后地区：可降低，但不得超过最低税额的30%
  - (3) 经济发达地区：经批准可提高

- **应纳税额的计算**（按年计征，注意年月换算）
  - (1) 全年应纳税额 = 实际占用应税土地面积（平方米）× 适用税额
  - (2) 实际占用应税土地面积的确定
    - ① 一般规定
      - a. 已测：按测定面积
      - b. 没测但有证：按证书确认的面积
      - c. 没测也没证：纳税人据实申报，发证后再调整
    - ② 单独建造的地下建筑
      - a. 有证：按证书面积
      - b. 没证：按垂直投影面积
    - (3) 单独建造的地下建筑用地按应征税款的50%征收

- (1) 免征
  - ① 非经营自用
    - a. 国家机关、人民团体、军队自用的土地
    - b. 国家财政部门拨付事业经费的单位自用的土地
    - c. 宗教寺庙、公园、名胜古迹自用的土地
    - d. 非营利性医疗机构等卫生机构自用的土地
    - e. 国家拨付事业经费和企业办学的学校、托儿所、幼儿园自用的房产、土地
  - ② 公用
    - a. 市政街道、广场、绿化地带等公共用地

城镇土地使用税法和耕地占用税法

税收优惠

- b. 企业厂区外的铁路专用线、公路用地（与社会公共用地未隔离）；企业厂区外的公共绿化和向社会开放的公园用地
- c. 城市公交站场、道路客运场、城市轨道交通系统运营用地

③ 农业
- a. 直接用于农、林、牧、渔业的生产用地（不包括农副产品加工厂和生活、办公用地）
- b. 农产品批发市场、农贸市场（包括自有和承租）专门用于经营农产品的土地，征收

④ 免税单位改造无偿使用土地的，免征；其他情形无偿使用土地 **新**
⑤ 棚户区改造安置住房、保障性住房、公租房建设用地
⑥ 生产建设工临时用地；盐滩的盐滩、公摊房建设用地
⑦ 油气生产建设用地和改造的土地和通讯设施用地，从使用月份起免5年至10年
⑧ 开山填海整治的核电站、常规岛、辅助厂房和通讯设施用地（不包括地下线路用地）、生活、办公用地：征。其他用地：免 **新**
⑨ 对国家级、省级科技园区使用的土地 **新** 孵对象使用的土地

(2) 减半征收
① 对物流企业自有或承租的大宗商品仓储设施用地
② 在基建期内的核电站应税土地 **新**
③ "六税两费"范围内减半征收

(3) 省级决定减免
① 个人所有的居住房屋及院落用地
② 免税单位职工家属的宿舍用地
③ 房产管理部门在房租调整改革前经租的居民住房用地
④ 集体和个人办的各类学校、医院、托儿所和幼儿园用地 **新**
⑤ 安置残疾人就业单位使用的土地

征收管理

(1) 纳税期限 — 按年计算、分期缴纳

(2) 纳税义务发生时间
① 购置新建商品房 — 房屋交付使用的次月
② 购置存量房 — 签发房屋权属证书次的次月
③ 出租、出借房产 — 交付出租、出借房产的次月
④ 出让或转让方式有偿取得土地使用权
- a. 有约定：约定交付的次月
- b. 无约定：合同签订的次月
⑤ 新征用的非耕地 — 批准征用的次月
⑥ 新征用的耕地 — 批准征用之日满1年
⑦ 房屋实物或权利状态发生变化至变化当月月末 — 计算截至发生变化当月月末

(3) 纳税地点 — 土地所在地

城镇土地使用税法和耕地占用税法

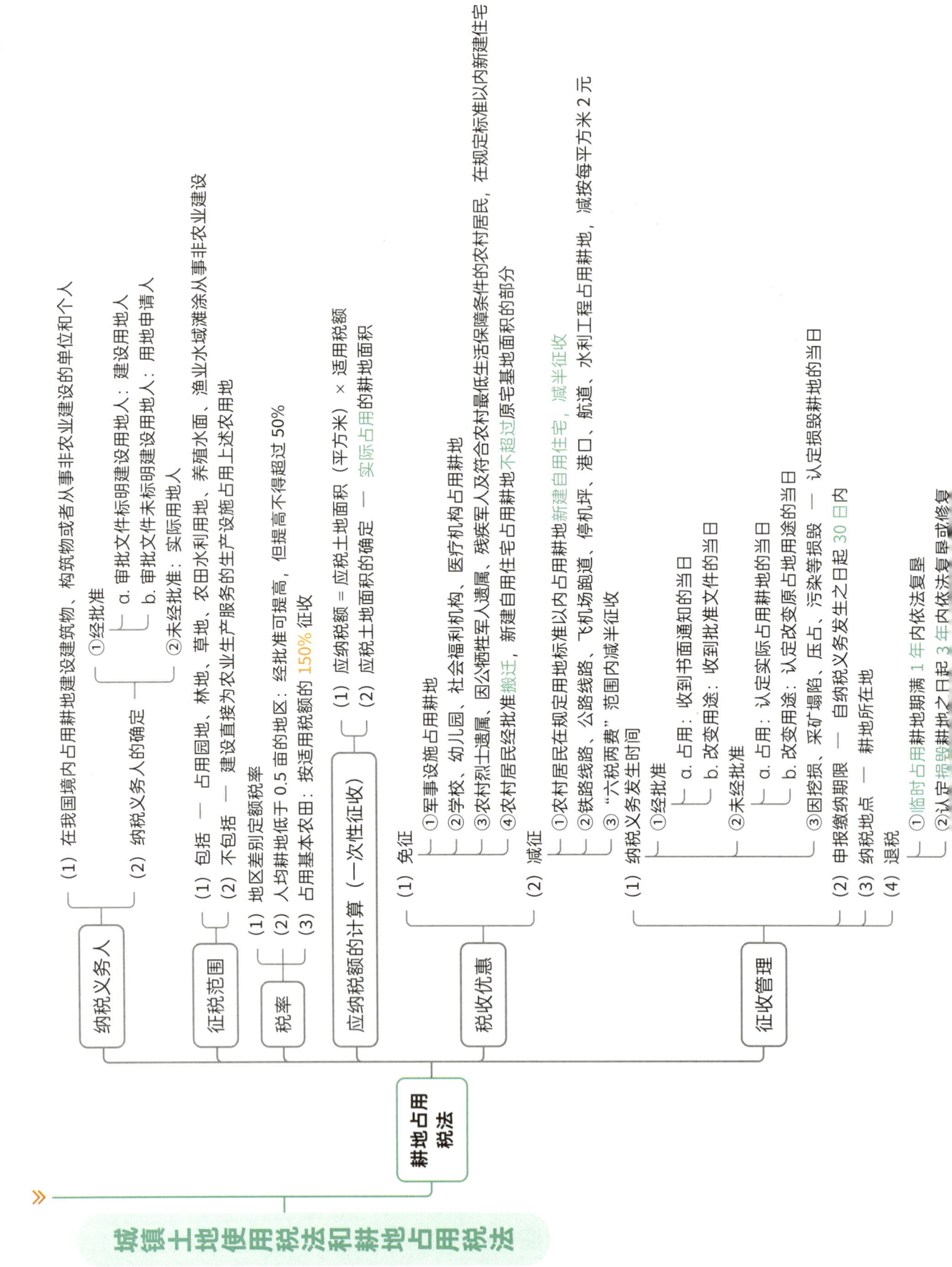

耕地占用税法

纳税义务人
(1) 在我国境内占用耕地建设建筑物、构筑物或者从事非农业建设的单位和个人

(2) 纳税义务人的确定
- ① 经批准
  - a. 审批文件标明建设用地人：建设用地人
  - b. 审批文件未标明建设用地人：用地申请人
- ② 未经批准：实际用地人

征税范围
(1) 包括——占用园地、林地、草地、农田水利用地、养殖水面、渔业水域滩涂从事非农业建设

(2) 不包括——建设直接为农业生产服务的生产设施占用上述农用地

税率
(1) 地区差别定额税率

(2) 人均耕地低于0.5亩的地区：经批准可提高，但提高不得超过50%

(3) 占用基本农田：按适用税额的150%征收

应纳税额的计算（一次性征收）
(1) 应纳税额 = 应税土地面积（平方米）× 适用税额

(2) 应税土地面积的确定——实际占用的耕地面积

税收优惠
(1) 免征
- ① 军事设施占用耕地
- ② 学校、幼儿园、社会福利机构、医疗机构占用耕地
- ③ 农村烈士遗属、因公牺牲军人遗属、残疾军人及符合农村最低生活保障条件的农村居民，在规定标准以内新建住宅占用耕地不超过原占地面积的部分
- ④ 农村居民经批准搬迁，新建自用住宅占用耕地不超过原宅基地面积的部分

(2) 减征
- ① 农村居民在规定用地标准以占用地标准新建自用住宅，减半征收
- ② 铁路线路、公路线路、飞机场跑道、停机坪、港口、航道、水利工程占用耕地，减按每平方米2元
- ③ "六税两费"范围内减半征收

征收管理
(1) 纳税义务发生时间
- ① 经批准
  - a. 占用：收到书面通知的当日
  - b. 改变用途：收到批准文件的当日
- ② 未经批准
  - a. 占用：认定实际占用耕地的当日
  - b. 改变用途：认定改变原占地用途的当日
- ③ 因挖损、采矿塌陷、压占、污染等损毁——认定损毁耕地的当日

(2) 申报缴纳期限——自纳税义务发生之日起30日内

(3) 纳税地点——耕地所在地

(4) 退税
- ① 临时占用耕地期满1年内依法复垦
- ② 认定损毁耕地之日起3年内依法复垦复耕试验修复

第十章 房产税法、契税法和土地增值税法

（考 5～9 分）

房产税法

纳税义务人
- (1) 一般规定 — 房屋产权所有人
  - ①国家所有：经营管理单位；集体和个人所有：集体单位和个人
  - ②产权出典：承典人
  - ③产权所有人、承典人不在房屋所在地或产权未确定及租典纠纷未解决：房产代管人或使用人
  - ④纳税单位和个人无租使用：使用人
- (2) 纳税义务人的确认（谁使用，谁占有，谁纳税）

征税范围
- (1) 包括城市、县城、建制镇和工矿区，不包括农村
- (2) 有屋面和围护结构（游泳池、露天停车场、喷水池花园等不属于征税范围）
- (3) 房企规定
  - ①商品房出售前：不征税
  - ②出售前自用或出租出借：征税

税率
- (1) 从价计征 — 1.2%
- (2) 从租计征
  - ① 12%：一般情形
  - ② 4%
    - a. 个人出租住房（不区分用途）
    - b. 企事业单位、社会团体以及其他组织按市场价格向个人、专业化规模化住房租赁企业出租住房

个人出租房产各税种辨析：

类型	增值税	房产税	个人所得税	印花税
个人出租住房	5%征收率减按1.5%征税	4%（不分用途）	10%	免征
个人出租房产（非住房）	5%征收率	12%	20%	1‰

扣除比例为 10%～30%

应纳税额的计算（按年计征，注意年月换算；同年自用又出租，注意分段）
- (1) 从价计征
  - ①全年应纳税额 = 应税房产原值 × (1－原值减除比例) × 1.2%
  - ②房产原值的确定
    - a. 一般情形
      - I. 包含为取得土地使用权支付的价款，开发土地发生的成本费用等
      - II. 容积率 < 0.5：按房产建筑面积的 2 倍计算土地面积来确定计入原值的地价
      - III. 增加原值：房屋改、扩建
      - IV. 不增加原值 — 更换附属设备，扣减原设备价值
        - 更换易损坏，需常更换的零配件

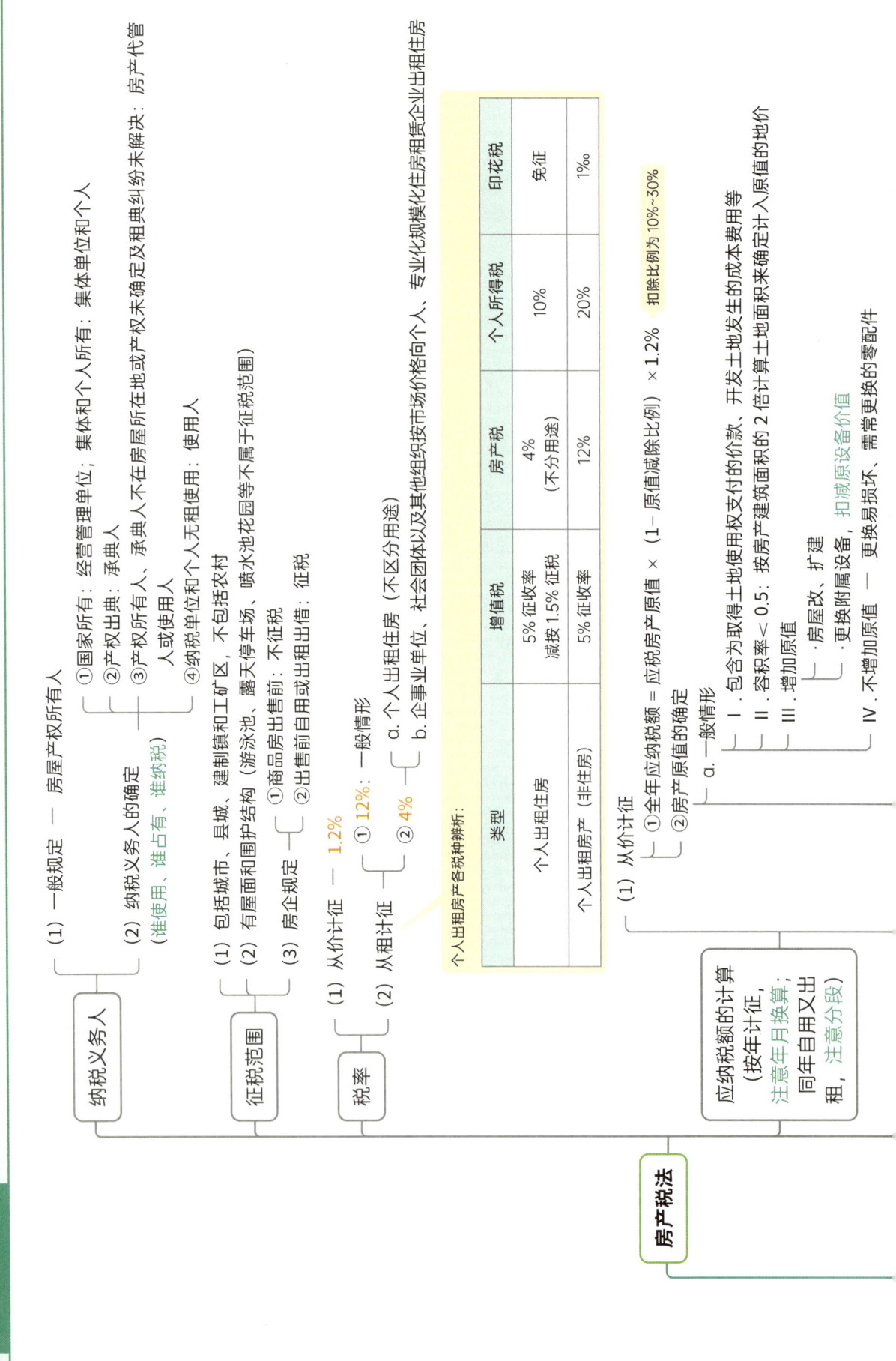

082

- b. 地下建筑
  - I. 与地上房屋相连 —— 与地上房屋视为一个整体
  - II. 独立地下建筑
    - 工业用途：按原价的 50%~60%
    - 商业/其他用途：按原价的 70%~80%

(2) 从租计征
  - ① 应纳税额 = 租金收入 × 12%（或 4%）
  - ② 租金收入的确定
    - a. 一般情形
      - I. 不含增值税租金收入，注意价税分离
      - II. 简易计税：按 5% 征收率；一般计税：按 9% 税率
    - b. 独立地下建筑 —— 同地上建筑，无特别优惠

(3) 从价计征和从租计征的判断
  - ① 投资联营
    - a. 参与投资利润分红，共担风险：被投资企业从价计征
    - b. 收取固定收入，不担风险：出租人从租计征
  - ② 居民住宅区内业主共有的经营性房产（代管人或使用人纳税）
    - a. 自营：从价计征
    - b. 出租：从租计征
  - ③ 租赁相关
    - a. 融资租赁 —— 承租人从价计征
    - b. 租赁免租期 —— 出租人从价计征
    - c. 纳税单位无租使用 —— 使用人从价计征

税收优惠 —— (1) 免征 —— ① 非经营自用
  - a. 国家机关、人民团体、军队自用
  - b. 由国家财政部门拨付事业经费，实行全额或差额预算管理的事业单位自用（其中附设的经营、营业单位，征税）收自支后
  - c. 宗教寺庙、公园、名胜古迹自用
  - d. 非营利性医疗机构、疾病控制机构和妇幼保健机构等卫生机构自用
  - e. 个人所有非营业用的房产（居民住房）
  - f. 企业办的各类学校、医院、托儿所、幼儿园自用
  - g. 为社区提供养老、托育、家政等服务机构自用

房产税法、契税法和土地增值税法

房产税法

税收优惠

(1) 免征

① 基建
② 毁损
  - a. 毁损不堪居住的房屋和危险房屋，停止使用后
  - b. 因房屋大修等致连续停用半年以上的，大修期间
  - c. 临时性房屋，施工期间免（施工后交付的，征税）
③ 共用的 —— 纳税单位与免税单位共用（施工后交付使用部分，免税）
④ 公租房、公寓
  - a. 按政府规定价格出租的公有住房和廉租住房，经营公租房的租金收入
  - b. 按照国家规定标准收取住宿费的高校学生公寓
⑤ 大飞机 —— 从事大型民用客机发动机、中大功率民用涡轴涡桨发动机科研制项目自用的科研、生产、办公房产
⑥ 单位改制 —— 财政部门拨付事业经费的文化事业单位于2022年12月31日前转制为企业的，自转制注册之日起至2027年12月31日免税
⑦ 其他鼓励行业特定用途优惠
  - a. 农产品批发市场、农贸市场使用专门经营农产品的房产
  - b. 饮水工程运营管理单位自用的生产、办公用房产
  - c. 商品储备管理公司及直属库自用的承担商品储备业务的房产
  - d. 对国家级、省级科技园和国家备案众创空间自用以及无偿或通过出租等方式提供给在孵对象使用的房产

(2) 减半征收 —— "六税两费"范围内减半征收

征收管理

(1) 纳税义务发生时间

① 将原有房产用于生产经营 —— 生产经营的当月
② 自行新建房屋用于生产经营 —— 建成的次月
③ 委托施工企业建设的房屋 —— 办理验收手续的次月
④ 购置新建商品房 —— 交付使用的次月
⑤ 购置存量房 —— 签发房权属证书的次月
⑥ 出租、出借 —— 交付出租、出借的次月
⑦ 房发企业自用、出租、出借本企业建造的商品房 —— 房屋使用或交付的次月
⑧ 融资租赁
  - a. 有约定：约定开始日的次月
  - b. 无约定：合同签订日的次月
⑨ 房屋实物或权利状态发生变化终止纳税的 —— 计算截止到发生变化当月月末

(2) 纳税期限 —— 按年计算，分期缴纳

(3) 纳税地点 —— 房产所在地

纳税义务人

境内转移土地、房屋权属，承受的单位和个人

(1) 土地使用权
① 出让
② 转让（包括出售、赠与、互换，不包括土地承包经营权和土地经营权的转移）

契税法

征税范围

(2) 房屋
- ① 买卖
  - a. 房屋抵债或实物交换房屋
  - b. 房产作价投资、入股（自有房产作股投入本人独资经营的企业，不征税）【视同买卖】
- ② 赠与
  - a. 非法定继承（法定继承，免税）
  - b. 以获奖方式取得房屋产权
- ③ 互换

(3) 其他情形
- ① 共有不动产份额变化
- ② 共有人增加或者减少
- ③ 生效法律文书等因素导致土地房屋权属转移

税率

(1) 3%～5% 的比例税率
(2) 个人购买住房优惠税率 【变】

房产类型	面积	契税税率
保障性住房	不限	1%
经济适用住房	不限	减半征收
改造安置住房	90平方米以下（含）	1%
	90平方米以上	按法定税率减半征收
家庭唯一住房	140平方米以下（含）	1%
	140平方米以上	1.5%
家庭第二套住房	140平方米以下（含）	1%
	140平方米以上	2%

应纳税额的计算

(1) 应纳税额 = 计税依据 × 税率
(2) 计税依据
- ① 土地使用权出让、出售，房屋买卖，投资入股，抵债，实物交换房地产 — 成交价
- ② 赠与、划转、奖励，税务机关核定价（参照市场价）
- ③ 互换 — 差价（价格相等→计税依据0；不相等→支付差价方缴税）
- ④ 土地使用权
  - a. 划拨改为出让 — 补缴的土地出让款
  - b. 划拨改出让 + 转让房地产 — 补缴的土地出让款 + 房地产转移合同确定的成交价
  - c. 划拨性质不变 + 转让房地产 — 房地产转移合同确定的成交价
- ⑤ 房屋附属设施
  - a. 与房屋为同一不动产单元 — 总价款（与房屋统一计价）
  - b. 与房屋为不同不动产单元 — 转移合同确定的成交价（单独计税）

房产税法、契税法和土地增值税法

契税法

- **税收优惠**
  - (1) 免税
    - ① 非经营自用
      - a. 国家机关、事业单位、社会团体、军事单位承受土地、房屋权属用于办公、教学、医疗、科研和军事设施的
      - b. 非营利性的学校、医疗机构、社会福利机构、社会福利性的机构承受土地、房屋权属用于办公、教学、医疗、科研、养老、救助的
      - c. 为社区提供养老、托育、家政等服务的机构承受土地、房屋等用于社区养老、托育、家政服务的
    - ② 婚姻家庭
      - a. 婚内夫妻之间变更土地、房屋权属
      - b. 离婚分割共同财产变更土地、房屋权属
      - c. 法定继承人继承土地、房屋
    - ③ 公房、公租房、廉租住房、经济适用房、改造安置房
      - a. 城镇职工第一次购买公有住房、已购公有住房补缴土地出让价款的
      - b. 经济适用住房经营管理单位回购经济适用住房作为经济适用住房房源的
      - c. 对保障性住房经营管理单位回购保障性住房继续作为保障性住房房源的
      - d. 公租房经营管理单位购买住房作为公租房的
      - e. 棚户区改造中，经营管理单位回购已分配的改造安置住房继续作为安置房源的
      - f. 易地扶贫搬迁贫困人口按规定取得的安置住房的
    - ④ 农业生产 —— 承受荒山、荒地、荒滩土地使用权，并用于农、林、牧、渔业生产的
    - ⑤ 售后回租
      - a. 金融租赁公司承受房屋、土地权属，征税
      - b. 承租人期满回购原房屋，新承受土地权属，免税
    - ⑥ 外交 —— 外国驻华使馆、领事馆和国际组织驻华代表机构承受土地、房屋权属
    - ⑦ 饮水工程 —— 饮水工程运营管理单位为建设饮水工程而承受土地使用权的
  - (2) 省级政府决定
    - ① 土地、房屋被县级以上人民政府征收征用，重新承受土地、房屋权属的
    - ② 因不可抗力灭失住房，新承受住房权属，免税
  - (3) 企业改制重组
    - ① 企业改制（原投资主体需持股超过75%）、合并分立、债转股等行为变更房屋、土地权属，免税
    - ② 同一投资主体内部房地产权属划转、免税
    - ③ 企业破产
      - a. 债权人 —— 免税
      - b. 非债权人
        - Ⅰ. 与全部职工签订≥3年劳动合同，免税
        - Ⅱ. 与30%以上职工签订≥3年劳动合同，减半征收

- (1) 纳税义务发生时间
  - ① 签订土地、房屋权属转移合同的 —— 签订合同的当日
  - ② 因法律文书发生权属转移的 —— 文书生效的当日

土地增值税法

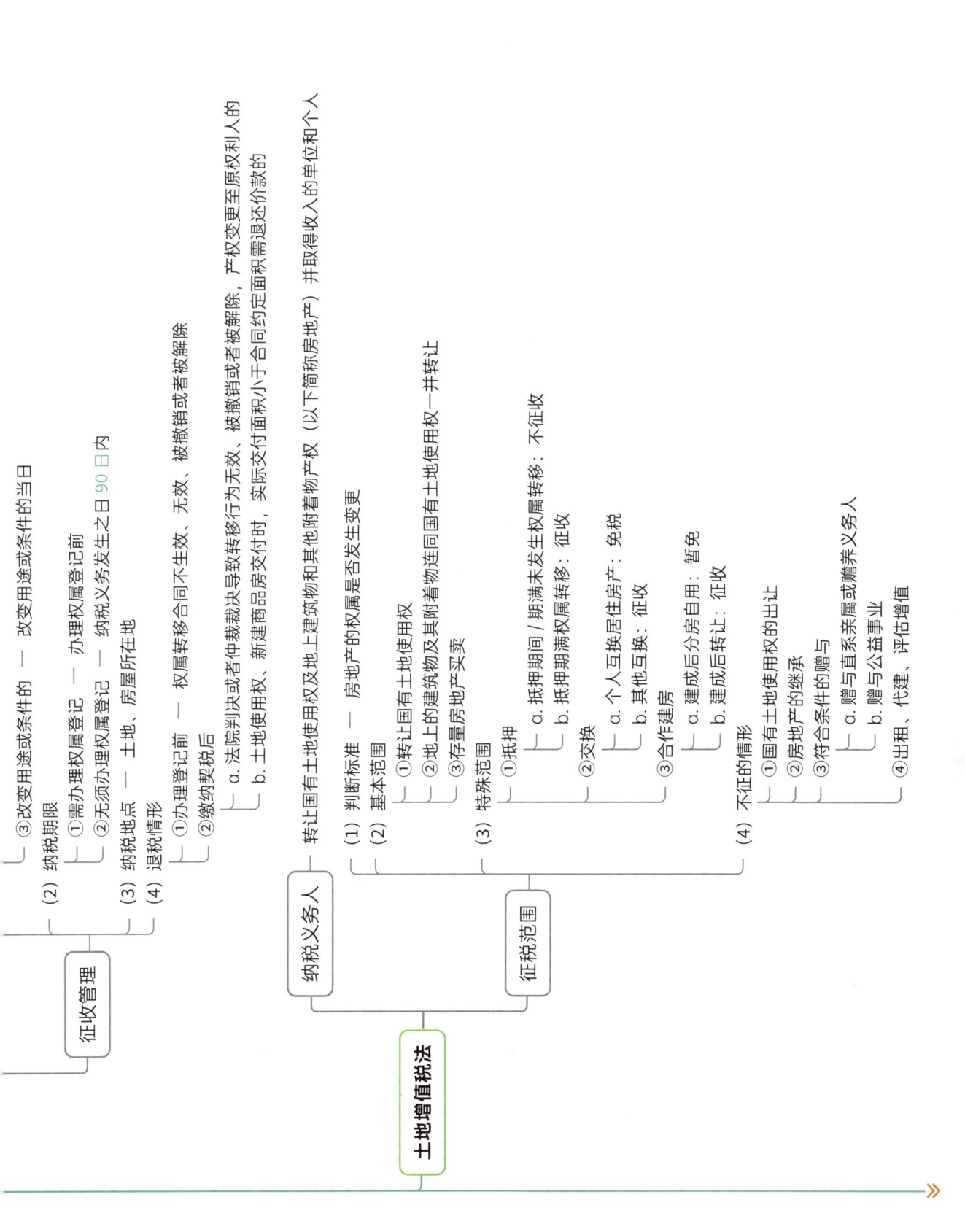

征收管理

(2) 纳税期限
- ③ 改变用途或条件的 — 改变用途或条件的当日
- ① 需办理权属登记 — 办理权属登记前
- ② 无须办理权属登记 — 纳税义务发生之日90日内

(3) 纳税地点 — 土地、房屋所在地

(4) 退税情形
- ① 办理登记前 — 权属转移合同不生效、无效、被撤销或者被解除
- ② 缴纳契税后
  - a. 法院判决或者仲裁裁决导致转移行为无效、被撤销或者被解除，产权变更至原权利人的
  - b. 土地使用权、新建商品房交付时，实际交付面积小于合同约定面积需退还价款的

纳税义务人

转让国有土地使用权及其他附着物产权（以下简称房地产）并取得收入的单位和个人

征税范围

(1) 判断标准 — 房地产的权属是否发生变更

(2) 基本范围
- ① 转让国有土地使用权
- ② 地上的建筑物及其附着物连同国有土地使用权一并转让
- ③ 存量房地产买卖

(3) 特殊范围
- ① 抵押
  - a. 抵押期间/期满未发生权属转移：不征收
  - b. 抵押期满发生权属转移：征收
- ② 交换
  - a. 个人互换居住房产：免税
  - b. 其他互换：征收
- ③ 合作建房
  - a. 建成后分房自用：暂免
  - b. 建成后转让：征收

(4) 不征收的情形
- ① 国有土地使用权的出让
- ② 房地产的继承
- ③ 符合条件的赠与
  - a. 赠与直系亲属或赡养义务人
  - b. 赠与公益事业
- ④ 出租、代建、评估增值

房产税法、契税法和土地增值税法

土地增值税法

税率

级数	增值额与扣除项目金额的比率	税率	速算扣除系数
1	不超过 50% 的部分	30%	0
2	超过 50% ~ 100% 的部分	40%	5%
3	超过 100% ~ 200% 的部分	50%	15%
4	超过 200% 的部分	60%	35%

应税收入

(1) 一般规定：全部价款和经济利益

(2) 包括视同销售
- ① 用途：房企开发房产用于职工福利、奖励、对外投资、分红、偿债、换取非货币性资产等
- ② 价格确定（按顺序）
  - a. 本企业同地区同年度同类房地产平均价格
  - b. 税务机关核定

扣除项目

(1) 转让新房

① 项目 1：取得土地使用权所支付的金额
- a. 为取得土地使用权所支付的地价款
- b. 按国家规定缴纳的有关费用 — 登记、过户等手续费
- c. 房企为取得土地使用权所支付的契税

② 项目 2：房地产开发成本
- a. 土地征用费及拆迁补偿费 — 包括土地征用费、耕地占用税、劳动力安置费及拆迁补偿的净支出，安置动迁用房支出等 *逾期开发的土地闲置费不得扣除*
- b. 前期工程费
- c. 建筑安装工程费
  - I. 已装修的房屋：装修费可扣除
  - II. 质保金
    - 已开发票：可扣除
    - 未开发票：不可扣除
- d. 基础设施费
- e. 公共配套设施费
  - I. 产权归全体业主所有：成本、费用可扣除
  - II. 无偿移交给政府、公用事业单位：成本、费用可扣除
  - III. 建成后有偿转让：成本、费用可扣除，*同时计算收入*
- f. 开发间接费用
- g. 计入房地产开发成本的利息支出，应调整至财务费用中计算扣除

③项目 3：房地产开发费用
- a. 利息能按项目分摊 + 有金融机构贷款证明 —— 利息 + (项目 1 + 项目 2) × 5%（以内）
- b. 利息不能按项目分摊或者无金融机构贷款证明 —— (项目 1 + 项目 2) × 10%（以内）
- c. 公式中"利息"的规定
  - Ⅰ. 不超过同期同类贷款利率
  - Ⅱ. 不包括加息、罚息

④项目 4：与转让房地产有关的税金
- a. 房企 —— 城建税、教育费附加　是否含地方教育附加需看题干要求，下同
- b. 非房企 —— 城建税、教育费附加、印花税

⑤项目 5：加计扣除（仅限房企）—— (项目 1 + 项目 2) × 20%

(2) 转让存量房
①有评估价
- a. 项目 1：取得土地使用权所支付的金额
  - Ⅰ. 未支付地价款或不能提供地价款凭据：不得扣除
  - Ⅱ. 题目已知条件未给出此项：不予考虑
- b. 项目 4：与转让房地产有关的税金 —— 城建税、教育费附加、印花税
- c. 项目 6：旧房及建筑物的评估价格 —— 重置成本价 × 成新度折扣率

②无评估价但能取得购房发票
- a. 项目 4：与转让房地产有关的税金 —— 城建税、教育费附加、印花税、契税
- b. 项目 6：旧房及建筑物的评估价格 —— 购房发票所载金额（不含契税）× (1 + 5% × 年限)
  - Ⅰ. 购房发票：每满 12 个月计 1 年，超过 1 年，未满 12 个月但超过 6 个月的，可以视为 1 年
  - Ⅱ. 年限规定：取得土地使用权所支付的金额，计入项目 4，但不作为加计 5% 的基数

(3) 契税扣除规则辨析
①新建房 —— 计入项目 1：已包含在评估价中，不计入项目 4
②存量房
- a. 有评估价：计算应税收入 —— 不含增值税金额 —— 应税收入 = 价税合计收入 − 销项税额（或应纳税额）
- b. 无评估价：能提供契税完税凭证的，计入项目 4，注意"配比"

应纳税额的计算
(1) 第一步：计算应税收入 —— 不含增值税金额 —— 应税收入 = 价税合计收入 − 销项税额（或应纳税额）
(2) 第二步：计算允许扣除项目的金额
(3) 第三步：计算增值额 —— 增值额 = 应税收入总额 − 扣除项目金额
(4) 第四步：计算增值率，以确定适用税率和速算扣除系数 —— 增值率 = 增值额 ÷ 扣除项目金额 × 100%
(5) 第五步：按照公式计算应纳税额 —— 应纳税额 = 增值额 × 适用税率 − 扣除项目金额 × 速算扣除系数

房产税法、契税法和土地增值税法

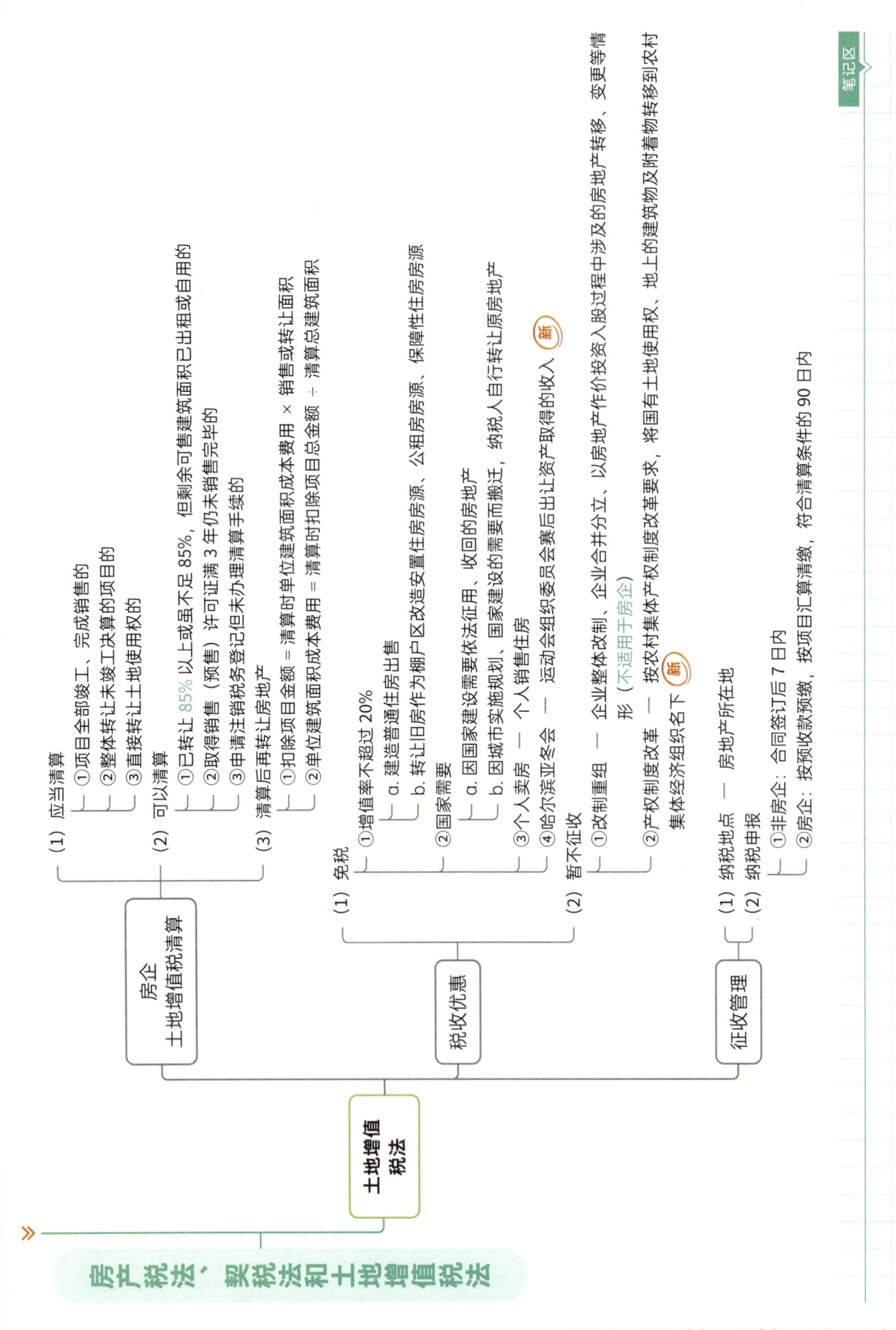

土地增值税法

房企 土地增值税清算

(1) 应当清算
- ①项目全部竣工、完成销售的
- ②整体转让未竣工决算的项目的
- ③直接转让土地使用权的

(2) 可以清算
- ①已转让85%以上或虽不足85%，但剩余可售建筑面积已出租或自用的
- ②取得销售（预售）许可证满3年仍未销售完毕的
- ③申请注销税务登记但未办理清算手续的

(3) 清算后再转让房地产
- ①扣除项目金额 = 清算时单位建筑面积成本费用 × 销售或转让面积
- ②单位建筑面积成本费用 = 清算时扣除项目总金额 ÷ 清算总建筑面积

税收优惠

(1) 免税
- ①增值率不超过20%
  - a. 建造普通住房出售
  - b. 转让旧房作为棚户区改造安置住房房源、公租房房源、保障性住房房源
- ②国家需要
  - a. 因国家建设需要依法征用、收回的房地产
  - b. 因城市实施规划、国家建设的需要而搬迁，纳税人自行转让原房地产
- ③个人卖房 — 个人销售住房
- ④哈尔滨亚冬会 — 运动会组织委员会赛后出让资产取得的收入 【新】

(2) 暂不征收
- ①改制重组 — 企业整体改制、企业合并分立、以房地产作价投资入股过程中涉及的房地产转移、变更等情形（不适用于房企）【新】
- ②产权制度改革 — 按农村集体产权制度改革要求，将国有土地使用权、地上的建筑物及附着物转移到农村集体经济组织名下

征收管理

(1) 纳税地点 — 房地产所在地
(2) 纳税申报
- ①非房企：合同签订后7日内
- ②房企：按预收款预缴，按项目汇算清缴，符合清算条件的90日内

第十一章 车辆购置税法、车船税法和印花税法（考4~6分）

车辆购置税法

纳税义务人
(1) 在我国境内购置应税车辆的单位和个人

征税范围
(2) 购置指取得并自用，包括购买、进口、自产、受赠、获奖或者其他方式取得并自用

(1) 包括——汽车、有轨电车、汽车挂车、排气量超过150毫升的摩托车

(2) 不包括——地铁、轻轨等城市轨道交通车辆、装载机、平地机、挖掘机、推土机等轮式专用机械车，以及起重机（吊车）、叉车、电动摩托车、电动汽车

车辆购置税和消费税应税车辆的范围辨析：

车辆类型	消费税	车辆购置税
小汽车（包含乘用车和中轻型商用客车）	√	√
卡车、挂车、货车、大客车	×	√
电动汽车	×	√（符合条件可免税）

税率 — 10%

应纳税额的计算
(1) 应纳税额 = 计税依据 × 税率

(2) 计税依据的确定

① 购买自用
 a. 实际支付的不含增值税全部价款
 b. 不包括销售方代收代缴的保险费、车辆牌照费
 c. 以"换电模式"销售新能源车时，不含电池的新能源汽车与电池分别核算并分别开具发票的，计税依据为不含电池的新能源汽车的不含税价格

② 进口自用——关税完税价格 + 关税 + 消费税

③ 自产自用
 a. 生产的同类应税车辆的不含增值税销售价格
 b. 无同类价格，按组成计税价格

④ 受赠、获奖或其他方式取得并自用
 a. 相关凭证载明的不含增值税价款
 b. 无法提供相关凭证的，参照市场价格

(3) 已办理免税的车辆的补税规定
① 适用情形：已减免税的车辆因转让、改变用途不再属于减免税范围
② 纳税人：转让、受让人；改变用途的，车辆所有人
③ 应纳税额 = 初次办理纳税申报时确定的计税价格 × (1 − 使用年限 × 10%) × 10% − 已纳税额
④ 使用年限的计算：按年取整，不满一年不算

(4) 已征税的车辆退货后退税的计算 — 应退税额 = 已纳税额 × (1 − 使用年限 × 10%)

092

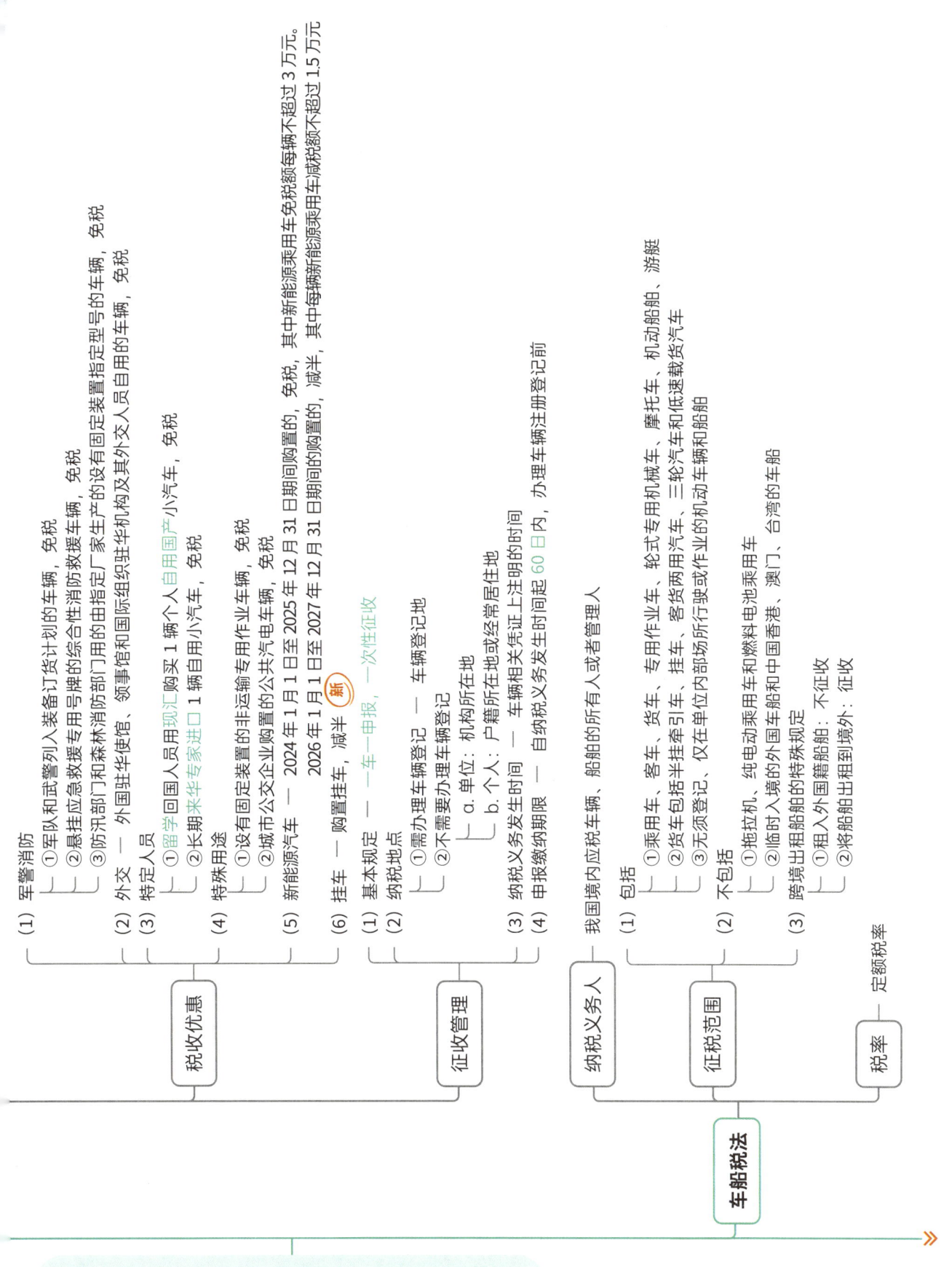

车辆购置税法、车船税法和印花税法

税收优惠

(1) 军警消防
- ① 军队和武警列入装备订货计划的车辆，免税
- ② 悬挂应急救援专用号牌的综合性消防救援车辆，免税
- ③ 防汛部门和森林消防部门用的由指定厂家生产的设有固定装置指定型号的车辆，免税

(2) 外交 —— 外国驻华使馆、领事馆和国际组织驻华机构及其外交人员自用的车辆，免税

(3) 特定人员
- ① 留学回国人员用现汇购买 1 辆个人自用国产小汽车，免税
- ② 长期来华专家进口 1 辆自用小汽车，免税

(4) 特殊用途
- ① 设有固定装置的非运输专用作业车辆，免税
- ② 城市公交企业购置的公共汽电车辆，免税

(5) 新能源汽车 —— 2024 年 1 月 1 日至 2025 年 12 月 31 日期间购置的，免税，其中新能源乘用车免税额每辆不超过 3 万元。
2026 年 1 月 1 日至 2027 年 12 月 31 日期间的购置的，减半，其中每辆新能源乘用车减税额不超过 1.5 万元

(6) 挂车 —— 购置挂车，减半（新）—— 一车一申报，一次性征收

征收管理

(1) 基本规定
(2) 纳税地点 —— 车辆登记地
- ① 需办理车辆登记 —— 车辆登记地
- ② 不需要办理车辆登记
  - a. 单位：机构所在地
  - b. 个人：户籍所在地或经常居住地

(3) 纳税义务发生时间 —— 车辆相关凭证上注明的时间

(4) 申报缴纳期限 —— 自纳税义务发生时间起 60 日内，办理车辆注册登记前

车船税法

纳税义务人
我国境内应税车辆、船舶的所有人或者管理人

征税范围

(1) 包括 —— 乘用车、客车、货车、专用作业车、轮式专用机械车、摩托车、游艇、机动船舶

(2) 不包括
- ① 拖拉机、纯电动乘用车和燃料电池乘用车
- ② 货车包括半挂牵引车、挂车、客货两用汽车、三轮汽车和低速载货汽车
- ③ 无须登记，仅在单位内部场所行驶或作业的机动车辆和船舶
- ④ 临时入境的外国车船和中国香港、澳门、台湾的车船

(3) 跨境出租船舶的特殊规定
- ① 租入外国籍船舶：不征收
- ② 将船舶出租到境外：征收

税率 —— 定额税率

车船税法

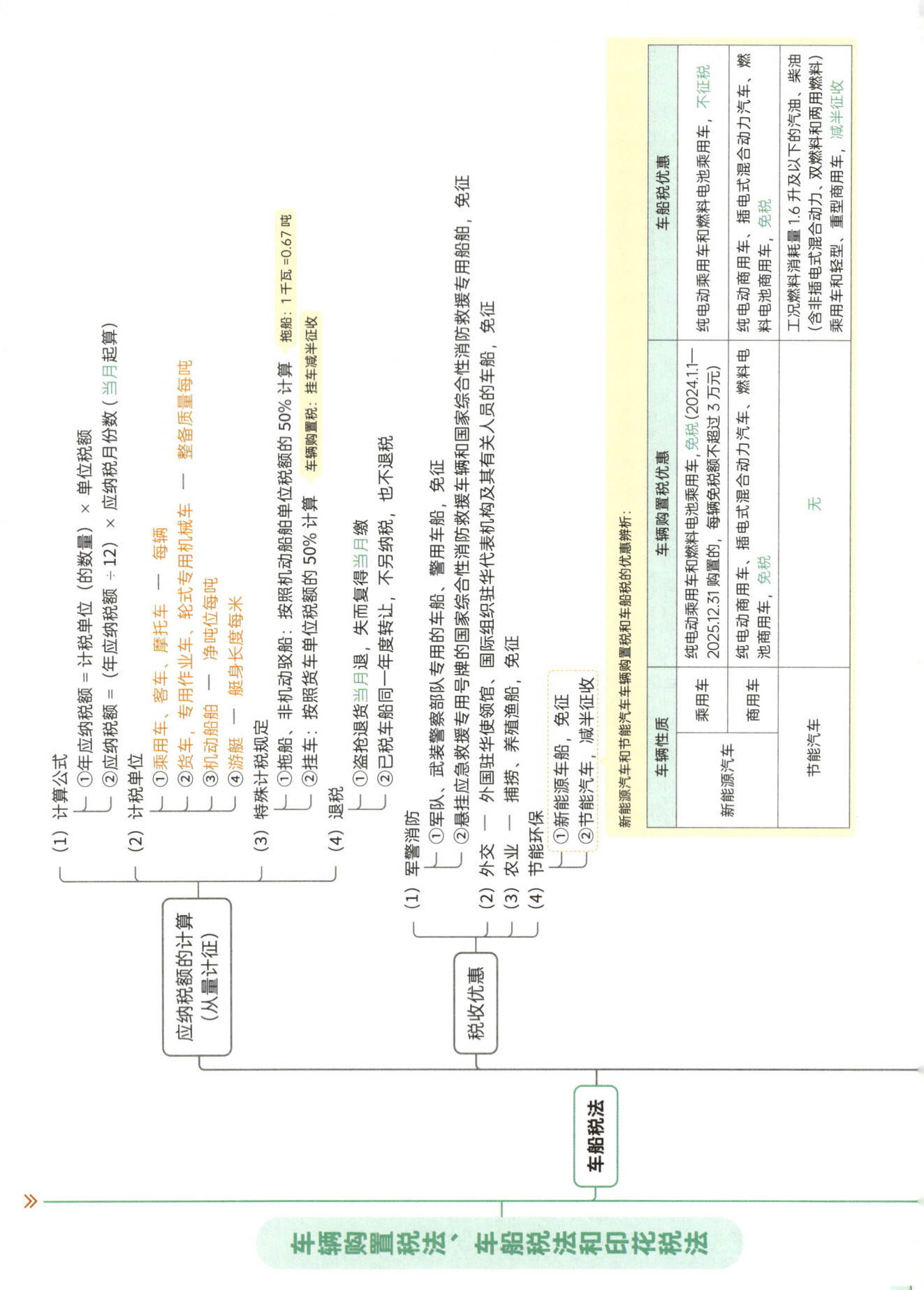

应纳税额的计算（从量计征）

(1) 计算公式
- ①年应纳税额 = 计税单位（的数量）× 单位税额
- ②应纳税额 = (年应纳税额 ÷ 12) × 应纳税月份数（当月起算）

(2) 计税单位
- ①乘用车、客车、摩托车 —— 每辆
- ②货车、专用作业车、轮式专用机械车 —— 整备质量每吨
- ③机动船舶 —— 净吨位每吨
- ④游艇 —— 艇身长度每米

拖船：1千瓦=0.67吨

(3) 特殊计税规定
- ①拖船、非机动驳船：按照机动船舶单位税额的50%计算
- ②挂车：按照货车单位税额的50%计算

车辆购置税：挂车减半征收

(4) 退税
- ①盗抢退货当月退，失而复得当月缴
- ②已税车船同一年度转让，不另纳税，也不退税

税收优惠

(1) 军警消防
- ①军队、武装警察部队专用的车船、警用车船、免征
- ②悬挂应急救援专用号牌的国家综合性消防救援专用船舶、免征

(2) 外交 —— 外国驻华使领馆、国际组织驻华代表机构及其有关人员的车船，免征

(3) 农业 —— 捕捞、养殖渔船，免征

(4) 节能环保
- ①新能源车船，免征
- ②节能汽车，减半征收

新能源汽车和节能汽车车辆购置税和车船税的优惠辨析：

车辆性质		车辆购置税优惠	车船税优惠
新能源汽车	乘用车	纯电动乘用车和燃料电池乘用车，免税（2024.1.1—2025.12.31购置的，每辆免税额不超过3万元）	纯电动乘用车和燃料电池乘用车，不征税
	商用车	纯电动商用车、插电式混合动力汽车、燃料电池商用车，免税	纯电动商用车、插电式混合动力汽车、燃料电池商用车，免税
节能汽车		无	工况燃料消耗量1.6升及以下的汽油、柴油（含非插电式混合动力、双燃料和两用燃料）乘用车和轻型、重型商用车，减半征收

车辆购置税法、车船税法和印花税法

印花税法

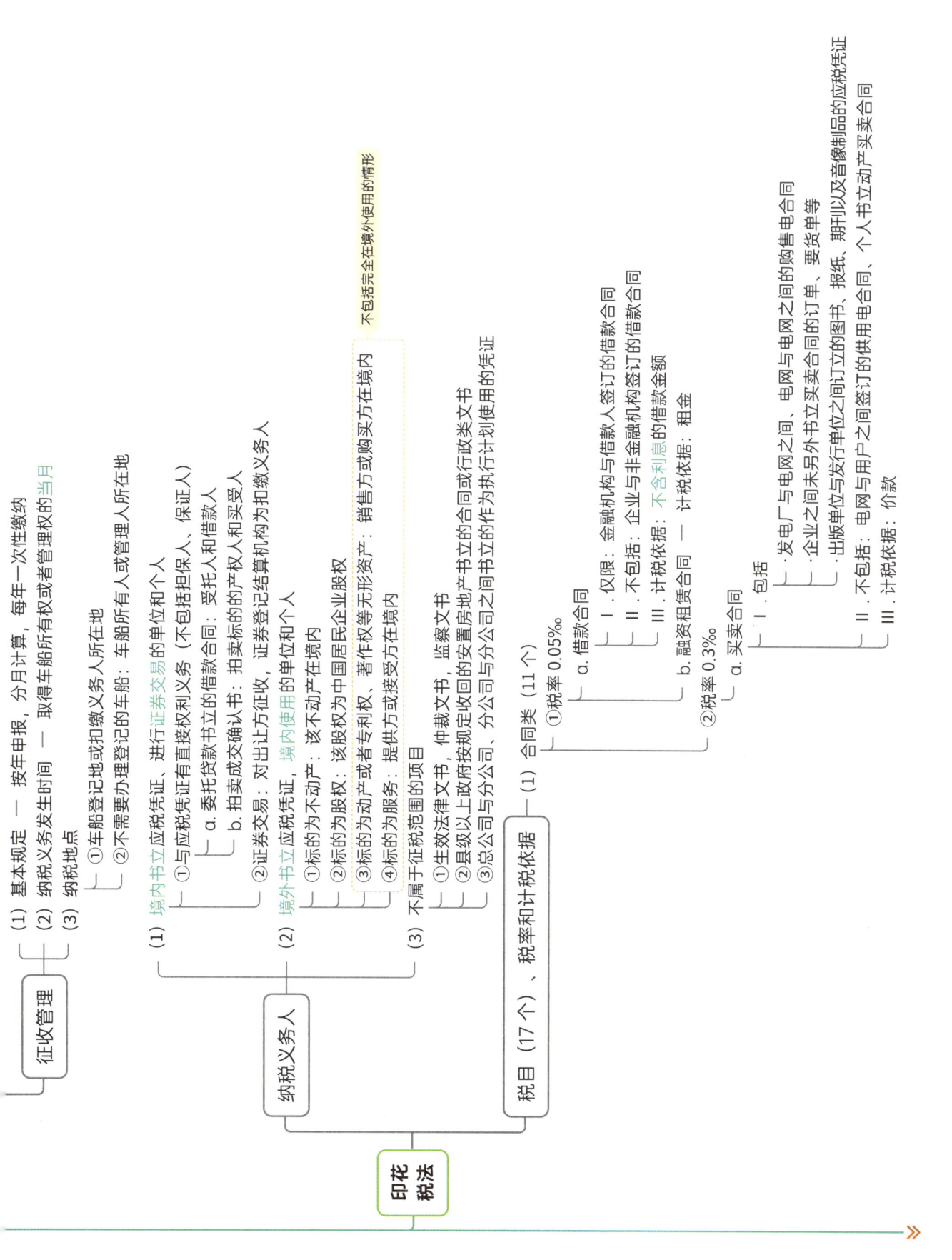

征收管理
- (1) 基本规定 — 按年申报，分月计算，每年一次性缴纳
- (2) 纳税义务发生时间 — 取得车船所有权或者管理权的当月
- (3) 纳税地点
  - ① 车船登记地或扣缴义务人所在地
  - ② 不需要办理登记的车船：车船所有人或管理人所在地

纳税义务人
- (1) 境内书立应税凭证，进行证券交易的单位和个人
  - ① 与应税凭证有直接权利义务的借款合同（不包括担保人、保证人）
    - a. 委托贷款书立的借款合同：受托人和借款人
    - b. 拍卖成交确认书：拍卖标的产权人和买受人
  - ② 证券交易：对出让方征收，证券登记结算机构为扣缴义务人
- (2) 境外书立应税凭证，境内使用的单位和个人
  - ① 标的为不动产：该不动产在境内
  - ② 标的为股权：该股权为中国居民企业股权
  - ③ 标的为动产或者无形资产、著作权等无形资产：销售方或购买方在境内 （不包括完全在境外使用的情形）
  - ④ 标的为服务：提供方或接受方在境内
- (3) 不属于征税范围的项目
  - ① 生效法律文书，仲裁文书，监察文书
  - ② 县级以上政府按规定收回安置房地产书立的合同或行政类文书
  - ③ 总公司与分公司、分公司与分公司之间书立的作为执行计划使用的凭证

税目 (17个)、税率和计税依据
- (1) 合同类 (11个)
  - ① 税率 0.05‰
    - a. 借款合同
      - Ⅰ. 仅限：金融机构与借款人签订的借款合同
      - Ⅱ. 不包括：企业与非金融机构签订的借款合同
      - Ⅲ. 计税依据：不含利息的借款金额
    - b. 融资租赁合同 — 计税依据：租金
  - ② 税率 0.3‰
    - a. 买卖合同
      - Ⅰ. 包括：发电厂与电网之间、电网与电网之间的购售电合同
      - Ⅱ. 不包括：企业之间另外书立买卖合同的订单、要货单等
      - Ⅲ. 计税依据：价款 出版单位与发行单位之间签订的供用电合同，报纸、期刊以及音像制品的应税凭证、图书、个人书立动产买卖合同

印花税法

税目(17个)、税率和计税依据

(1) 合同类 (11个)

② 税率 0.3‰
- b. 承揽合同
  - I. 包括：加工、定做、修缮、修理、印刷、广告、测绘、测试等合同
  - II. 计税依据：报酬
- c. 建设工程合同
  - I. 包括：建筑工程勘察、设计合同、承包合同
  - II. 计税依据：价款
- d. 运输合同
  - I. 不包括：管道运输合同
  - II. 多式联运
    - 全程统一结算：起运地运费结算双方按全程运费计征
    - 分程结算：办理分程运费结算的各方按分程运费计征
  - III. 计税依据：运输费用
- e. 技术合同
  - I. 不包括：专利权、专有技术使用权转让书据
  - II. 不包括：一般的法律、会计、审计等方面的咨询合同
  - III. 计税依据：价款、报酬或使用费

③ 税率 1‰
- a. 租赁合同 — 计税依据：租金
- b. 保管合同 — 计税依据：保管费
- c. 仓储合同 — 计税依据：仓储费
- d. 财产保险合同
  - I. 不包括：再保险合同、人身保险合同
  - II. 计税依据：保险费

(2) 产权转移书据 (4个)

① 税率 0.5‰
- a. 土地使用权出让合同
- b. 土地使用权、房屋等所有权转让书据 — 不包括：土地承包经营权和土地经营权转移
- c. 股权转让书据 — 不包括：列明购买的认缴后尚未实际出资权益部分

② 税率 0.3‰ — 商标专用权、著作权、专利权、专有技术使用权的转让书据

(3) 营业账簿

① 税率：0.25‰
② 计税依据：实收资本（股本）、资本公积合计金额，仅就增加部分征收

> 不包含"标的物"价值

车辆购置税法、车船税法和印花税法

应纳税额的计算

- (4) 证券交易
  - ① 税率：1‰
  - ② 计税依据
    - a. 成交金额
    - b. 无转让价格：按前一交易日收盘价
    - c. 无收盘价：按证券面值

- (5) 计税依据特殊规定
  - ① 不包含列明的增值税税款（未单独列示，按价税合计金额）
  - ② 未列明金额
    - a. 按实际结算金额
    - b. 不能确定结算金额：按市场价格
  - ③ 同一应税凭证涉及两方及以上当事人，就各自涉及金额分别计算（未列明的，平摊）
  - ④ 同一应税凭证载有两个以上税目事项
    - a. 分别列明：按各自税目税率计征
    - b. 未分别列明：从高计征
  - ⑤ 可多退少补
    - a. 所列金额与实际结算金额不一致
      - Ⅰ. 不变更所列金额：按所列金额
      - Ⅱ. 变更所列金额：按变更后所列金额
    - b. 已税应税凭证金额变更
      - Ⅰ. 变更后增加：就增加部分补税
      - Ⅱ. 变更后减少：就减少部分退税或抵缴
    - c. 因凭证上增值税计算错误导致计税依据调整
      - Ⅰ. 调整后计税依据增加：就增加的部分补税
      - Ⅱ. 调整后计税依据减少：就减少的部分退税或抵缴
  - ⑥ 不可退
    - a. 未履行应税凭证，不予退还及抵缴
    - b. 多贴的印花税票，不予退税及抵缴税款

应纳税额 = 计税依据 × 适用税率

印花税法

税收优惠

(1) 免税

① 副本 — 应税凭证的副本、抄本

② 特定主体
- a. 军警
  - Ⅰ. 中国人民解放军、中国人民武装警察部队书立的应税凭证
  - Ⅱ. 军事物资运费结算凭证
- b. 外交 — 外国驻华使馆、领事馆和国际组织驻华代表机构为获得馆舍书立的应税凭证
- c. 农业 — 农民、农民专业合作社等购买农业生产资料或销售农产品书立的买卖合同和农业保险合同

③ 特定贷款
- a. 无息、贴息贷款合同
- b. 国际金融组织向中国提供优惠贷款书立的借款合同

④ 社会公益性质
- a. 财产所有人将财产赠与政府、学校、社会福利机构、慈善组织书立的产权转移书据
- b. 非营利性医疗卫生机构采购药品或者卫生材料书立的买卖合同
- c. 抢险救灾物资运费结算凭证

⑤ 个人相关
- a. 个人与电子商务经营者订立的电子订单
- b. 对个人出租、承租住房签订的租赁合同
- c. 个人销售或购买住房签订的合同

⑥ 租房相关
- a. 廉租住房、经济适用住房、公租房、改造安置住房个人涉及的印花税
- b. 高校学生公寓租赁合同

⑦ 特殊行业
- a. 铁路、公路、航运、水路托运单据
- b. 发行单位之间，以及发行单位与订阅单位或个人之间的征订凭证
- c. 资产公司收购、承接和处置不良资产
- d. 在金融资性售回租赁业务中，出售资产租回资产的合同

⑧ 企业改制相关
- a. 改制过程中成立的新企业，新启用的资金账簿记载的资金原已贴花的部分不再贴花
- b. 企业因改制签订的产权转移书据免予贴花
- c. 股权分置改革中因非流通股股东向流通股股东支付对价而发生的股权转让 (新)

(2) 减半征收

① "六税两费" 范围内减半征收（不含证券交易印花税）

② 自2023年8月28日起，证券交易印花税实施减半征收

征收管理

(1) 合同、产权转移书据、资金账簿
　├─ ①纳税义务发生时间 — 书立应税凭证的当日
　├─ ②纳税期限
　│　├─ a. 合同、产权转移书据：按季、按次
　│　├─ b. 资金账簿：按年
　│　├─ c. 按季、按年计征：季度、年度终了 15 日内纳税
　│　└─ d. 按次计征：纳税义务发生 15 日内纳税
　└─ ③纳税地点
　　　├─ a. 境内单位 — 机构所在地
　　　├─ b. 境内个人 — 凭证书立地或纳税人居住地
　　　├─ c. 境外单位或者个人
　　　│　├─ Ⅰ. 有代理人：扣缴义务人
　　　│　└─ Ⅱ. 无代理人（自行申报）
　　　│　　　├─ 资产交付地
　　　│　　　├─ 境内服务提供方或接受方所在地
　　　│　　　└─ 书立应税凭证境内书立人所在地
　　　└─ d. 转移不动产权 — 不动产所在地

(2) 证券交易
　├─ ①纳税义务发生时间 — 完成证券交易的当日
　├─ ②纳税期限 — 按周解缴，每周终了 5 日内纳税
　└─ ③纳税地点 — 证券登记结算机构向其机构所在地代缴

第十二章 国际税收税务管理实务（考7~10分）

国际税收税务管理实务

国际税收关系概述

- 税收管辖权（我国采用"属地兼属人"原则）
  - (1) 属地原则 — 地域管辖权（收入来源地）
  - (2) 属人原则 ┬ ① 居民管辖权（居住期限和住所）
                └ ② 公民管辖权（国籍）

- 国际重复征税
  - 产生的根本原因：各国行使的税收管辖权重叠

- 两个范本
  - (1)《经合组织范本》（"OECD 范本"）— 侧重居民税收管辖权，利于发达国家
  - (2)《联合国范本》（"UN 范本"）— 侧重扩大收入来源国的税收管辖权，利于发展中国家

- 典型条款介绍
  - (1) 税收居民
    - ① 个人存在双重身份判定顺序：永久性住所 > 重要利益中心 > 习惯性居处 > 国籍
    - ② 企业和其他团体存在双重身份：认定其是"实际管理机构"所在国的居民
  - (2) 常设机构
    - ① 特点
      - a. 实质存在
      - b. 相对固定，有持久性
      - c. 营业活动通过该营业场所进行
    - ② 常规形式 — 管理场所、分支机构、办事处、工厂、作业场所、矿场、油井或气井、采石场等
    - ③ 特殊形式
      - a. 承包工程：连续 6 个月以上
      - b. 提供劳务：12 个月内连续或累计停留超 183 天
    - ④ 不认定为常设机构
      - a. 独立代理人（经纪人、中间商等一般佣金代理人）
      - b. 准备性或辅助性场所
      - c. 子公司（不必然构成常设机构）
  - (3) 劳务所得
    - ① 独立个人劳务（劳务报酬所得）
      - a. 一般情形：在居民国征税
      - b. 特殊情形：来源国有固定基地（满足其一）
        - Ⅰ. 在来源国有固定基地
        - Ⅱ. 12 个月内在来源国停留连续或累计 ≥ 183 天
    - ② 非独立个人劳务（工资、薪金所得）
      - a. 一般情形：在来源国征税

国际税收协定

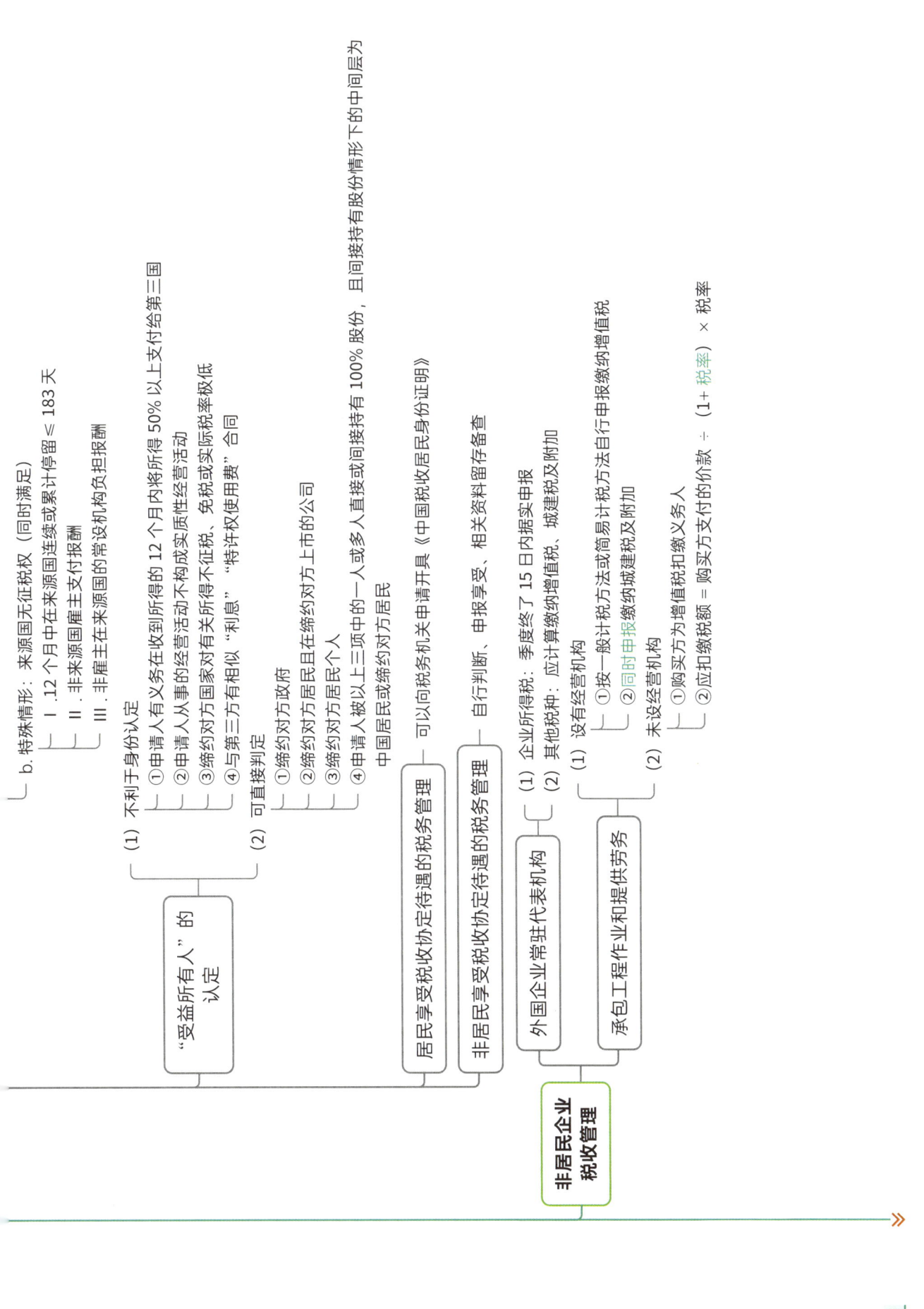

```
                                    ┌─ Ⅰ.12个月中在来源国连续或累计停留≤183天
         ┌─ b.特殊情形：来源国无征税权（同时满足）─┼─ Ⅱ.非来源国雇主支付报酬
         │                                    └─ Ⅲ.非雇主在来源国的常设机构负担报酬
         │                 ┌─ ①申请人有义务在收到所得的12个月内将所得的50%以上支付给第三国
         │   (1) 不利于身份认定─┼─ ②申请人从事的经营活动不构成实质性经营活动
         │                 ├─ ③缔约对方国家对有关所得不征税、免税或实际税率极低
"受益所有人"的─┤                 └─ ④与第三方有相似"利息""特许权使用费"合同
    认定    │                 ┌─ ①缔约对方政府
         │                 ├─ ②缔约对方居民且在缔约对方上市的公司
         │   (2) 可直接判定 ──┼─ ③缔约对方居民个人
         └                 └─ ④申请人被以上三项中的一人或多人直接或间接持有100%股份，
                              且间接持有股份情形下的中间层为
                              中国居民或缔约对方居民

居民享受税收协定待遇的税务管理 ── 可以向税务机关申请开具《中国税收居民身份证明》

非居民享受税收协定待遇的税务管理 ── 自行判断、申报享受，相关资料留存备查

                    ┌─ (1) 企业所得税：季度终了15日内据实申报
外国企业常驻代表机构 ──┤
                    └─ (2) 其他税种：应计算缴纳增值税、城建税及附加

                          ┌─ ①按一般计税方法或简易计税方法自行申报缴纳增值税
                 ┌─ (1) 设有经营机构 ─┤
                 │        └─ ②同时申报缴纳城建税及附加
承包工程作业和提供劳务──┤
                 │        ┌─ ①购买方为增值税扣缴义务人
                 └─ (2) 未设经营机构 ─┤
                          └─ ②应扣缴税额 = 购买方支付的价款 ÷（1+税率）× 税率
```

非居民企业税收管理

非居民企业税收管理

股息、利息、租金、特许权使用费和财产转让所得

(1) 扣缴方式 — 源泉扣缴

(2) 所得金额的确定
- ①全额：股息、红利、利息、租金、特许权转让所得
- ②差额：财产转让所得（扣除财产净值后的余额）

==利息、租金和特许权使用费需同时扣缴增值税==

(3) 征收管理
- ①扣缴义务人：支付人在每次支付或到期应支付时从款项中扣缴
- ②扣缴时限要求：7日内缴入国库

境外投资者再投资的递延纳税政策

(1) 政策规定：境外投资者从中国境内居民企业分配的利润，直接投资于非禁止外商投资的项目和领域，符合规定条件的，暂不征收预提所得税

(2) 需同时满足以下条件
- ①以分得利润直接投资
- ②分得的利润属于居民企业已经实现的留存收益而形成的股息、红利等权益性投资收益
- ③用于再投资的直接性
  - a. 以现金支付：直接投资前不得在境内外其他账户周转
  - b. 以非现金支付：直接投资前不得由其他企业、个人代为持有或临时持有

(3) 直接投资的方式
- ①包括
  - a. 新增或转增境内居民企业实收资本或资本公积
  - b. 在境内投资新建居民企业
  - c. 从非关联方收购境内居民企业股权
- ②不包括 — 新增、转增、收购上市公司股份（符合条件的战略投资除外）

境内机构和个人对外付汇的税收管理

==境外从境内取得收入、境内向境外支付费用，需备案；无须备案==

(1) 需备案的情形 — 单笔＞5万美元的下列情形
- a. 服务贸易收入
- b. 工作报酬、股息、红利、利润、直接债务利息、担保费以及非资本转移的捐赠、赔偿、税收、偶然性所得等收益和经常转移收入
- c. 融资租赁租金、不动产的转让收入、股权转让所得及其他

(2) 无须备案的情形
- ①单笔≤5万美元

国际税收税务管理实务

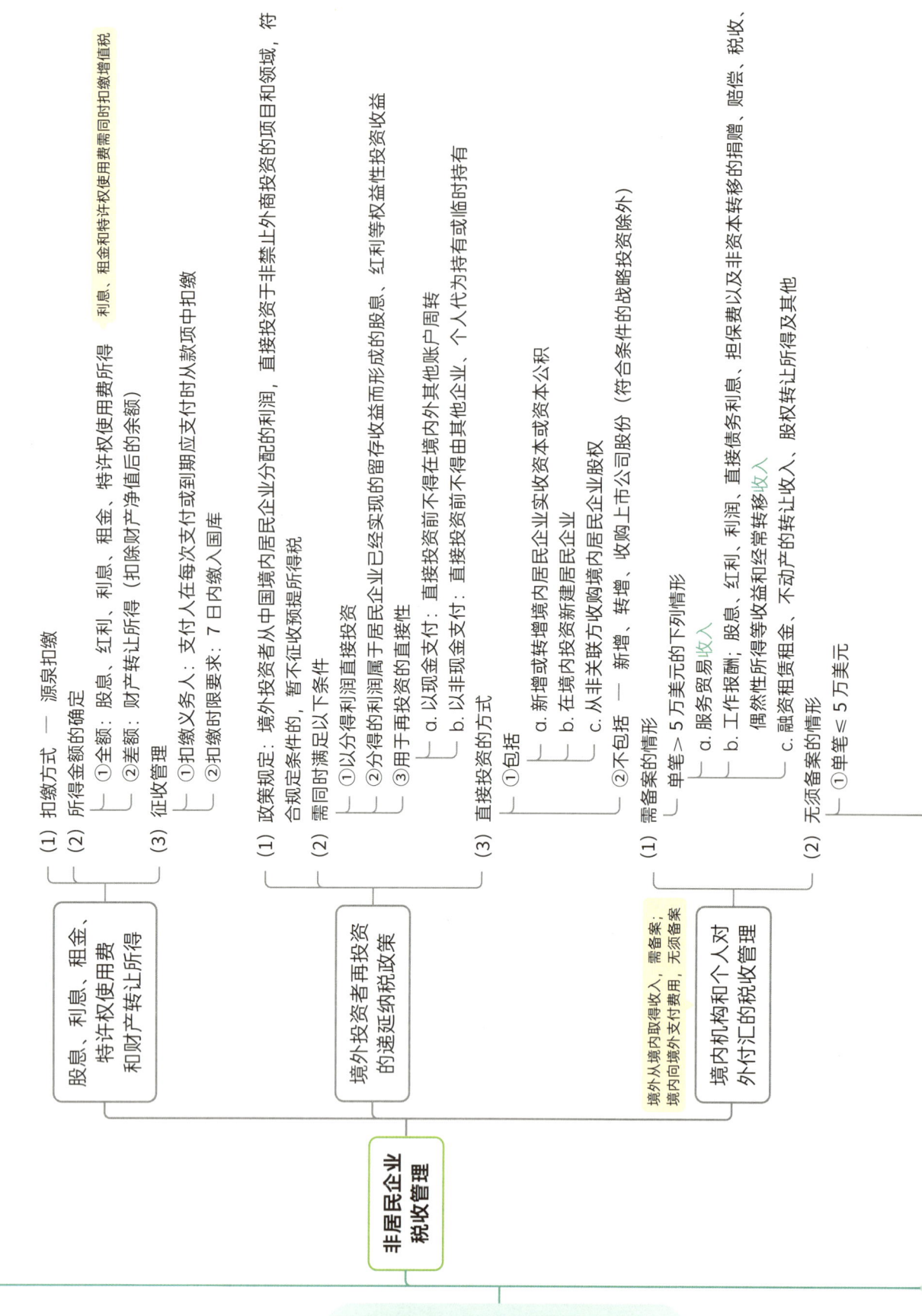

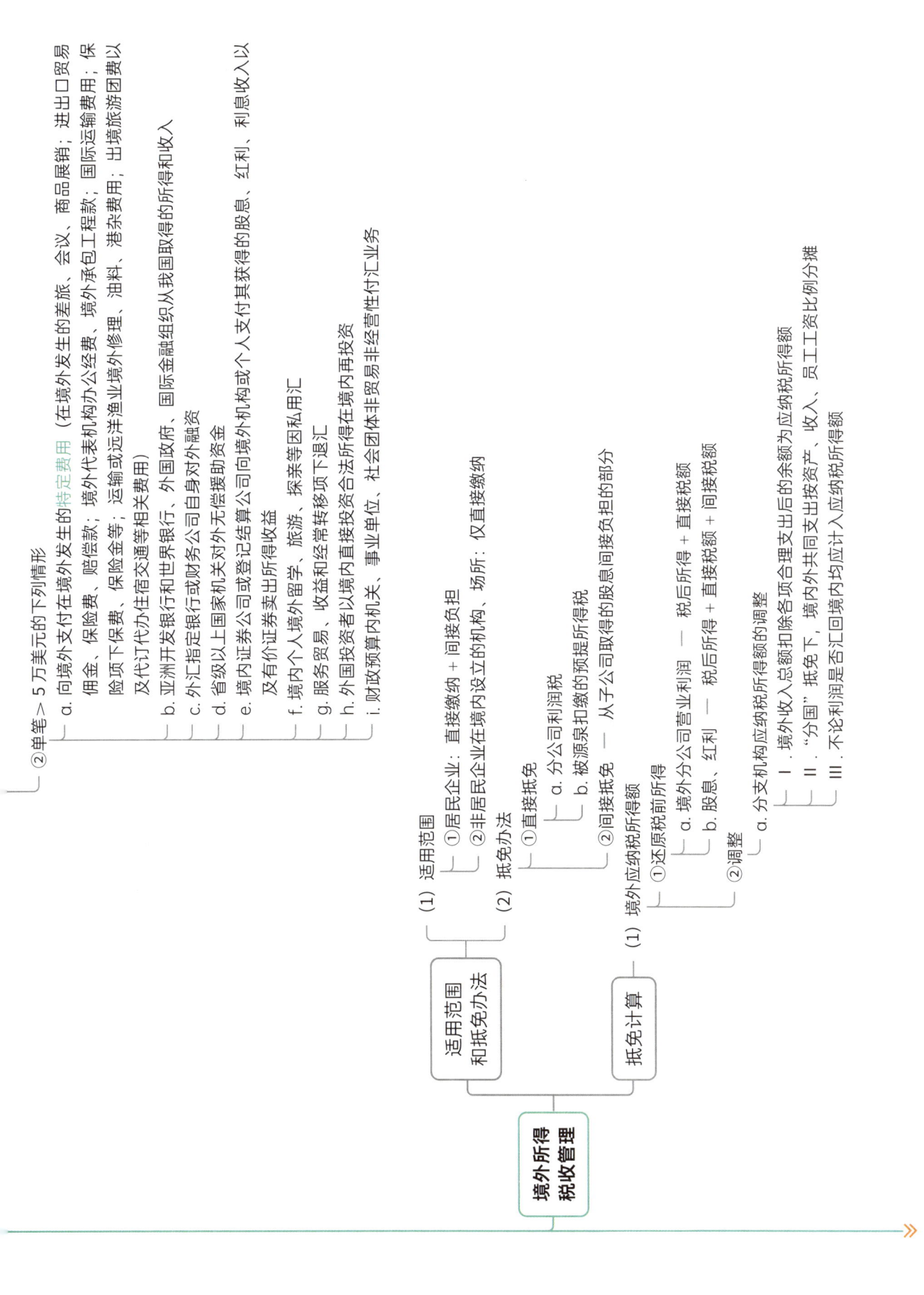

境外所得税收管理

适用范围和抵免办法

(1) 适用范围
① 居民企业：直接缴纳 + 间接负担
② 非居民企业在境内设立的机构、场所：仅直接缴纳

(2) 抵免办法
① 直接抵免
  a. 分公司利润税
  b. 被源泉扣缴的预提所得税
② 间接抵免 — 从子公司取得的股息间接负担的部分

抵免计算

(1) 境外应纳税所得额
① 还原税前所得
  a. 境外分公司营业利润 — 税后所得 + 直接税额
  b. 股息、红利 — 税后所得 + 直接税额 + 间接税额
② 调整
  a. 分支机构应纳税所得额的调整
    Ⅰ. 境外收入总额扣除各项合理支出后的余额为应纳税所得额
    Ⅱ. "分国"抵免下，境内外共同支出按资产、收入、员工工资比例分摊
    Ⅲ. 不论利润是否汇回境内均应计入应纳税所得额
  ② 单笔 > 5 万美元的下列情形
    (在境外发生的特定费用)
    a. 向境外支付在境外发生的特定费用（在境外发生的差旅、会议、商品展销、进出口贸易佣金、保险费、赔偿款；境外代表机构办公经费；境外承包工程款；国际运输费用；保险项下保费、保险金等；运输或远洋渔业境外修理、油料、港杂费用；出境旅游团费以及代订代办住宿交通等相关费用）
    b. 亚洲开发银行和世界银行、国际金融组织从我国取得的所得和收入
    c. 外汇指定银行或财务公司自身对外无偿援助资金
    d. 省级以上国家机关对外无偿援助资金
    e. 境内证券公司或登记结算公司向境外机构或个人支付其获得的股息、红利、利息收入以及有价证券卖出所得收益
    f. 境内个人境外留学、旅游、探亲等因私用汇
    g. 服务贸易、收益和经常转移项下退汇
    h. 外国投资者以境内直接投资所得合法所得在境内再投资
    i. 财政预算内机关、事业单位、社会团体非贸易非经营性付汇业务

国际税收税务管理实务

境外所得税收管理

抵免计算

(1) 境外应纳税所得额
- ①
- ② 调整
  - a.
  - b. 分支机构亏损弥补的规定
    - 不得"内盈补外亏"
    - I. "盈利+亏损" ≥ 0：
    - II. "盈利+亏损" < 0：
      - "实际亏损额"，按照5年结转弥补
      - "非实际亏损额"，无限期向后结转
  - c. 被动所得应纳税所得额的计算 — 允许扣除合理支出，以余额为应纳税所得额

(2) 抵免限额
- ① 分国不分项 的应纳税所得额 × 我国企业所得税税率（25%、15%）
- ② 不分国不分项 — 来源于某国（地区）的应纳税所得额 × 我国企业所得税税率（25%、15%）

  分国不分项：不可内补外，也不可外补内；
  不分国不分项：不可内补外，但可外补内；
  一经选择，5年不变

(3) 可抵免的境外所得税税额
- ① 范围
  - a. 可抵 — 境外、企业所得税性质
  - b. 不可抵
    - I. 错缴错征、不应征收、返还或补偿的税款，利息滞纳金罚款
    - II. 我国应免税的境外所得在国外负担的税款
    - III. 已作为费用从境外所得扣除的税款
- ② 直接抵免
- ③ 间接抵免 不考虑持股比例 持股比例影响能否抵免，分配比例影响抵免多少
  - a. 适用范围
    - I. 第1层：直接持有20%以上股份的外国企业
    - II. 第2-5层：上一层企业直接持有20%以上股份，且由居民企业直接持股20%以上或间接持股20%以上 直接比例与间接比例不能相加计算
  - b. 间接负担税额的计算 — （子公司利润税+子公司预提税+子公司间接税）× 子公司向母公司分配的股息 ÷ 子公司税后利润总额

(4) 税收饶让 — 享受税收优惠的减免税额可作为企业实际缴纳的境外所得税额用于税收抵免

(5) 实际抵免税额（取孰低）
- ① 抵免限额 ＞ 可抵免的境外所得税额 — 据实抵免
- ② 抵免限额 ＜ 可抵免的境外所得税额 — 按抵免限额抵免，超过部分在未来5年内结转抵免
- ③ 抵免后应纳税额的计算 — 企业境内外所得应纳税总额 — 境外所得税抵免额 — 境外优惠税额 — 境外所得抵免税额

简易办法计算抵免
(1) 直接按12.5% — 真实发生但无法确认所得额 — 境外纳税年度结束日所属年度
(2) 直接按25% — 法定税率明显高于我国 — 境外纳税年度结束日所属年度 国家的实际有效税率高于12.5% 抵免税率减免，抵免优惠税额 — 境外所得抵免税额 "白名单"

抵免年度的确定
(1) 境外分支机构税不独立
(2) 股息、红利 — 被投资方作出利润分配决定之日所属年度
(3) 利息、租金、特许权使用费、转让财产等 — 合同约定付款日期所属年度

国际避税与反避税

一般反避税

(1) 一般反避税调整方法
- ① 对安排的全部或部分交易重新定性
- ② 在税收上否定交易方的存在，或将该交易方与其他交易方视为同一实体
- ③ 对相关所得、扣除、税收优惠、境外税收抵免等重新定性或者在交易各方间重新分配

(2) 间接转让财产
- ① 非居民企业通过实施不具有合理商业目的的安排，间接转让中国居民企业股权等财产，规避企业所得税纳税义务的，应重新定性该间接转让交易，确认为直接转让中国居民企业股权等财产
- ② 直接认定不具有合理商业目的
  - a. 75%以上价值来自中国应税财产
  - b. 转让前一年内资产90%以上由境内投资构成，或取得收入90%以上来源境内
  - c. 企业架构不具有经济实质
  - d. 间接转让在境外应缴税负低于直接转让应税财产交易在中国的可能税负

特别纳税调整

(1) 转让定价

① 关联方判定
- a. 关联方：股权关联（达25%以上），资金借贷关联（借贷资金总额占比超50%，或担保占比超10%），特许权使用关联，购销经营关联，董事高管关联，亲属关联
- b. 关联交易类型：有形资产所有权转让或者资产使用权的转让；金融资产的转让；无形资产使用权或者所有权的转让；资金融通；劳务交易

② 同期资料管理
- a. 准备的条件
  - I. 主体文档：发生跨境关联交易，最终控股企业所属企业集团已准备主体文档
  - II. 本地文档：年度关联交易总额超过10亿元
  - III. 特殊事项文档：
    - 有形资产所有权转让金额超过2亿元
    - 金融资产转让金额超过1亿元
    - 无形资产所有权转让金额超过1亿元
    - 其他关联交易金额合计超过4 000万元
- b. 相关时间规定
  - I. 主体文档：年度终了之日起12个月内准备完毕
  - II. 本地文档和特殊事项文档：次年6月30日之前准备完毕
  - III. 自税务机关要求之日起30日内提供
  - IV. 准备完毕之日起保存10年
- c. 豁免情形
  - I. 仅与境内关联方发生关联交易：可不准备同期资料
  - II. 执行预约定价安排：可不准备预约定价安排涉及关联交易的本地文档和特殊事项文档
  - III. 签订成本分摊协议的，准备成本分摊协议特殊事项文档
  - 关联债资比超过标准但符合独立交易原则的，准备资本弱化特殊事项文档

国际税收税务管理实务

国际避税与反避税 — 特别纳税调整

(1) 转让定价

③ 转让定价方法
- a. 可比非受控价格法 — 所有关联交易
- b. 再销售价格法 — 简单加工或单纯购销业务
- c. 成本加成法 — 有形资产使用权或所有权的转让，资金融通，劳务交易等
- d. 交易净利润法 — 不拥有重大价值无形资产企业的有形资产所有权转让和受让、无形资产使用权受让以及劳务交易等

④ 转让定价调查及调整
- a. 调查方法 — 采用算术平均法、加权平均法或者四分位法等，计算可比企业利润或价格的平均值或者四分位区间
- b. 具体调整方法
  - Ⅰ. 采用四分位法，实际利润水平低于中位值的，按不低于中位值调整
  - Ⅱ. 导致国家总体税收收入减少的，通过还原隐匿或抵销交易实施特别纳税调整
  - Ⅲ. 没有导致国家总体税收收入减少，原则上不作调整

⑤ 预约定价安排
- a. 类型 — 单边、双边和多边
- b. 适用范围
  - Ⅰ. 适用期间 — 未来3~5个年度的关联交易
  - Ⅱ. 适用企业类型 — 前3个年度每年关联交易金额在4 000万元以上
- c. 6个阶段 — 预备会谈、谈签意向、分析评估、正式申请、协商签署和监控执行
- d. 监控执行 — 采用四分位法确定价格或利润水平，实际经营成果在区间外，税务机关可调整
- e. 简易程序 — 下列条件满足其一
  - 已提交前3个年度符合规定的同期资料的
  - 前10个年度内曾执行预约定价安排，且执行结果符合安排要求的
  - 前10个年度内，曾受到税务机关特别纳税调整且结案的

(2) 成本分摊协议

① 报送时间：签订或变更成本分摊协议之日起30日内
② 自行分摊的成本不得税前扣除的情形
- a. 不具有合理商业目的和经济实质
- b. 不符合独立交易原则
- c. 未遵循成本与收益配比原则
- d. 未按规定准备同期资料
- e. 自签署成本分摊协议之日起经营期限少于20年

(3) 受控外国企业
- ① 概念 —— 由居民股东经制的设立在实际税负低于12.5%的国家（地区），并非出于合理经营需要对利润不作分配或减少分配的外国企业
- ② 一般规定 —— 视同分配入该居民企业的当期应税收入
- ③ 豁免情形
  - a. 设立在国家税务总局指定的非低税率国家（地区）
  - b. 主要取得积极经营活动所得
  - c. 年度利润总额低于500万元人民币

(4) 资本弱化
- ① 关联债资资比 —— 金融企业：5∶1；其他企业：2∶1
- ② 计算公式
  - a. 关联债资比例 = 年度各月平均关联债权投资之和 ÷ 年度各月平均权益投资之和
  - b. 权益投资金额的确定（取孰高）
    - Ⅰ. 企业资产负债表所列示的所有者权益金额
    - Ⅱ. 所有者权益 = （实收资本或股本＋资本公积）：实收资本或股本＋资本公积
    - Ⅲ. （实收资本＋资本公积）＜实收资本或股本：实收资本或股本（股本）
- ③ 一般规定 —— 超过债资比计算的利息，不得扣除
- ④ 豁免情形 —— 符合独立交易原则；或实际税负不高于境内关联方
- ⑤ 其他 —— 关联债资比超过标准需说明符合独立交易原则的，准备资本弱化特殊事项文档

(5) 特别纳税调整程序
- ① 重点关注的企业
  - a. 营业异常
    - Ⅰ. 关联交易金额大、类型多
    - Ⅱ. 长期亏损、微利或者跳跃性盈利
    - Ⅲ. 低于同行业利润水平
    - Ⅳ. 收益成本不配比
    - Ⅴ. 与低税国（地区）关联交易
  - b. 不符合规定
    - Ⅰ. 未按规定关联申报或者准备同期资料
    - Ⅱ. 关联方债资比超过规定标准
  - c. 减少分配 —— 设立在实际税负低于12.5%的国家（地区）的企业不具有合理商业目的的税收筹划或者安排配或者减少分配
  - d. 不合理 —— 其他不具有合理商业目的的税收筹划或者安排
- ② 其他重点关注事项
  - a. 依照通知书缴纳税款、利息、滞纳金或者提供相应的担保后，依法申请行政复议
  - b. 涉及向境外关联方支付利息、租金、特许权使用费的，不调整已扣缴的税款

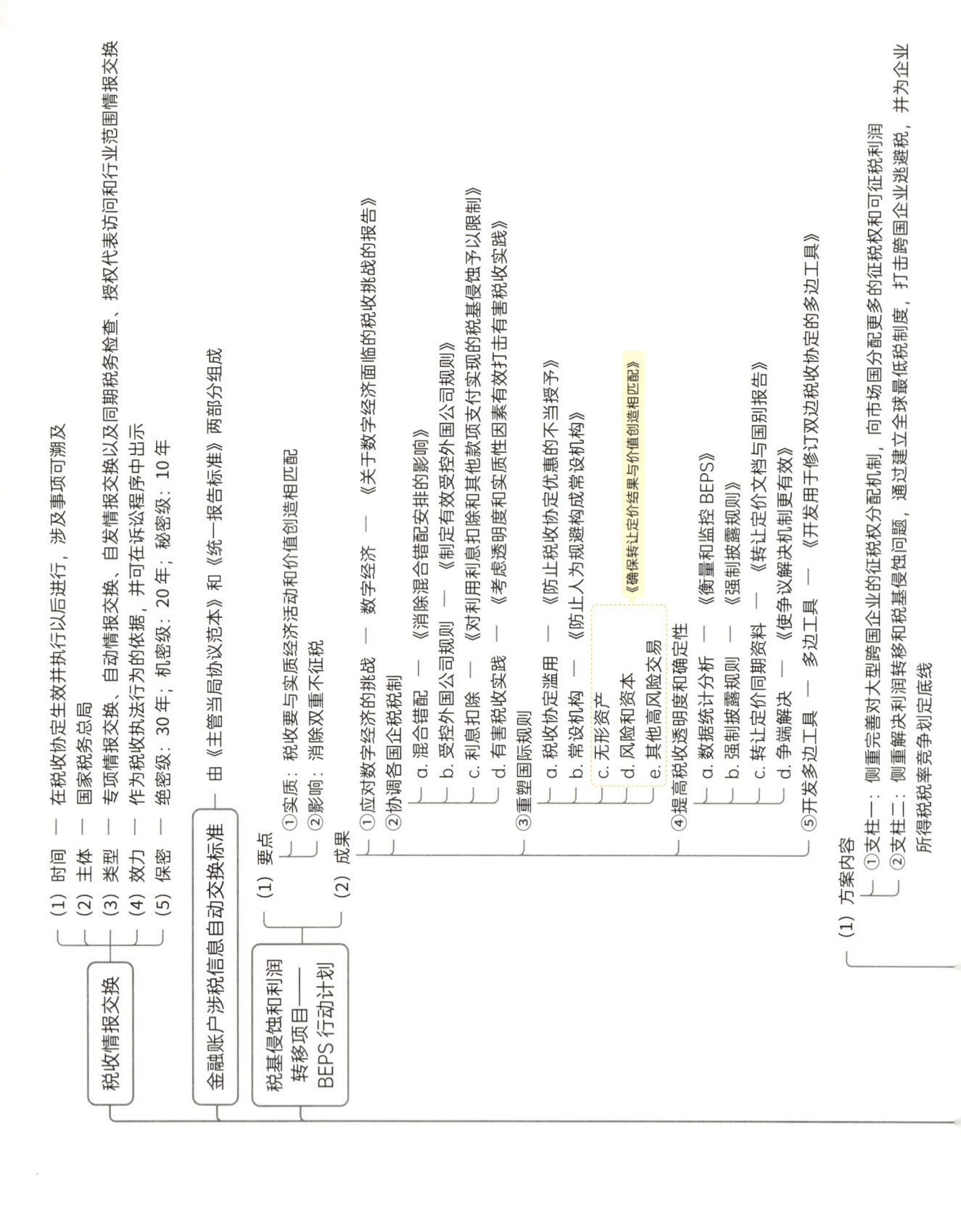

```
┌─ 税收情报交换 ─┬─ (1) 时间 ── 在税收协定生效并执行以后进行，涉及事项可溯及
│                ├─ (2) 主体 ── 国家税务总局
│                ├─ (3) 类型 ── 专项情报交换、自动情报交换、自发情报交换以及同期税务检查、
│                │              授权代表访问和行业范围情报交换
│                ├─ (4) 效力 ── 作为税收执法行为的依据，并可在诉讼程序中出示
│                └─ (5) 保密 ── 绝密级：30年；机密级：20年；秘密级：10年
│
├─ 金融账户涉税信息自动交换标准 ── 由《主管当局协议范本》和《统一报告标准》两部分组成
│
└─ 税基侵蚀和利润     ┬─ (1) 要点 ┬─ ① 实质：税收要与实质经济活动和价值创造相匹配
   转移项目            │          └─ ② 影响：消除双重不征税
   BEPS 行动计划       │
                       └─ (2) 成果 ┬─ ① 应对数字经济的挑战 ── 数字经济 ──《关于数字经济面临的税收挑战的报告》
                                   │
                                   ├─ ② 协调各国企业税制 ┬─ a. 混合错配 ──《消除混合错配安排的影响》
                                   │                    ├─ b. 受控外国公司规则 ──《制定有效受控外国公司规则》
                                   │                    ├─ c. 利息扣除 ──《对利用利息扣除和其他款项支付实现的税基侵蚀予以限制》
                                   │                    └─ d. 有害税收实践 ──《考虑透明度和实质性因素有效打击有害税收实践》
                                   │
                                   ├─ ③ 重塑国际规则 ┬─ a. 税收协定滥用 ──《防止税收协定优惠的不当授予》
                                   │                 ├─ b. 常设机构 ──《防止人为规避构成常设机构》
                                   │                 ├─ c. 无形资产 ┐
                                   │                 ├─ d. 风险和资本 ├《确保转让定价结果与价值创造相匹配》
                                   │                 └─ e. 其他高风险交易 ┘
                                   │
                                   ├─ ④ 提高税收透明度和确定性 ┬─ a. 数据统计分析 ──《衡量和监控 BEPS》
                                   │                            ├─ b. 强制披露规则 ──《强制披露规则》
                                   │                            ├─ c. 转让定价同期资料 ──《转让定价文档与国别报告》
                                   │                            └─ d. 争端解决 ──《使争议解决机制更有效》
                                   │
                                   └─ ⑤ 开发多边工具 ── 多边工具 ──《开发用于修订双边税收协定的多边工具》


┌─ (1) 方案内容 ┬─ ① 支柱一：侧重完善对大型跨国企业的征税权分配机制，向市场国分配更多的征税权和可征税利润
│              └─ ② 支柱二：侧重解决利润转移利用税基侵蚀问题，通过建立全球最低税制度，打击跨国企业逃避税，并为企业
│                            所得税税率竞争划定底线
```

国际税收征管合作

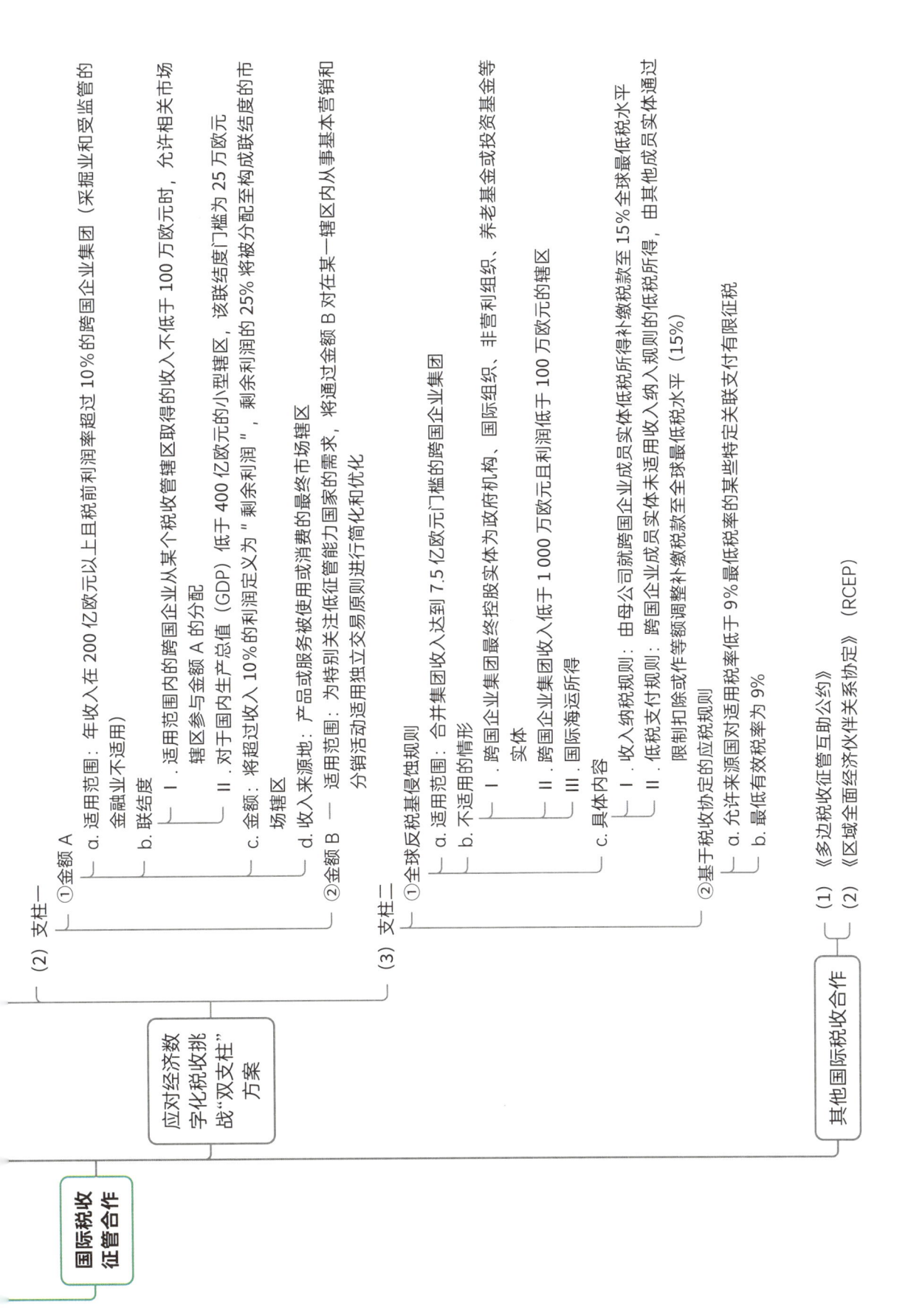

- **应对经济数字化税收挑战"双支柱"方案**
  - (2) 支柱一
    - ① 金额 A
      - a. 适用范围：年收入在 200 亿欧元以上且税前利润率超过 10% 的跨国企业集团（采掘业和受监管的金融业不适用）
      - b. 联结度
        - I. 适用范围内的跨国企业从某个税收管辖区取得收入不低于 100 万欧元时，允许相关市场辖区参与金额 A 的分配
        - II. 对于国内生产总值（GDP）低于 400 亿欧元的小型辖区，该联结度门槛为 25 万欧元
      - c. 金额：将超过收入 10% 的利润定义为"剩余利润"，剩余利润的 25% 将被分配至构成联结度的市场辖区
      - d. 收入来源地：产品或服务被使用或消费的最终市场辖区
    - ② 金额 B — 适用范围：为特别关注征管能力国家的需求，将通过金额 B 对在某一辖区内从事基本营销和分销活动适用独立交易原则进行简化和优化
  - (3) 支柱二
    - ① 全球反税基侵蚀规则
      - a. 适用范围：合并集团收入达到 7.5 亿欧元门槛的跨国企业集团
      - b. 不适用的情形
        - I. 跨国企业集团最终控股实体为政府机构、国际组织、非营利组织、养老基金或投资基金等实体
        - II. 跨国企业集团收入低于 1 000 万欧元且利润低于 100 万欧元的辖区
        - III. 国际海运所得
      - c. 具体内容
        - I. 收入纳税规则：由母公司就跨国企业成员实体低税所得税率补缴税款至 15% 全球最低税水平
        - II. 低税支付规则：跨国企业成员实体未适用收入纳人规则的低税所得，由其他成员实体通过限制扣除或税款等额调整补缴税款至全球最低税率的某些特定关联支付有限征税水平 (15%)
    - ② 基于税收协定的应税规则
      - a. 允许来源国对适用税率低于 9% 最低税率的某些特定关联支付有限征税
      - b. 最低有效税率为 9%
- **其他国际税收合作**
  - (1)《多边税收征管互助公约》
  - (2)《区域全面经济伙伴关系协定》（RCEP）

第十三章 税收征收管理法（考3~5分）

税收征收管理法

概述

- 适用《中华人民共和国税收征收管理法》—— 税务机关征收的各种税种
- 不适用《中华人民共和国税收征收管理法》
  - (1) 税务机关代收的政府收费（如教育费附加和地方教育费附加）
  - (2) 海关征收的关税、船舶吨税以及代征的增值税、消费税

税务登记

- (1) 无须办理税务登记
  - 国家机关、个人、流动性农村小商贩
- (2) 设立税务登记
  - ① 适用"五证合一、一照一码"的：领取营业执照后，无须再次进行税务登记
  - ② 其他需办理税务登记的：30日内办理
- (3) 变更税务登记
  - ① 需在市场监管部门变更登记：无须向税务机关报告变更信息，金税三期自动同步变更
  - ② 不需在市场监管部门变更登记：30日内办理变更税务登记
- (4) 注销税务登记
  - ① 适用情形和时间
    - a. 解散、破产、撤销等
      - Ⅰ. 一般规定：向市场监管部门办理注销前【先税务后市监】
      - Ⅱ. 不需在市场监管部门或其他机关办理注销：批准或者宣告终止15日内
    - b. 吊销、撤销登记：被吊销、撤销之日起15日内
    - c. 境外企业在中国承包工程和提供劳务：项目完工、撤离之日起15日内
    - d. 因住所、经营地点变动，涉及改变税务登记机关：先注销，30日内再设立
  - ② 简易注销程序适用情形（免予办理清税证明）
    - a. 未办理过涉税事宜的
    - b. 办理过涉税事宜但未领用发票，无欠税（滞纳金）及罚款的
    - c. 经人民法院裁定宣告破产的
  - ③ 一般注销程序的"承诺制" 各缺办理
    - a. 前提条件：未处于税务检查状态，无欠税（滞纳金）及罚款，已缴销增值税专用发票及税控设备
    - b. 符合下列情形之一
      - Ⅰ. 纳税信用级别为A级和B级
      - Ⅱ. 控股母公司纳税信用级别为A级的M级
      - Ⅲ. 省级政府引进人才或经省级以上行业协会机构认定的行业领军人才等创办的企业
      - Ⅳ. 未纳入纳税信用级别评价的定期定额个体工商户
      - Ⅴ. 未达到增值税纳税起征点的纳税人

> 因住所、经营地点变动，不涉及改变税务登记机关：变更税务登记

税务管理

- ④非正常状态纳税人注销 —— 需先解除非正常状态；若未履行承诺，纳入纳税信用D级管理
- （5）停业、复业登记
  - ①适用范围：实行定期定额征收方式的个体工商户
  - ②其他规定
    - a. 停业期限不得超过1年
    - b. 停业时结清应纳税款、滞纳金和罚款
    - c. 停业期间发生纳税义务的，按规定申报缴纳税款
    - d. 恢复生产经营之前，办理复业登记
- （6）非正常户处理
  - ①连续3个月所有税种均未进行申报的，自动认定为非正常户
  - ②欠税的非正常户，税务机关要追征税款及滞纳金
  - ③就逾期未申报行为接受处罚，并补办纳税申报的，自动解除其非正常状态

账簿、凭证和发票

- （1）账簿设置
  - ①从事生产、经营的纳税人：15日内
  - ②扣缴义务人：10日内
- （2）财务会计制度备案：15日内
- （3）账簿、记账凭证、报表、完税凭证、发票、出口凭证等涉税资料保管期限：10年
- （4）发票管理
  - ①印制 —— 专票由国务院税务主管部门指定的企业印制，未经规定的，税务机关5个工作日内确认领用发票的种类、数量以及领用方式
  - ②领用
    - a. 一般领用：向主管税务机关办理领购手续
    - b. 临时领用：向经营地税务机关申请代开，税务机关先征收税款，再开具发票
  - ③开具
    - a. 一般收款方向付款方开具，特殊情况（农产品收购）由付款方向收款方开具发票
    - b. 不得虚开发票
      - Ⅰ. 为他人、为自己开具与实际经营业务情况不符的发票
      - Ⅱ. 让他人为自己开具与实际经营业务情况不符的发票
      - Ⅲ. 介绍他人开具与实际经营业务情况不符的发票
    - c. 开具发票应当使用中文。民族自治地区可以同时使用当地通用的一种民族文字

税收征收管理法

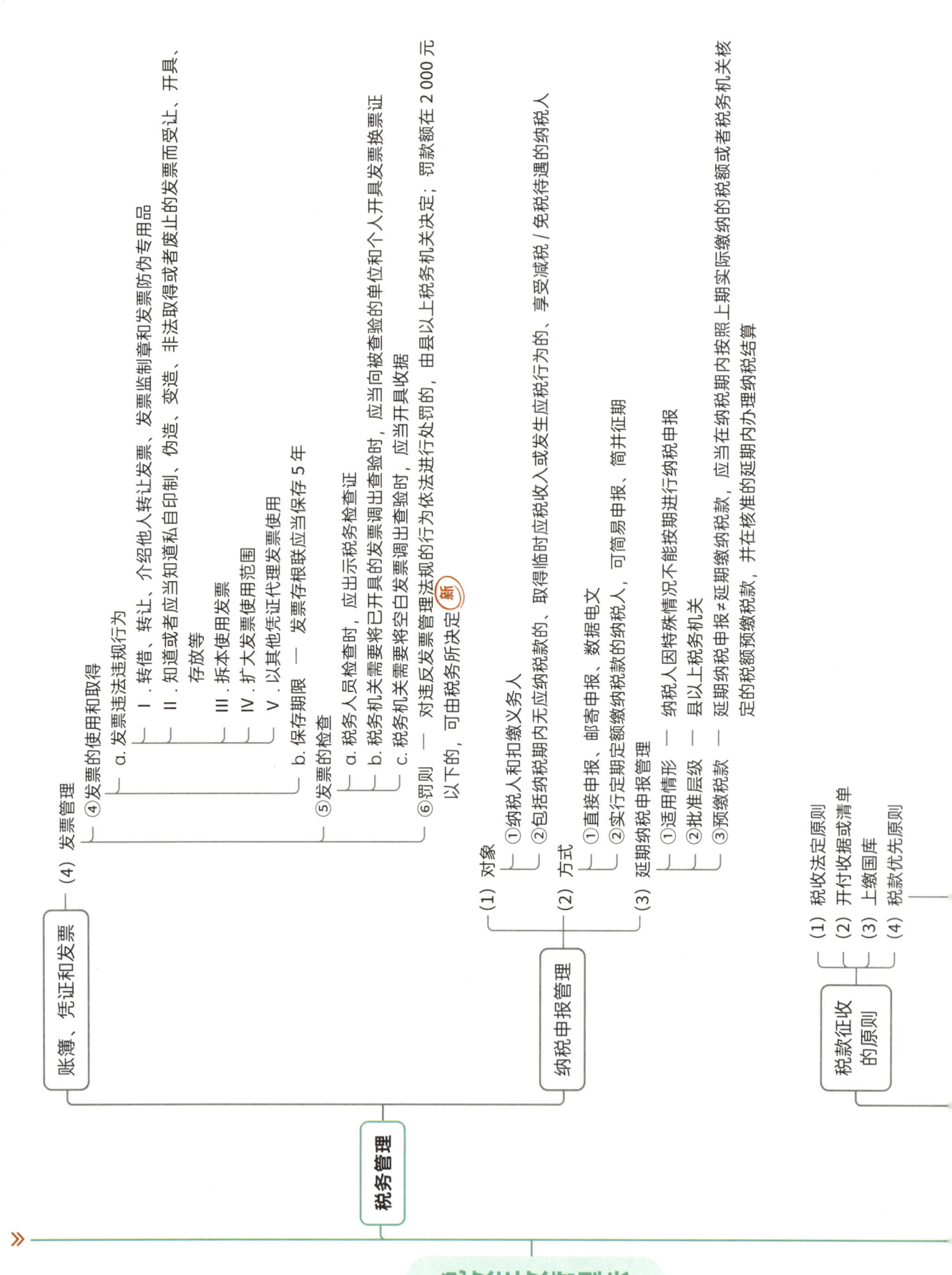

税务管理

(4) 账簿、凭证和发票 — 发票管理

④ 发票的使用和取得

a. 发票违法违规行为
- I. 转借、转让、介绍他人转让发票、发票监制章和发票防伪专用品
- II. 知道或者应当知道私自印制、伪造、变造、非法取得或者废止的发票而受让、开具、存放等
- III. 拆本使用发票
- IV. 扩大发票使用范围
- V. 以其他凭证代理发票使用

b. 保存期限 — 发票存根联应当保存5年

⑤ 发票的检查
- a. 税务人员检查时，应出示税务检查证
- b. 税务机关需要将已开具的发票调出查验时，应当向被查验的单位和个人开具发票换票证
- c. 税务机关需要将空白发票调出查验时，应当开具收据

⑥ 罚则 — 对违反发票管理法规的行为依法进行处罚的，由县以上税务机关决定；罚款额在2 000元以下的，可由税务所决定 【新】

纳税申报管理

(1) 对象
- ① 纳税人和扣缴义务人
- ② 包括纳税期内无应纳税款的，取得临时应税收入或发生应税行为的、享受减税/免税待遇的纳税人

(2) 方式
- ① 直接申报、邮寄申报、数据电文
- ② 实行定期定额缴纳税款的纳税人，可简易申报、简并征期

(3) 延期纳税申报管理
- ① 适用情形 — 纳税人因特殊情况不能按期进行纳税申报
- ② 批准层级 — 县以上税务机关
- ③ 预缴税款 — 延期纳税申报≠延期缴纳税款，应当在纳税期内按照上期实际缴纳的税额或者税务机关核定的税额预缴税款，并在核准的延期内办理纳税结算

税款征收的原则

(1) 税收法定原则
(2) 开付收据或清单
(3) 上缴国库
(4) 税款优先原则

税收征收管理法

第十三章 税收征收管理法

112

税款征收

税款征收的方式
- ① 税收优先于无担保债权
- ② 纳税人发生欠税在前的，税收优先于抵押权、质权和留置权的执行
- ③ 税收优先于罚款、没收非法所得

查账征收、查定征收、查验征收、定期定额征收、委托代征税款、邮寄纳税、其他方式

税款征收制度

(1) 征税和纳税

① 税额核定制度适用情形
- a. 依照规定可以不设置账簿的
- b. 依照规定应当设置账簿但未设置账簿的
- c. 擅自销毁账簿或者拒不提供纳税资料的
- d. 虽设置账簿，但账目混乱或者成本资料、收入凭证、费用凭证残缺不全，难以查账的
- e. 发生纳税义务，未按照规定的期限办理纳税申报，经税务机关责令限期申报，逾期仍不申报的
- f. 计税依据明显偏低，又无正当理由的

② 减免税制度
- a. 减税、免税期满：自期满次日起恢复纳税
- b. 减税、免税条件发生变化：报告税务机关；如再不符合条件，履行纳税义务

③ 代扣代缴、代收代缴税款制度
- a. 不负有代扣、代收税款义务的单位和个人，不得要求其履行义务
- b. 扣缴义务人不履行义务：给予处罚，并责成扣缴义务人限期补扣或补收
- c. 纳税人拒绝扣缴义务人履行义务的：扣缴义务人应当及时报告主管税务机关处理

④ 延期缴与延期纳税申报辨析
- a. 适用情形
  - I. 不可抗力导致纳税人发生较大损失，正常生产经营活动受到较大影响
  - II. 当期货币资金在扣除应支付职工工资、社会保险费后，不足以缴纳税款
- b. 延期期限 —— 最长不得超过3个月，同一笔税款不得滚动审批，延期内免于加收滞纳金
- c. 审批层级 —— 省级税务机关批准

⑤ 税收调整制度
- a. 适用情形 —— 关联企业之间不按独立交易原则而减少其应纳收入或所得额
- b. 追溯期限
  - I. 一般情形：3年
  - II. 特殊情形：10年

税收征收管理法

税款征收制度

税款征收

(1) 征税和纳税

- ⑥欠税清缴制度
  - a. 时限：责令缴纳税款的最长期限不得超过15日
  - b. 具体措施
    - Ⅰ. 阻止出境
    - Ⅱ. 建立改制纳税人欠税的清缴制度
    - Ⅲ. 大额欠税（5万元以上）处分财产报告制度
    - Ⅳ. 税务机关可行使代位权、撤销权
    - Ⅴ. 建立欠税定期公告制度

- ⑦滞纳金征收制度
  - a. 按日加收滞纳税款**万分之五**的滞纳金
  - b. 加收滞纳金起止时间：**税款缴纳期限届满次日起至解缴税款之日止**
  - c. 拒绝缴纳滞纳金的，实行强制执行措施
  - d. 可以先行缴纳欠税，再缴纳滞纳金

(2) 保全措施和强制执行措施

维度	税收保全措施	税收强制执行措施
时间点	规定的纳税期限之前和责令限期缴纳的限期之内	规定的纳税期限之后，责令限期缴纳的期限届满之后
适用主体	纳税人	纳税人、扣缴义务人、纳税担保人
适用情形和法定程序	①在规定的纳税期之前和责令限期缴纳的限期之内，有根据认为纳税人有逃避纳税义务的行为，责令纳税人提前缴纳税款。②在限期内发现纳税人有明显转移、隐匿其应纳税的商品、货物及其他财产迹象的，责令其提供纳税担保，但纳税人不能提供纳税担保的	①纳税人未按照规定期限纳税款，逾期仍未缴纳，经责令限期缴纳。②应坚持"告诫在先"原则
批准层级	县级以上税务局（分局）局长批准	
具体措施	①书面通知纳税人开户银行或其他金融机构冻结纳税人的金额相当于应纳税款的存款。②扣押、查封纳税人的价值相当于应纳税款的商品、货物或者其他财产	①书面通知开户银行或者其他金融机构从其存款中扣缴纳税人的纳税款。②扣押、查封、依法拍卖或者变卖其价值相当于应纳税款的商品、货物或者其他财产，以拍卖或者变卖所得抵缴税款。提示：采用强制执行措施时，对未税纳的滞纳金应同时强制执行
保全措施和强制执行措施的除外财产	①被执行人必要的生产工具，个人及其所扶养家属维持生活必需的住房和用品，措施保全的范围之内（不包括机动车辆、金银饰品、古玩字画、豪华住宅或者一处以外的住房）。②对单价5 000元以下的其他生活用品不采取保全或强制执行措施	税收保全措施维持生活必需的住房和用品，不在税收保全和强制执行（豪华住宅或者一处以外的住房）。
期限	税收保全措施的期限一般不得超过6个月；重大案件需要延长的，应当报国家税务总局批准	—

纳税担保

纳税担保

(3) 税款的退还和追征
① 追征
- a. 因税务机关责任：3年内追征，不得加收滞纳金
- b. 因纳税人、扣缴义务人责任：3年内追征，加收滞纳金；特殊情况（涉及税款10万元以上），延长到5年
- c. 偷税、抗税、骗税：无限期追征，加收滞纳金

② 退还
- a. 税务机关发现：应当立即退还
- b. 纳税人发现：3年内可退还，退银行同期存款利息

(4) 企业破产清算程序中的税收征管
① 债权申报
- a. 所欠税款（包括附加）按"欠缴税款"申报
- b. 所欠滞纳金、因特别纳税调整产生的利息按"普通破产债权"申报

② 破产管理
- a. 破产程序中发生应纳税情形，按规定申报纳税
- b. 管理人以企业名义办理涉税事宜
- c. 需开发票的，管理人以企业名义开具或者代开

(5) 无《欠税证明》开具服务 — 不得存在应申报而未申报记录且不存在应缴未缴的税款可开具

(1) 方式 — 保证、抵押、质押
(2) 范围 — 税款、滞纳金和实现税款、滞纳金的费用
(3) 适用情形
① 有根据认为纳税人有逃避纳税义务的，责令限期缴纳，限期内发现转移、隐匿迹象的
② 欠缴税款、滞纳金的纳税人或者其法定代表人需要出境的
③ 纳税人同税务机关在纳税上发生争议需要申请行政复议的
④ 其他情形

纳税保证

(1) 不得担任纳税保证人
① 国家机关、学校、幼儿园、医院等事业单位、社会团体
② 企业法人的职能部门（分支机构有授权的，可在授权范围内提供担保）
③ 有"偷逃抗骗"行为被追究过法律责任未满2年的
④ 因收收违法行为正在被处理或案处理或涉嫌刑事犯罪被立案侦查的
⑤ 纳税信誉等级被评为C级以下的
⑥ 在主管税务机关税务登记不在本地的市不在所的自然人或税务登记不在本市的企业
⑦ 无民事行为能力或限制民事行为能力的自然人
⑧ 与纳税人存在担保关联关系的
⑨ 有欠税行为的

(2) 保证责任 — 连带责任

(3) 时间规定
① 保证期间：缴纳税款期限届满之日起60日内
② 履责期限：收到纳税通知书之日起15日内

(4) 违反保证责任
① 责令纳税保证人在限期15日内缴纳
② 逾期仍未缴纳，经批准采取强制执行措施

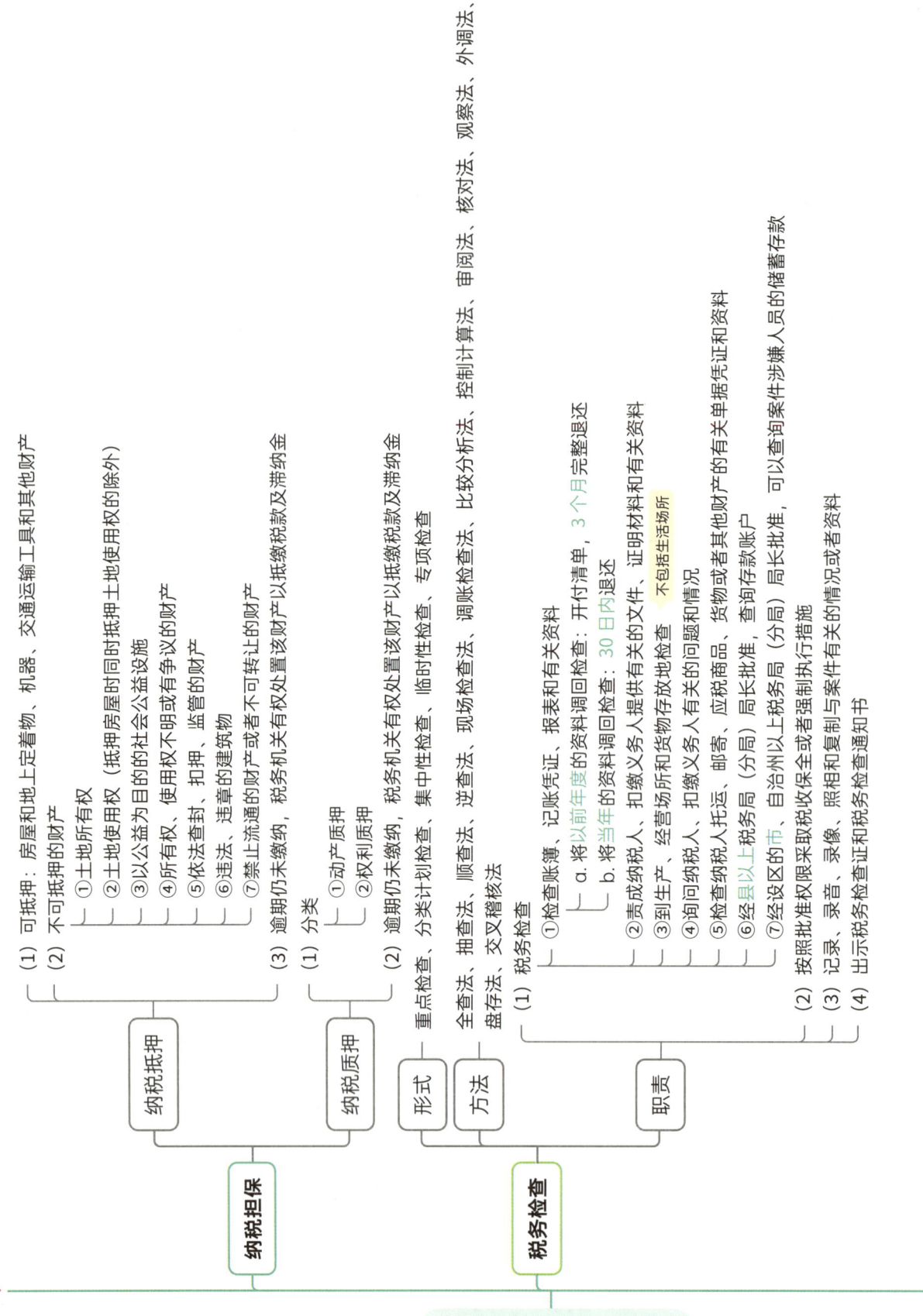

税收征收管理法

纳税担保

纳税抵押

(1) 可抵押：房屋和地上定着物、机器、交通运输工具和其他财产

(2) 不可抵押的财产
- ①土地所有权
- ②土地使用权（抵押房屋时同时抵押土地使用权的除外）
- ③以公益为目的的社会公益设施
- ④所有权、使用权不明或者有争议的财产
- ⑤依法查封、扣押、监管的财产
- ⑥违法、违章的建筑物
- ⑦禁止流通的财产或者不可转让的财产

(3) 逾期仍未缴纳，税务机关有权处置该财产以抵缴税款及滞纳金

纳税质押

(1) 分类
- ①动产质押
- ②权利质押

(2) 逾期仍未缴纳，税务机关有权处置该财产以抵缴税款及滞纳金

税务检查

形式
重点检查、分类计划检查、集中性检查、临时性检查、专项检查

方法
全查法、抽查法、顺查法、逆查法、现场检查法、调账检查法、比较分析法、控制计算法、审阅法、核对法、观察法、外调法、盘存法、交叉稽核法

职责

(1) 税务检查
- ①检查账簿、记账凭证、报表和有关资料
  - a. 将以前年度的资料调回检查：开付清单，3个月内整还
  - b. 将当年的资料调回检查：30日内退还
- ②责成纳税人、扣缴义务人提供有关的文件、证明材料和有关资料
- ③到生产、经营场所和货物存放地检查（**不包括生活场所**）
- ④询问纳税人、扣缴义务人有关的问题和情况
- ⑤检查纳税人托运、邮寄、应税商品、货物或者其他财产的有关单据凭证和资料
- ⑥县以上税务局（分局）局长批准，查询存款账户
- ⑦经设区的市、自治州以上税务局（分局）局长批准，可以查询案件涉嫌人员的储蓄存款

(2) 按照批准权限采取税收保全或者强制执行措施

(3) 记录、录音、录像、照相和复制与案件有关的情况或者资料

(4) 出示税务检查证和税务检查通知书

法律责任

违反税务登记相关规定的处罚

违法违规行为	税收征收管理法处罚
纳税人不办理税务登记的	责令限期改正。逾期不改正的，吊销营业执照
纳税人有下列行为之一的： (1) 未按照规定的期限申报办理税务登记、变更或者注销登记的。 (2) 未按照规定设置、保管账簿或者保管记账凭证以及有关资料的。 (3) 未按照规定将财务、会计制度或者财务、会计处理办法和会计核算软件报送税务机关备查的。 (4) 未按照规定将其全部银行账号向税务机关报告的。 (5) 未按照规定安装、使用税控装置，或者损毁或擅自改动税控装置的。 (6) 纳税人未按照规定办理税务登记证验证或者换证手续的	责令限期改正。可以处 2 000 元以下的罚款。情节严重的，处 2 000 元以上 1 万元以下的罚款
纳税人通过提供虚假的证明资料等手段，骗取税务登记证的	处 2 000 元以下的罚款。情节严重的，处 2 000 元以上 1 万元以下的罚款
纳税人未按照规定使用税务登记证件，或者转借、涂改、损毁、买卖、伪造税务登记证的	处 2 000 元以上 1 万元以下的罚款。情节严重的，处 1 万元以上 5 万元以下的罚款
扣缴义务人未按照规定办理扣缴税款登记的	3 日内责令其限期改正。可以处 1 000 元以下的罚款
扣缴义务人未按照规定设置、保管账簿或者保管记账凭证及有关资料的	责令限期改正。可以处 2 000 元以下的罚款。情节严重的，处 2 000 元以上 5 000 元以下的罚款

违反发票管理相关规定的处罚

(1) 税收征收管理法

违法违规行为	处罚
应开具而未开具、未按规定开具发票等一般发票违法行为	处 1 万元以下的罚款。有违法所得的予以没收
私自印制、伪造、变造、转借、发票监制章及发票防伪专用品等严重的发票违法行为	处 1 万元以上 5 万元以下的罚款。情节严重的，并处 5 万元以上 50 万元以下的罚款；有违法所得的予以没收
①跨税收管辖区域使用发票，邮寄、运输空白发票，以及携带、邮寄或者运输空白发票出入境 ②丢失发票或者擅自损毁发票	处 1 万元以下的罚款。情节严重的，处 1 万元以上 3 万元以下的罚款
虚开发票或非法代开发票	①没收违法所得。 ②虚开金额 1 万元以下：处 5 万元以下的罚款；虚开金额超过 1 万元：处 5 万元以上 50 万元以下的罚款。 ③构成犯罪的，依法追究刑事责任
违反发票管理法规导致其他单位或者个人未缴、少缴或者骗取税款	处未缴、少缴或者骗取的税款 1 倍以下的罚款

法律责任

(2) 刑法 🆕

违反发票管理相关规定的处罚

违法违规行为	处罚
虚开增值税专用发票或者虚开用于骗取出口退税、抵扣税款的其他发票	①税款数额10万元以上的,处3年以下有期徒刑或者拘役,并处2万元以上20万元以下罚金。 ②虚开的税款数额较大(50万元以上)或者有其他严重情节的,处3年以上10年以下有期徒刑,并处5万元以上50万元以下罚金。 提示:具有下列情形之一,无法追回的税款数额达到30万元以上。 a.在提起公诉前,无法追回虚开发票受过刑事处罚或者2次以上行政处罚,又发生左述情形,虚开税款数额在30万元以上的。 b.5年内因虚开发票受过刑事处罚或者2次以上行政处罚,又发生左述情形,虚开税款数额在30万元以上的。 ③情节特别严重的,认定为"其他特别严重情节"。 提示:具有下列情形之一,无法追回的税款数额达到300万元以上。 a.在提起公诉前,无法追回虚开发票受过刑事处罚或者2次以上行政处罚,又发生左述情形,虚开税款被骗损失的,不数额在300万元以上的。 b.5年内因虚开发票受过刑事处罚或者2次以上行政处罚,又发生左述情形,虚开税款被骗损失的,不数额在300万元以上的。 ④为虚增业绩、融资、贷款等不以骗抵税款为目的,没有因抵扣造成税款被骗损失的,不以本罪论处
虚开上述情形外的其他发票,即: ①没有实际业务而为他人、为自己、让他人为自己、介绍他人开具发票的。 ②有实际业务,但为他人、为自己、让他人为自己、介绍他人开具与实际业务的货物名称、服务名称、货物数量、金额等不符的发票的。 ③非法篡改发票相关电子信息的。 ④违反规定以其他手段虚开的	①情节严重的,处2年以下有期徒刑、拘役或者管制,并处罚金。 提示:具有下列情形之一的,认定为"情节严重"。 a.虚开发票票面金额50万元以上的。 b.虚开发票100份以上且票面金额30万元以上的。 c.5年内因虚开发票受过刑事处罚或者2次以上行政处罚,又虚开发票,票面金额达到第a项和第b项规定标准60%以上的。 ②情节特别严重的,处2年以上7年以下有期徒刑,并处罚金。 提示:具有下列情形之一的,认定为"情节特别严重"。 a.虚开发票票面金额250万元以上的。 b.虚开发票500份以上且票面金额150万元以上的。 c.5年内因虚开发票受过刑事处罚或者2次以上行政处罚,又虚开发票,票面金额达到第a项和第b项规定标准60%以上的
伪造或者出售伪造的增值税专用发票	①处3年以下有期徒刑、拘役或者管制,并处2万元以上20万元以下罚金。 ②数量较大或者有其他严重情节的,处3年以上10年以下有期徒刑,并处5万元以上50万元以下罚金。 提示: a.专用发票50份以上,或者50份以上且票面税额30万元以上的,认定为"数量较大"。 b.5年内因左述事项受过刑事处罚或者2次以上行政处罚,又实施该行为,票面税额30万元以上的,或者违法所得5万元以上的,认定为"其他严重情节"

税收征收管理法

续表

违法违规行为	处罚
伪造或者出售伪造的增值税专用发票	③数量巨大或者有其他特别严重情节的，处10年以上有期徒刑或者无期徒刑，并处5万元以上50万元以下罚金或者没收财产。 提示： a. 专用发票税额500万元以上的，或者500份以上且票面税额300万元以上的，认定为"数量巨大"。 b. 5年内因上述事项受过刑事处罚或者2次以上行政处罚，又实施该行为，票面税额达到"数量巨大"标准60%以上的，或者违法所得50万元以上的，认定为"其他特别严重情节"。
非法出售增值税专用发票的	①处3年以下有期徒刑、拘役或者管制，并处2万元以上20万元以下罚金。 ②数量较大的，处3年以上10年以下有期徒刑，并处5万元以上50万元以下罚金。 ③数量巨大的，处10年以上有期徒刑或者无期徒刑，并处5万元以上50万元以下罚金或者没收财产。 提示：上述规定中"数量较大""数量巨大"的标准同"伪造或者出售伪造的增值税专用发票"。
非法购买增值税专用发票或者购买伪造的增值税专用发票的	票面税额20万元以上的，或者20份以上且票面税额10万元以上的，处5年以下有期徒刑或者拘役，并处或者单处2万元以上20万元以下罚金。
①伪造、擅自制造或者出售伪造、擅自制造的其他发票，可以用于骗取出口退税、抵扣税款的，具有下列情形之一的： a. 票面可以退税、抵扣税额10万元以上的。 b. 伪造、擅自制造或者出售伪造、擅自制造的发票10份以上且票面可以退税、抵扣税款的税额6万元以上的。 c. 违法所得1万元以上的。 ②非法出售可以用于骗取出口退税、抵扣税款的其他发票	①处3年以下有期徒刑、拘役或者管制，并处2万元以上20万元以下罚金。 ②数量巨大的，处3年以上7年以下有期徒刑，抵扣税额50万元以上的，或者50份以上且票面可退、抵扣税额30万元以上的，认定为"数量巨大"。 ③数量特别巨大的，处7年以上有期徒刑，抵扣税额500万元以上的，或者500份以上且票面可退、抵扣税额300万元以上的，认定为"数量特别巨大"。
①伪造、擅自制造或者出售伪造、擅自制造的前款规定以外的其他发票，具有下列情形之一的： a. 票面金额50万元以上的。 b. 伪造、擅自制造或者出售伪造、擅自制造发票100份以上且票面金额30万元以上的。 c. 违法所得1万元以上的。 ②非法出售前款规定的其他发票	①处2年以下有期徒刑、拘役或者管制，并处或者单处1万元以上5万元以下罚金。 ②情节严重的，处2年以上7年以下有期徒刑，并处5万元以上50万元以下罚金。 提示：具体下列情形之一的，应当认定为"情节严重"。 a. 票面金额250万元以上的。 b. 伪造、擅自制造或者擅自出售伪造发票500份以上且票面金额150万元以上的。 c. 违法所得5万元以上的。

税收征收管理法

法律责任

违反纳税申报和缴纳扣缴税款相关规定的处罚

违法违规行为	税收征收管理法处罚
纳税人未按规定期限办理纳税申报和报送纳税资料的	(1) 责令限期改正。 (2) 可以处 2 000 元以下的罚款。 (3) 情节严重的,可以处 2 000 元以上 1 万元以下的罚款
扣缴义务人未按照规定的期限向税务机关报送代扣代缴等有关资料的	(1) 责令限期改正。 (2) 并处 5 万元以下的罚款
纳税人、扣缴义务人编造虚假计税依据进行虚假申报的	(1) 追缴其不缴或者少缴的税款、滞纳金。 (2) 并处不缴或者少缴税款 50% 以上 5 倍以下的罚款
纳税人不进行纳税申报,不缴或者少缴应纳税款的	(1) 追缴其不缴或者少缴其不缴或者少缴的税款。 (2) 并处不缴或者少缴税款 50% 以上 5 倍以下的罚款
纳税人、扣缴义务人在规定期限内不缴或者少缴应纳或者应解缴的税款,经税务机关责令限期缴纳,逾期仍不缴纳的	(1) 向纳税人追缴税款。 (2) 可以处不缴或者少缴税款 50% 以上 3 倍以下的罚款
扣缴义务人应扣未扣,应收未收税款的	对扣缴义务人处不扣、应收未收税款,应收未扣,处不扣未收税款 50% 以上 3 倍以下的罚款

偷、逃、抗、骗税相关的处罚

(1) 逃避缴纳税款

维度	具体情形	处罚规定
税收征收管理法	纳税人伪造、变造、隐匿、擅自销毁账簿、记账凭证,或者在账簿上多列支出或者不列、少列收入,或者经税务机关通知申报而拒不申报,或者进行虚假的纳税申报,不缴或者少缴应纳税款	① 针对纳税人: a. 追缴其不缴或者少缴的税款、滞纳金。 b. 并处不缴或者少缴的税款 50% 以上 5 倍以下的罚款。 c. 构成犯罪的,依法追究刑事责任。 ② 针对扣缴义务人: 扣缴义务人采取前列所列手段,不缴或少缴已扣、已收税款,与纳税人逃避缴纳税款行为的处罚相同
新 刑法	纳税人采取欺骗、隐瞒手段进行虚假纳税申报或者不申报,逃避缴纳税款。 提示:针对扣缴义务人同样适用	① 数额较大 (10 万元以上),并且占应纳税额 10% 以上的,处 3 年以下有期徒刑或者拘役,并处罚金。 ② 数额巨大 (50 万元以上),并且占应纳税额 30% 以上的,处 3 年以上 7 年以下有期徒刑,并处罚金。 提示: a. 应纳税额不包括海关代征的增值税、关税等及纳税人依法预缴的税额。 b. 逃避缴纳税款数额占应纳税额的百分比,指任一个纳税年度中各税种逃税总额与该纳税年度应纳税总额的比例。 c. 逃税行为跨越若干个纳税年度,只要其中一个纳税年度达到以上标准,即构成逃税罪 d. 纳税人有逃避缴纳税款行为,在公安机关立案前,经税务机关依法下达追缴通知后,足额补缴应纳税款,缴纳滞纳金,并全部履行行政处罚决定的,不予追究刑事责任。但是,5 年内因逃避缴纳税款受过刑事处罚或者被税务机关给予 2 次以上行政处罚的除外

(2) 逃避追缴欠税

具体情形	维度	处罚规定
纳税人欠缴应纳税款，采取转移或者隐匿财产的手段，妨碍税务机关追缴欠缴的税款（致使税务机关无法追缴欠缴的税款）	税收征收管理法	①追缴欠缴的税款、滞纳金。 ②并处欠缴税款50%以上5倍以下的罚款 ③构成犯罪的，依法追究刑事责任
	刑法（新）	①数额在1万元以上不满10万元的，处3年以下有期徒刑或者拘役，并处或者单处欠缴税款1倍以上5倍以下罚金。 ②数额在10万元以上的，处3年以上7年以下有期徒刑，并处欠缴税款1倍以上5倍以下罚金

(3) 抗税

具体情形	维度	处罚规定
以暴力、威胁方法拒不缴纳税款	税收征收管理法	①情节轻微未构成犯罪的，追缴其拒缴的税款、滞纳金。 ②并处拒缴税款1倍以上5倍以下的罚款。 ③构成犯罪的，依法追究刑事责任
	刑法（新）	①处3年以下有期徒刑或者拘役，并处拒缴税款1倍以上5倍以下罚金。 ②情节严重的，处3年以上7年以下有期徒刑，并处拒缴税款1倍以上5倍以下罚金

(4) 骗取出口退税

具体情形	维度	处罚规定
以假报出口或者其他欺骗手段，骗取国家出口退税款	税收征收管理法	①追缴其骗取的退税款。 ②并处骗取税款1倍以上5倍以下的罚款。 ③构成犯罪的，依法追究刑事责任
	刑法（新）	①数额较大的（10万元以上），处5年以下有期徒刑或者拘役，并处骗取税款1倍以上5倍以下罚金。 ②数额巨大（50万元以上）或者有其他严重情节的，处5年以上10年以下有期徒刑，并处骗取税款1倍以上5倍以下罚金。 ③数额特别巨大（500万元以上）或者有其他特别严重情节的，处10年以上有期徒刑或者无期徒刑，并处骗取税款1倍以上5倍以下罚金或者没收财产

税收征收管理法

纳税信用管理和重大税收违法失信主体信息公布管理

纳税信用评估和纳税信用级别

(1) 纳税信用信息采集工作由国家税务总局和省税务机关组织实施，按月采集，包括历史信息、内部信息和外部信息

(2) 纳税信用管理的对象
- ① 已办理税务登记，从事生产、经营并适用查账征收的企业纳税人
- ② 不满一个评价年度的新设立企业
- ③ 评价年度内无生产经营业务收入的企业
- ④ 企业所得税核定征收办法的企业

(3) 评价周期和结果
- ① 评价周期：一个纳税年度
- ② 结果公布时间：次年4月
- ③ 不参加本期评价的纳税人
  - a. 纳入纳税信用管理不满一个评价年度的
  - b. 因涉嫌税收违法违规被立案查处尚未结案的
  - c. 税务机关正在依法处理税收违法行为，尚未办结的
  - d. 已申请税务行政复议、提起行政诉讼尚未结案的

(4) 纳税信用评价方法
- ① 年度评价指标得分
  - a. 3年内有非经常性指标信息：100分起评
  - b. 3年内无非经常性指标信息：90分起评
- ② 直接判级——有严重失信行为的纳税人

(5) 纳税信用级别
- ① A级
  - a. 90分以上的
  - b. 不能评为A级纳税人
    - Ⅰ. 实际生产经营期不满3年的
    - Ⅱ. 上一纳税年度信用评价结果为D级的
    - Ⅲ. 非正常原因一个评价年度内增值税连续3个月或者累计6个月零申报、负申报的
    - Ⅳ. 不能按规定设置账簿，并根据合法、有效凭证核算，向税务机关提供准确税务资料的
- ② B级——70分以上不满90分的
- ③ C级——40分以上不满70分的
- ④ D级
  - a. 不满40分
  - b. 直接判级（有严重失信行为）
- ⑤ M级
  - a. 未发生任何失信行为 + 当年新设立企业
  - b. 未发生任何失信行为 + 评价年度内无生产经营业务收入 + 年度评价指标得分70分以上的企业

纳税信用修复

(1) 修复的情形和需满足的条件
① 未按期限办理纳税申报、税款缴纳、备案等事项：已补办
② 未足额缴纳税款、滞纳金和罚款，被直接评级为 D 级：60 日内足额缴纳、补缴
③ 被确定为重大违法失信主体，未构成犯罪，被直接评级判为 D 级，或本年度保留维持 D 级：前 12 个月没有新增失信行为
④ 由 D 级纳税人直接责任人员登记或经营失信行为：前 6 个月没有新增失信行为
⑤ 非正常户：履行相应义务解除非正常户
⑥ 破产企业或其管理人在重整或和解程序中：已依法缴纳税款、滞纳金、罚款，并纠正失信行为

(2) 其他规定
① 非正常户失信行为纳税信用修复一个纳税年度只能申请一次
② 首违不罚、相关记录不纳入纳税信用评价
③ 主管税务机关自受理纳税信用修复申请之日起 15 个工作日内完成审核，并向纳税人反馈信用修复结果

重大税收违法失信主体信息公布管理

(1) 范围
① 逃税：不缴或少缴应纳税款 100 万元以上，且任一年度不缴或者少缴应纳税总额 10% 以上的
② 欠税：100 万元以上的
③ 抗税、骗税：无标准、直接公布
④ 虚开发票
    a. 专票或骗取出口退税、抵扣税款的其他发票：无金额限制
    b. 普票：100 份以上或骗取国家出口退税款 100 万元以上或少缴税款 100 万元以上的
⑤ 走逃失联户
⑥ 伪造、变造发票及周边
⑦ 非法提供账户、发票、证明等等导致未缴、少缴税款 100 万元以上或少缴税款 100 万元以上的
⑧ 税务代理人违法代理造成纳税人未缴或者少缴税款 100 万元以上的

(2) 其他规定
① 公布期限—3 年
② 不予公布—"逃税、欠税"失信主体失信信息公布前缴清税款、滞纳金和罚款，经税务机关确认，不予公布
③ 提前停止公布—失信主体失信信息公布前缴清税款、滞纳金和罚款，经税务机关确认，且信息已公布满 6 个月的
④ 不予提前停止公布
    a. 缴清税款、滞纳金、罚款，失信主体破产，重大自然灾害，公共卫生、社会安全等突发事件期间，做出突出社会贡献的
    b. 被确认为失信主体后，又发生税收违法行为受到处理或行政处罚的
    a. 五年内被确定为失信主体两次以上的

涉税专业服务监管办法与基本准则

涉税专业服务监管办法（试行）

(1) 涉税专业服务项目（八大类）
- ①纳税申报代理
- ②一般税务咨询
- ③专业税务顾问 ┐
- ④税收策划　　│ 只能由税务师事务所、会计师事务所、律师事务所从事。相关
- ⑤涉税鉴证　　│ 文书应由税务师、注册会计师、律师签字，并承担相应责任
- ⑥纳税情况审查 ┘
- ⑦其他税务事项代理
- ⑧其他涉税服务

(2) 对涉税专业服务机构实施监管内容 —— 登记管理、实名制管理、执业检查与调查、信用评价与记录、信息信息公告、监督指导、便捷服务、业务信息采集等

(3) 违规处罚

分类	具体情形	监管责任和措施
轻微的违规责任	①使用税务师事务所名称未办理行政登记的。 ②未按照办税实名制要求提供涉税专业服务机构和从事涉税服务人员实名信息的。 ③未按照业务信息采集要求报送从事涉税专业服务有关情况的。 ④报送信息与实际不符的。 ⑤拒不配合税务机关检查、调查的。 ⑥其他	①责令限期改正或予以约谈。 ②逾期不改正的，降低信用等级或纳入信用记录，暂停受理所代理的涉税业务（不超过6个月）。 ③情节严重的，纳入失信记录，予以公告并推送；其所代理的涉税业务不予受理
严重的违法违规行为	①违反税收法律、行政法规，造成委托人未缴或者少缴税款，按照《中华人民共和国税收征收管理法》相关规定被处罚的。 ②未按涉税专业服务规范执业，出具虚假意见的。 ③采取隐瞒、欺诈、贿赂、串通、回扣等不正当竞争手段承揽业务，损害委托人或他人利益的。 ④利用服务之便，谋取不正当利益的。 ⑤以税务机关和税务人员的名义敲诈纳税人，扣缴义务人的。 ⑥向税务机关工作人员行贿或者指使、诱导委托人行贿的。 ⑦其他	①列为重点监管对象，降低信用等级或纳入失信记录，暂停受理所代理的涉税业务（不超过6个月）。 ②情节较重的，纳入失信记录，予以公告并推送，其所代理的涉税业务不予受理。 ③情节严重的，宣布行政登记无效，提请市场监管部门吊销营业执照，提请行业协会取消其职业资格证书登记，收回其资格证书并公告；涉税服务人员也应作相应处理

税收征收管理法

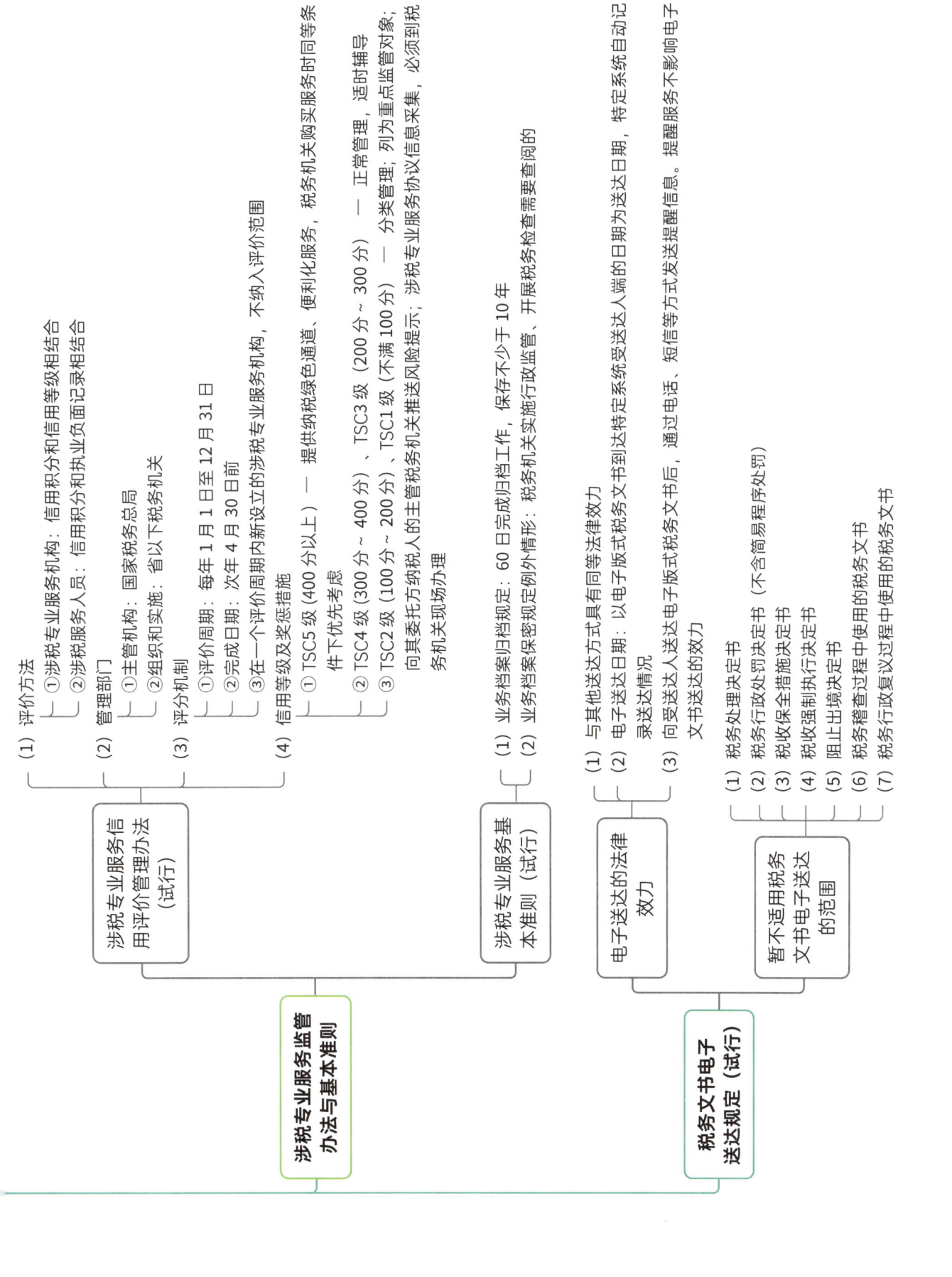

涉税专业服务监管办法与基本准则

涉税专业服务信用评价管理办法（试行）

(1) 评价方法
　①涉税专业服务机构：信用积分和信用等级相结合
　②涉税服务人员：信用积分和执业负面记录相结合

(2) 管理部门
　①主管机构：国家税务总局
　②组织和实施：省以下税务机关

(3) 评分机制
　①评价周期：每年1月1日至12月31日
　②完成日期：次年4月30日前
　③在一个评价周期内新设立的涉税专业服务机构，不纳入评价范围

(4) 信用等级及奖惩措施
　① TSC5 级（400 分以上）——提供纳税绿色通道、便利化服务，税务机关购买服务时同等条件下优先考虑
　② TSC4 级（300 分～400 分），TSC3 级（200 分～300 分）——正常管理，适时辅导
　③ TSC2 级（100 分～200 分），TSC1 级（不满 100 分）——分类管理；列为重点监管对象；必须到税务机关现场办理；向其委托方纳税人的主管税务机关推送风险提示；涉税专业服务协议信息采集、开展税务检查需要查阅的

涉税专业服务基本准则（试行）

(1) 业务档案归档规定：60 日完成归档工作，保存不少于 10 年
(2) 业务档案保密规定例外情形：税务机关实施行政监管、开展税务检查需要查阅的

税务文书电子送达规定（试行）

电子送达的法律效力

(1) 与其他送达方式具有同等法律效力
(2) 电子送达日期：以电子版式税务文书到达送达特定系统受送达人端的日期为送达日期，特定系统自动记录送达情况
(3) 向受送达人送达电子版式税务文书后，通过电话、短信等方式发送提醒信息。提醒服务不影响电子文书送达的效力

暂不适用税务文书电子送达的范围

(1) 税务处理决定书
(2) 税务行政处罚决定书（不含简易程序处罚）
(3) 税收保全措施决定书
(4) 税收强制执行决定书
(5) 阻止出境决定书
(6) 税务稽查过程中使用的税务文书
(7) 税务行政复议过程中使用的税务文书

第十四章 税务行政法制（考3分）

税务行政处罚

设定
- (1) 全国人大及其常委会（法律）— 各种税务行政处罚
- (2) 国务院（行政法规）— 除限制人身自由以外的税务行政处罚
- (3) 国家税务总局（规章）— 警告、通告批评或罚款，罚款的限额由国务院规定
  - ① 一般情形：不得超过 10 万元
  - ② 涉及公民生命健康安全、金融安全且有危害后果的：不得超过 20 万元
  - ③ 超过上述限额应报国务院批准
- (4) 税务局及其以下各级税务机关 — 不能设定

种类
- (1) 罚款
- (2) 没收财物违法所得
- (3) 停止出口退税权

管辖
税收违法行为发生地的县级以上税务机关

主体
- (1) 实施主体：县级以上税务机关（各级税务机关的内设机构、派出机构不具有处罚主体资格）
- (2) 特别授权：税务所可以实施金额在 2 000 元以下的处罚

程序
- (1) 简易程序
  - ① 定义：当场做出处罚决定的行政处罚程序
  - ② 适用情形
    - a. 案情简单、事实确凿、违法后果比较轻微，且有法定依据
    - b. 公民 ≤ 200 元、法人 ≤ 3 000 元罚款的案件
- (2) 一般程序
  - ① 适用情形 — 公民 ≥ 2 000 元、法人 ≥ 10 000 元罚款的案件（要）
  - ② 时间规定
    - a. 提出申请：《税务行政处罚事项告知书》送达后 5 日内
    - b. 举行听证：税务机关收到申请后 15 日内
  - ③ 听证中止的情形 — 证据有疑问无法辨明，可能影响处罚的准确公正
  - ④ 听证终止的情形
    - a. 无正当理由不参加听证
    - b. 声明退出或擅自退出听证会
    - c. 严重违反听证秩序，致使听证无法进行
  - ⑤ 听证笔录 — 主持人审阅 → 主持人和记录员签名 → 封卷上交税务机关负责人
  - ⑥ 其他规定
    - a. 听证由非本案调查机构人员主持
    - b. 利害关系人应回避

税务行政法制

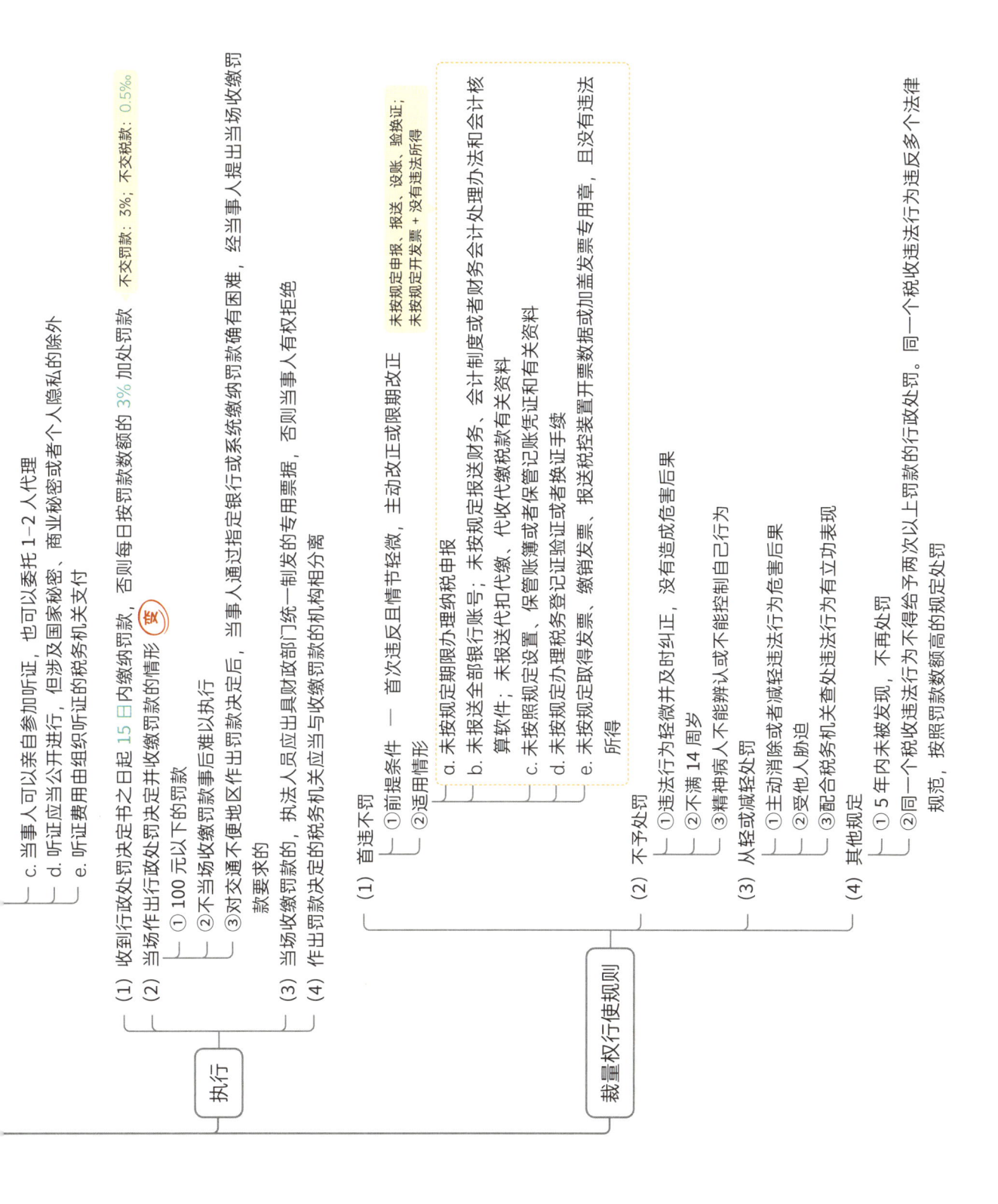

执行

(1) 收到行政处罚决定书之日起 15 日内缴纳罚款，否则每日按罚款数额的 3% 加处罚款
  - 不交罚款：3%；不交税款：0.5‰

(2) 当场作出行政处罚决定并收缴罚款的情形（变）
  ① 100 元以下的罚款
  ② 不当场收缴罚款事后难以执行
  ③ 对交通不便地区作出处罚决定后，当事人通过指定银行或系统缴纳罚款确有困难，经当事人提出当场收缴罚款的

  c. 当事人可以亲自参加听证，也可以委托 1-2 人代理
  d. 听证应当公开进行，但涉及国家秘密、商业秘密或者个人隐私的除外
  e. 听证费用由组织听证的税务机关支付

(3) 当场收缴罚款的，执法人员应出具财政部门统一制发的专用票据，否则当事人有权拒绝

(4) 作出罚款决定的税务机关与收缴罚款的机构相分离

裁量权行使规则

(1) 首违不罚
  ① 前提条件 — 首次违反且情节轻微，主动改正或限期改正
  ② 适用情形
    a. 未按规定期限办理纳税申报
    b. 未报送全部银行账号；未按规定报送财务、会计制度或者财务会计处理办法和会计核算软件；未报送代扣代缴、代收代缴税款有关资料
    c. 未按规定设置、保管账簿或保管记账凭证和有关资料
    d. 未按规定办理税务登记验证或者换证手续
    e. 未按规定取得发票、缴销发票、报送税控装置开票数据或加盖发票专用章，且没有违法所得

  （未按规定申报、报送、设账、验换证；未按规定开发票+没有违法所得）

(2) 不予处罚
  ① 违法行为轻微并及时纠正，没有造成危害后果
  ② 不满 14 周岁
  ③ 精神病人不能辨认或不能控制自己行为

(3) 从轻或减轻处罚
  ① 主动消除或者减轻违法行为危害后果
  ② 受他人胁迫
  ③ 配合税务机关查处违法行为有立功表现

(4) 其他规定
  ① 5 年内未被发现，不再处罚
  ② 同一个税收违法行为不得给予两次以上罚款的行政处罚。同一个税收违法行为违反多个法律规范，按照罚款数额高的规定处罚

税务行政法制

税务行政复议

范围

(1) 征税行为
  - ① 确认纳税主体、征税对象、征税范围、纳税环节、纳税期限、纳税地点和税款征收方式等具体行政行为，减税、免税、退税、抵扣税款、适用税率、计税依据、加收滞纳金的具体行政行为
  - ② 征收税款，加收滞纳金的具体行政行为
  - ③ 扣缴义务人、受税务机关委托征收的单位和个人的代征行为

  > 税法要素；征税＋滞纳金；代缴代征

(2) 行政许可、行政审批行为
(3) 发票管理行为
(4) 税收保全措施、强制执行措施
(5) 行政处罚行为
(6) 不依法履行职责的行为
(7) 资格认定行为
(8) 不依法确认纳税担保的行为
(9) 政府信息公开工作中的具体行政行为
(10) 纳税信用等级评定行为
(11) 通知出入境管理机关阻止出境行为
(12) 其他行政行为

申请人和被申请人

(1) 申请人——"原告"
  - ① 合伙企业：核准登记的企业为申请人，执行合伙事务的合伙人代表参加复议
  - ② 股份制企业：股东大会、股东代表大会、董事会可以企业的名义申请
  - ③ 有权申请人的公民死亡；近亲属；有权申请的公民为无行为能力人或者限制行为能力：法定代理人

(2) 被申请人——"被告"

所不服的具体行政行为	被申请人
对行政行为不服的	做出该行政行为的税务机关
对扣缴义务人的扣缴税款行为不服的	主管该扣缴义务人的税务机关
对税务机关委托的单位和个人的代征行为不服的	(委托的) 税务机关
税务机关与法律、法规授权的组织以共同的名义做出具体行政行为的	税务机关和法律、法规授权的组织
税务机关与其他组织以共同名义做出具体行政行为的	税务机关
税务机关依规定经上级税务机关批准做出具体行政行为的	批准机关
经重大税务案件审理程序做出的决定	审理委员会所在税务机关
税务机关设立的派出机构、内设机构或者其他组织，未经授权，以自己名义对外做出具体行政行为的	税务机关

"法官"

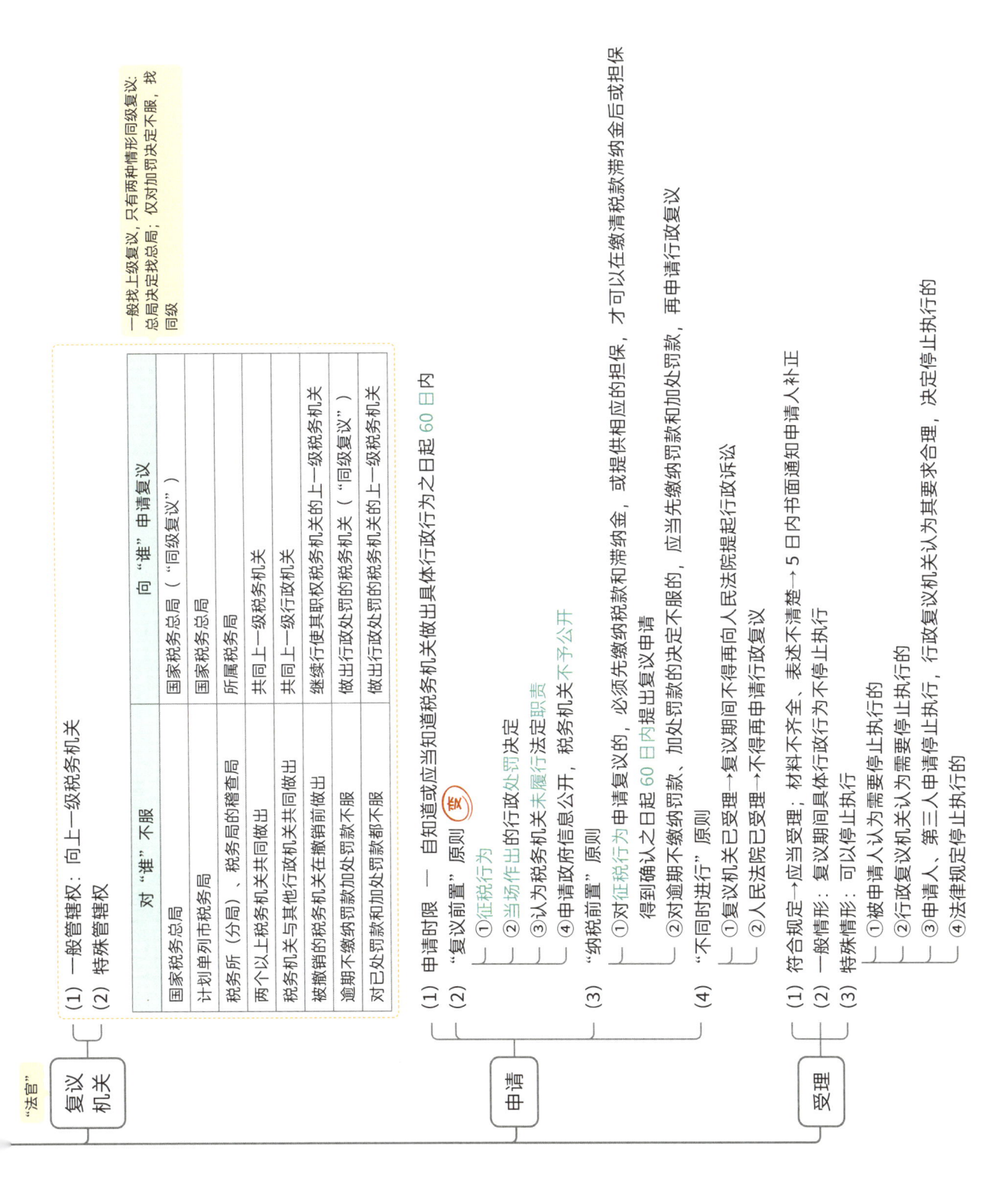

复议机关

(1) 一般管辖权：向上一级税务机关
(2) 特殊管辖权

对"谁"不服	向"谁"申请复议（"同级复议"）
国家税务总局	国家税务总局
计划单列市税务局	国家税务总局
税务所（分局）、税务局的稽查局	所属税务局
两个以上税务机关共同做出	共同上一级税务机关
税务机关与其他行政机关共同做出	共同上一级行政机关
被撤销的税务机关在撤销前做出	继续行使其职权税务机关的上一级税务机关（"同级复议"）
逾期不缴纳税款和加处罚款	做出行政处罚决定的税务机关的上一级税务机关
对已处罚款和加处罚款都不服	做出行政处罚决定的税务机关的上一级税务机关

> 一般找上级复议，只有两种情形同级复议；总局决定找总局，仅对加罚决定不服，找同级

申请

(1) 申请时限 —— 自知道或应当知道税务机关做出具体行政行为之日起 60 日内
(2) "复议前置"原则【重】
  ① 征税行为
  ② 当场作出的行政处罚决定
  ③ 认为税务机关未履行法定职责
  ④ 申请政府信息公开，税务机关不予公开
(3) "纳税前置"原则
  对征税行为申请复议的，必须先缴纳税款和滞纳金，或提供相应的担保，才可以在缴清税款滞纳金后或提供担保得到确认之日起 60 日内提出复议申请
  对逾期不缴纳罚款、加处罚款的决定不服的，应当先缴纳罚款和加处罚款，再申请行政复议
(4) "不同时进行"原则
  ① 复议机关已受理→复议期间不得再向人民法院提起行政诉讼
  ② 人民法院已受理→复议期间不得再申请行政复议

受理

(1) 符合规定→应当受理；材料不齐全、表述不清楚→5 日内书面通知申请人补正
(2) 一般情形：复议期间具体行政行为不停止执行
(3) 特殊情形：可以停止执行
  ① 被申请人认为需要停止执行的
  ② 行政复议机关认为需要停止执行的
  ③ 申请人、第三人申请停止执行，行政复议机关认为其要求合理，决定停止执行的
  ④ 法律规定停止执行的

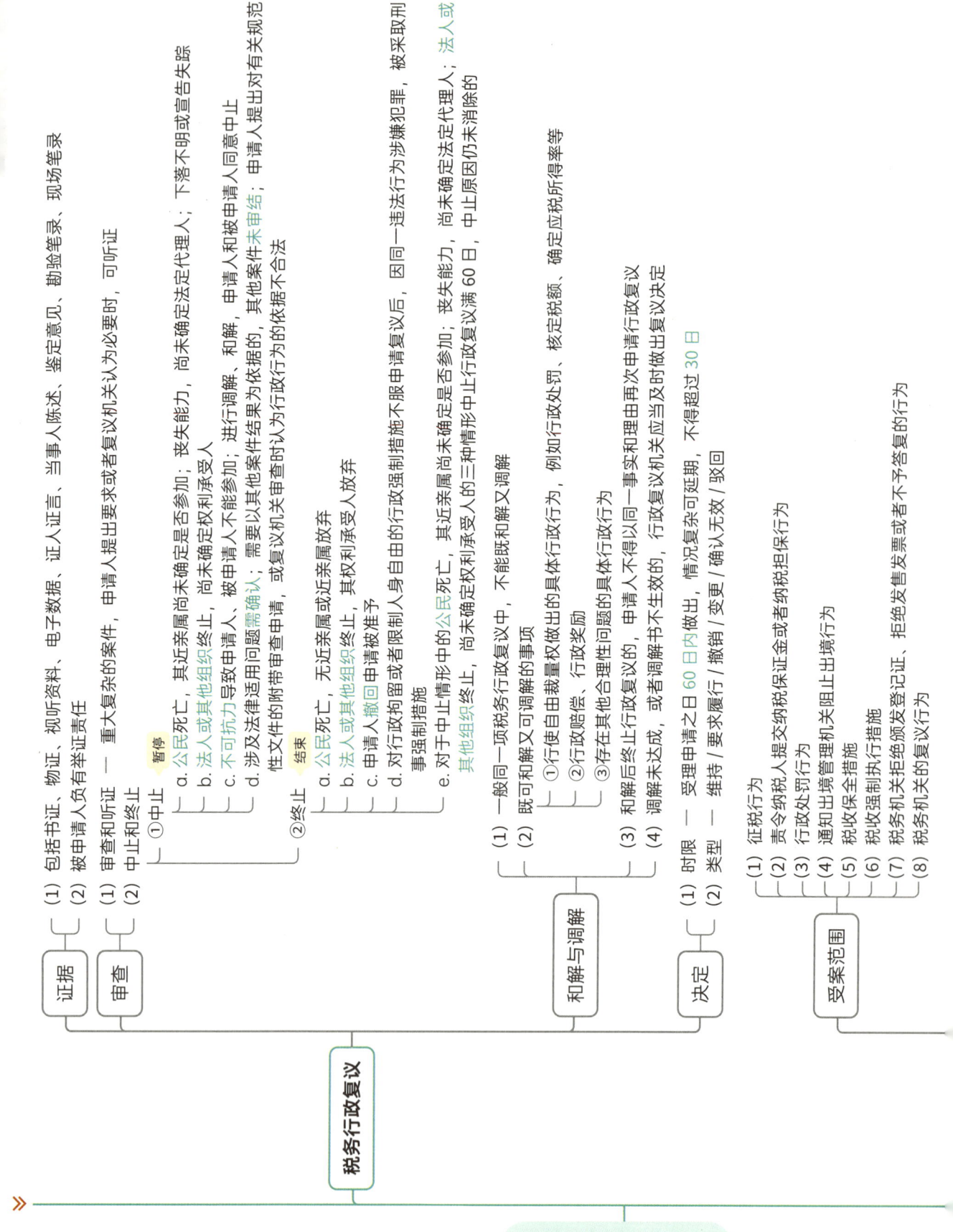

税务行政复议

证据
(1) 包括书证、物证、视听资料、电子数据、证人证言、当事人陈述、鉴定意见、勘验笔录、现场笔录
(2) 被申请人负有举证责任

审查
(1) 审查和听证 —— 重大复杂的案件，申请人提出要求或者复议机关认为必要时，可听证
(2) 中止和终止

① 中止【暂停】
a. 公民死亡，其近亲属尚未确定是否参加；丧失能力，尚未确定法定代理人；下落不明或宣告失踪
b. 法人或其他组织终止，尚未确定权利承受人
c. 不可抗力导致申请人、被申请人不能参加
d. 涉及法律适用问题需确认；需要以其他案件结果为依据的；进行调解、和解
e. 涉及法律适用问题需要有权机关作出解释或确认的附带审查申请，或复议机关审查时认为行政行为的依据不合法

② 终止【结束】
a. 公民死亡，无近亲属或近亲属放弃
b. 法人或其他组织终止，其权利承受人放弃
c. 申请人撤回申请被准予
d. 对行政拘留或者限制人身自由的行政强制措施不服申请复议后，因同一违法行为涉嫌犯罪，被采取其他组织终止，尚未确定权利承受人的三种情形中止行政复议满60日，中止原因仍未消除的
e. 对于中止情形中的公民死亡，其近亲属尚未确定是否参加；丧失能力，尚未确定法定代理人；法人或其他组织终止，尚未确定权利承受人的三种情形中止行政复议满60日，中止原因仍未消除的

和解与调解
(1) 一般同一项税务行政复议中，不能既和解又调解
(2) 既可和解又可调解的事项
① 行使自由裁量权做出的具体行政行为，例如行政处罚
② 行政赔偿、行政奖励
③ 存在其他合理性问题的具体行政行为
(3) 和解后终止行政复议的，申请人不得以同一事实和理由再次申请行政复议
(4) 调解未达成，或者调解书不生效的，行政复议机关应当及时作出复议决定

决定
(1) 时限 —— 受理申请之日60日内做出，情况复杂可延期，不得超过30日
(2) 类型 —— 维持 / 要求履行 / 变更 / 撤销 / 确认无效 / 驳回

受案范围
(1) 征税行为
(2) 责令纳税人提交纳税保证金或者纳税担保行为
(3) 行政处罚行为
(4) 通知出境管理机关阻止出境行为
(5) 税收保全措施
(6) 税收强制执行措施
(7) 税务机关拒绝颁发登记证、拒绝发售发票或者不予答复的行为
(8) 税务机关的复议行为

税务行政法制

税务行政诉讼

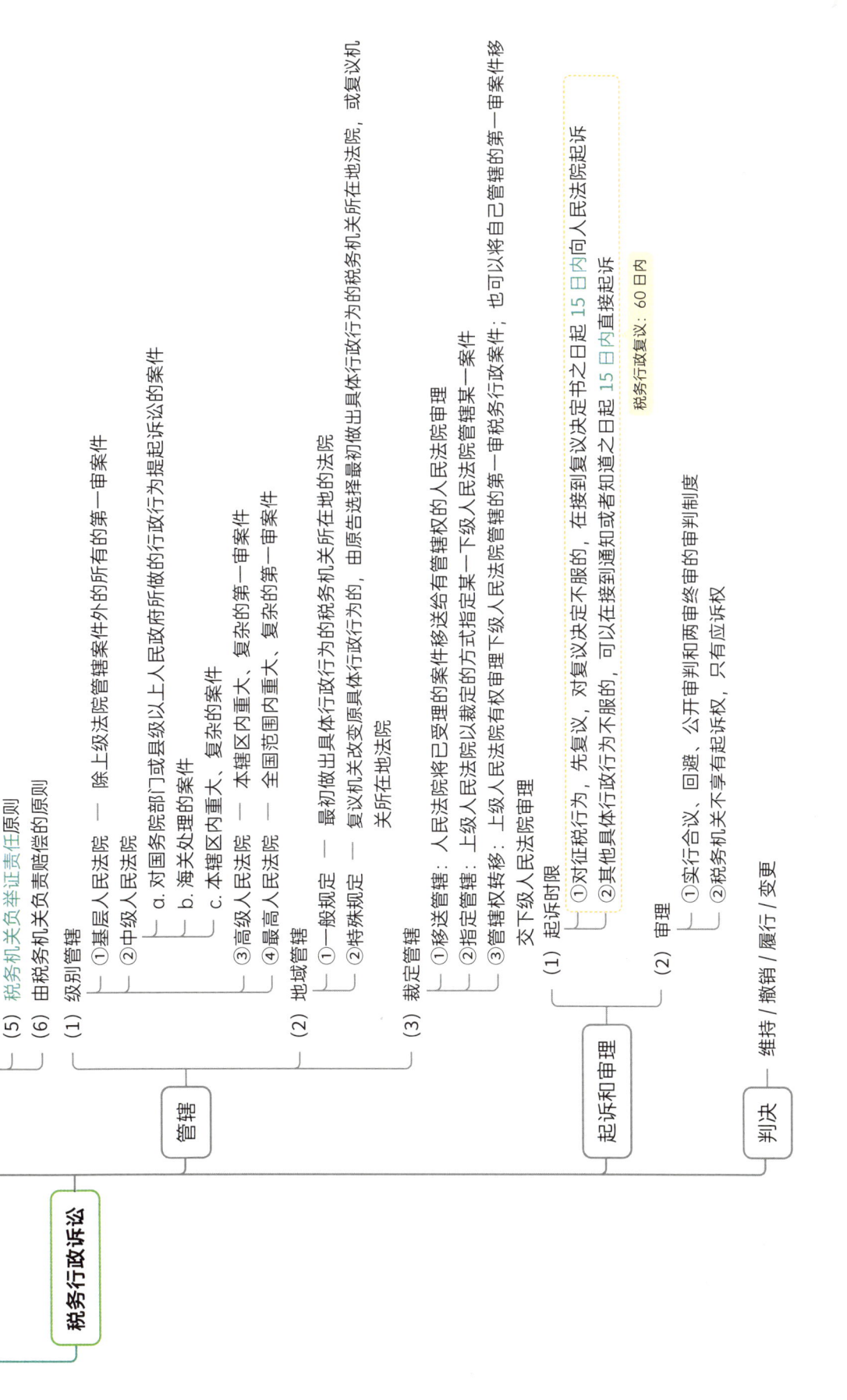

原则
- (2) 合法性审查原则
- (3) 不适用调解原则
- (4) 起诉不停止执行原则
- (5) 税务机关负举证责任原则
- (6) 由税务机关负责赔偿的原则

管辖
- (1) 级别管辖
  - ① 基层人民法院 — 除上级法院管辖案件外的所有的第一审案件
  - ② 中级人民法院
    - a. 对国务院部门或县级以上人民政府所做的行政行为提起诉讼的案件
    - b. 海关处理的案件
    - c. 本辖区内重大、复杂的案件
  - ③ 高级人民法院 — 本辖区内重大、复杂的第一审案件
  - ④ 最高人民法院 — 全国范围内重大、复杂的第一审案件
- (2) 地域管辖
  - ① 一般规定 — 最初做出具体行政行为的税务机关所在地法院
  - ② 特殊规定 — 复议机关改变原具体行政行为的，由原告选择最初做出具体行政行为的税务机关所在地法院，或复议机关所在地法院
- (3) 裁定管辖
  - ① 移送管辖：人民法院将已受理的案件移送给有管辖权的人民法院审理
  - ② 指定管辖：上级人民法院以裁定的方式指定某一下级人民法院管辖某一案件
  - ③ 管辖权转移：上级人民法院审理下级人民法院管辖的第一审税务行政案件；也可以将自己管辖的第一审案件移交下级人民法院审理

起诉和审理
- (1) 起诉时限
  - ① 对征税行为，先复议，对复议决定不服的，在接到复议决定书之日起 15 日内向人民法院起诉
  - ② 其他具体行政行为不服的，可以在接到通知或者知道之日起 15 日内直接起诉

  税务行政复议：60 日内

- (2) 审理
  - ① 实行合议、回避、公开审判和两审终审的审判制度
  - ② 税务机关不享有起诉权，只应诉权

判决
— 维持 / 撤销 / 履行 / 变更